역사인식과
한일 '화해'의
길

Rekishininnsiki to Nikkann no 'Wakai'heno Mitsi

Copyright ⓒ 2019 by Totsuka Etsuro
Original Japanese edition published by Nippon Hyoronsha Co., Ltd.

Korean Translation Copyright ⓒ 2024 by Minsokwon
Korean translation edition published by Minsokwon

이 책의 한국어판 저작권은 Totsuka Etsuro와의 독점 계약으로 민속원에 있습니다.
저작권법에 의해 보호를 받는 저작물이므로 무단전재와 무단복제를 금합니다.

법사학
번역총서
5

역사인식과 한일 '화해'의 길

징용공 문제와 한국 대법원 판결을 이해하기 위해

저자 **토쯔카 에쯔로오**
역자 **김창록**

민속원

일러두기

- 이 책은 戸塚悦朗, 『歷史認識と日韓の「和解」への道』(日本評論社, 2019)를 완역한 것이다.
- 번역을 함에 있어서는 직역을 원칙으로 하되 필요한 최소한의 범위에서 윤문을 했다.
- 원저의 '筆者'는 모두 '저자'로 바꾸었다.
- 문서명, 조약명에는 낫표(「 」)를 붙였고, 저서명, 잡지명, 신문명에는 겹낫표(『 』)를 붙였다.
- 일본어 한글 표기는 '최영애-김용옥 일본어 표기법'(C. K. System)에 따랐다.
- 각주의 문헌 인용의 방식은 역자의 판단에 따라 통일했다.
- 한자의 약자 / 정자 표기는 원문에 따랐다.
- 일본 이외의 외국의 지명, 일본인 이외의 외국인의 인명은 가능한 한 원음대로 표기하려고 노력했다. 다만 저자가 인용한 고서에 등장하는 지명과 인명 중에는 원어의 확인이 불가능한 경우가 있었고, 그 경우에는 역자의 판단으로 한글 표기를 한 후 괄호 안에 원저의 표기를 병기했다.

• 한국어판 서문 •

    오랫동안 마음속으로 기다려온 일입니다만, 김창록 교수님의 번역으로 『역사인식과 한일 '화해'의 길』이 한국어로 번역되어 민속원에 의해 출판되게 되었습니다. 번역을 위해 애써주신 김창록 교수님과 출판을 결단해주신 민속원에 진심으로 감사드립니다.
    이 책은 한국과 일본의 '화해'를 위해 집필되었습니다.
    2010년 한국병합 100년의 해에는 커다란 진전이 있었습니다. 한일 지식인 1,000명 이상이 서명하여, 한일 화해를 지향하는 운동이 추진되었습니다. 1910년의 한국병합조약을 포함하여 대한제국과 대일본제국 사이에 체결되었다고 일컬어진 구 조약이 모두 원초적으로 무효라는 한국 측의 해석에 일본의 지식인이 찬동한 것입니다. 그러한 움직임이 있어서, 같은 해 8월 10일에 민주당 중심의 정권 아래에서 칸 나오토(菅直人) 수상의 담화가 발표되었습니다.
    일본군 '위안부' 문제도, 전시 강제동원('징용공') 문제도 해결이 될 듯한 사회적인 분위기가 생겨났습니다. 그래서 한일 '화해'가 달성될 수 있다고 생각한 양국의 지식인이 적지 않았다고 생각합니다. 하지만, 2012년의 아베 신조오(安倍晋三) 수상 정권(자민당과 공명당의 보수연립)의 탄생으로 인해 원점으로 되돌아가 버렸습니다.
    저는 그러한 역전을 허용한 것은 2010년 지식인 운동에 약점이 있었던 데도 원인이 있는 것이 아닌가 생각했습니다. 그것은 일본 측 지식인 대부분이 역사학자였고, 법률가가 거의 포함되어 있지 않았다는 것입니다. 저는 저를 포함한 일본 측 서명자의 국제법적 연구가 아직 불충분했다는 점을 강하게 반성했습니다.

2018년 10월 30일의 한국 대법원 판결은 획기적이었습니다. 대일본제국에 의한 한국의 식민지지배를 '불법강점'이라고 판단하고, 1965년 한일 청구권협정에 의해서도 한국인 전시 강제동원 피해자의 위자료청구권은 소멸되지 않았다고 판단한 것입니다. 이 판단은 한국 헌법의 해석론을 기초로 하고 있었습니다. 그래서 저는 우리 일본인 법률가에게는 이 문제를 연구하여 국제법상으로도 한일 구 조약이 원초적으로 무효였다는 점을 밝힐 책임이 있다고 생각했습니다.

그 때문에 이 책을 일본에서 자비로 하여 일본의 법률가들에게 더욱 진전된 연구를 요청하려고 한 것입니다.

이 책이 한국어로 출판되어 한국의 여러분에게 읽히게 되는 것은 참으로 기쁜 일입니다. 한일 화해를 위한 길로 나아가기 위한 커다란 한 걸음이 되기를 염원해 마지않습니다.

2024.10.5.
저자 토쯔카 에쯔로오

차례

한국어판 서문   5

머리말   9

역사인식과 한일 '화해'의 길 (1)
안중근 동양평화론 연구는 일본을 고립으로부터 구해낼 것인가?   13

역사인식과 한일 '화해'의 길 (2)
식민지지배 책임과 1905년 「한국보호조약(?)」   39

역사인식과 한일 '화해'의 길 (3)
문헌 연구를 통해 1905년 「한국보호조약(?)」의 무효성을 묻는다   61

역사인식과 한일 '화해'의 길 (4)
『국제법잡지』는 1905년 「한국보호조약(?)」에 대해 어떻게 준비했는가   105

역사인식과 한일 '화해'의 길 (5)
1905년 「한국보호조약(?)」의 효력 문제와 1963년 유엔 총회 결의에 관해   149

역사인식과 한일 '화해'의 길 (6)
'위안부' 문제에 관한 한일 외교장관 합의로부터 판문점 남북 정상회담까지   173

역사인식과 한일 '화해'의 길 (7)
미로에서 벗어나기 위한 열쇠   217

역자 후기   255

머리말

　런던대학(London School of Economics and Political Science : LSE)에서 국제법을 가르쳤던 로잘린 히긴스(Rosalyn Higgins) 선생은 여성으로서는 처음으로 국제사법재판소 소장이 된 분입니다. 선생을 만난 것은 실로 행운이었습니다. "위안부 문제를 법적으로 해명하기 위해 어떻게 하면 좋을까?"라며 고민하고 고민하다가 가르침을 구했습니다. 히긴스 선생은 생긋생긋 웃으며 "매우 흥미 깊은 문제를 만났군요!"라고 말했습니다. "어떻게 생각하면 좋을까요?"라고 질문했고, "도서관에 가보세요"라는 가르침을 받았습니다. 이것은 지금까지 받은 가르침 중에 가장 좋은 것으로 마치 알라딘의 마법 램프 같은 것이었습니다. 그 후 실제로 도서관에 가서 연구에 몰두했는데, 연구하면 할수록 계속 새로운 발견을 했습니다.

　그 중 하나가 런던대학의 도서관에서 발견한 유엔 ILC 1963년 보고서입니다. 그 안에서 1905년 11월 17일자 「한국보호조약(?)」은 절대 무효라는 기술을 발견했습니다. 1992년 가을의 일이었습니다. 그 후에는 자신의 '발견'에 기초하여 오리지널한 연구에 전념하는 것을 스스로에게 부과된 사명이라고 생각하며 오랫동안 그 연구를 했습니다. 그런데 한국의 이태진 교수(한국사 전공 · 서울대학교)로부터 "연구가 불충분한 것 아닌가"라는 지적을 받았습니다. 그것은 충격이었습니다. 이태진 교수, 백충현 교수(국제법 전공·서울대학교) 등 한국의 연구자들에 의한 선행연구에 대해 응답하는 것이 필요하게 되었습니다.

한국의 조약 원본에 대한 이태진 교수의 연구에 응답하기 위해, 일본의 외교사료관에 소장된 조약(?) 원본에 대한 연구를 시작했습니다. 그 결과, 1905년 11월 17일 「한국보호조약(?)」의 '부존재설'(이 책 게재 「논문 3」)에 이르렀습니다.

이태진 교수와 백충현 교수는, 전통적인 국제법 원칙에 의거하여 비준필요설을 주창하며, 1905년 「한국보호조약(?)」에 비준서가 없는 것을 이유로 그것이 무효라고 주장했습니다. 그에 대해 일본 측의 운노 후쿠쥬(海野福寿) 교수(역사학 전공·메이지[明治]대학)와 사카모토 시게키(坂元茂樹) 교수(국제법 전공·코오베대학)는, 1905년 이후의 문헌에 의거하여, 1905년 「한국보호조약(?)」의 조문에 비준을 요구하는 명문 규정이 없다는 것을 이유로 비준불요설을 주장했습니다.

저는 조약(?)이 체결되었다고 하는 1905년 11월 17일 이전의 일본의 연구서를 망라적으로 조사했습니다(「논문 3」). 나아가 1905년 11월 17일 이전의 일본의 『국제법잡지』를 조사하여(「논문 4」) 당시의 국제법 학자의 학설은 비준필요설 일색이었고 비준불요설은 발견되지 않는다는 점을 확인했습니다. 하지만 운노 교수와 사카모토가 어째서 미로에 빠져든 것인지, 그 문제점을 해명하는 연구에는 미치지 못하고 있었습니다. 그런데, 2018년 가을이 되어, 조약의 효력에 관해 의거해야 하는 것은 체결 당시의 국제법 규칙이라고 하는 "Intertemporal Law"(시제법: 時際法)의 원칙을 발견했고, 그래서 수수께끼가 풀린다는 사실을 깨달았습니다(「논문 7」). 이렇게 해서 이 연구가 완성이 된 것입니다.

그 직후인 2018년 10월 30일에 징용공 문제에 관한 한국 대법원의 판결이 선고되었습니다. 대법원 판결은 한국 헌법의 해석론을 기초로 하여 한국에 대한 일본의 식민지배는 무효라고 판단했습니다. 한국 병합조약이 무효라고 하는 판단의 기초가 되는 이 책의 역사인식은 그러한 대법원 판결을 이해하는 데 도움이 될 것이라는 사실을 깨달았습니다. 어떻게든 이 책을 많은 일본의 독자에게 전하고 싶다고 생각하게 되었습니다. 그 이해야말로 한일 화해의 길을 열어젖힐 것이라고 생각합니다.

일본평론사의 쿠시자키 히로시(串崎浩) 씨에게 간청하여 7편의 논문을 편집하여 출판하는 데 대한 쾌락(快諾)을 얻었습니다. 쿠시자키 씨의 후의에 대해 감사드립니다.

2019년 9월 23일
토쯔카 에쯔로오

[초출 일람]

「歴史認識と日韓の「和解」への道(その1)」,『龍谷法学』48-1, 2015
「歴史認識と日韓の「和解」への道(その2)」,『龍谷法学』48-2, 2015
「歴史認識と日韓の「和解」への道(その3)」,『龍谷法学』48-3, 2016
「歴史認識と日韓の「和解」への道(その4)」,『龍谷法学』48-4, 2016
「歴史認識と日韓の「和解」への道(その5)」,『龍谷法学』49-3, 2017
「歴史認識と日韓の「和解」への道(その6)」,『龍谷法学』51-1, 2018
「歴史認識と日韓の「和解」への道(その7)」,『龍谷法学』51-4, 2019

역사인식과 한일 '화해'의 길 (1)
안중근 동양평화론 연구는 일본을 고립으로부터 구해낼 것인가?

역사인식과 한일 '화해'의 길(1)
- 안중근 동양평화론 연구는 일본을 고립으로부터 구해낼 것인가? -
머리말
1. '침묵'을 깬 '100년 네트워크'의 공헌
2. 2010년까지의 주된 연구 성과
3. 최근 5년간 연구의 동향
4. 안중근 재판에 관한 법적 연구의 경위와 배경
5. 일본 정부는 안중근을 '테러리스트'라고 비난
6. 일본 정부의 식민지지배에 관한 역사인식과 사죄의 현상(現狀)
7. 맺음말

역사인식과 한일 '화해'의 길(2)
- 식민지지배 책임과 1905년 「한국보호조약(?)」 -
8. 일본의 식민지지배 책임이란?
9. 1905년 「한국보호조약(?)」은 원초적으로 무효
10. 1905년 「한국보호조약(?)」에는 황제의 서명이 필요했는가?

역사인식과 한일 '화해'의 길(3)
- 문헌 연구를 통해 1905년 「한국보호조약(?)」의 무효성을 묻는다 -
11. 1905년 당시 국제법 해석학의 문헌 연구
12. 요약 및 고찰

역사인식과 한일 '화해'의 길(4)
- 『국제법잡지』는 1905년 「한국보호조약(?)」에 대해 어떻게 준비했는가 -
13. 2015년 아베 수상 담화
14. 『국제법잡지』는 1905년 「한국보호조약(?)」을 어떻게 준비했는가?
15. 일본 외교의 실패

역사인식과 한일 '화해'의 길(5)
- 1905년 「한국보호조약(?)」의 효력 문제와 1963년 유엔 총회 결의에 관해 -
16. 유엔 창설과 제국주의시대의 세계사적 전환
17. 1963년 ILC 보고서와 1905년 「한국보호조약(?)」
18. 1963년 유엔 총회 결의

역사인식과 한일 '화해'의 길(6)
- '위안부' 문제에 관한 한일 외교장관 합의로부터 판문점 남북 정상회담까지 -
19. '위안부' 문제에 관한 한일 외교장관 합의의 실패로부터 무엇을 배워야 하는가?
20. 판문점 남북 정상회담이 새로운 시대를 열 것인가?

역사인식과 한일 '화해'의 길(7)
- 미로에서 벗어나기 위한 열쇠 -
머리말
21. '동양평화' 대립하는 두 개의 비전
22. ILC 보고서(1963년)과 유엔 인권위원회(1993년)
23. 어디에서 미로를 헤맨 것일까?
24. 한일 화해의 길은 찾게 될까?

머리말

고 타나카 노리오(田中則夫) 선생이 류우코쿠(龍谷)대학 법과대학원 연구과장으로 재직할 당시, 저자도 같은 연구과 교수회의 멤버였다. 그 때문에 류우코쿠대학이 보관 중인 안중근 의군 참모중장의 유묵을 공개하는 운동을 시작한 저자는, 교수회에서 대학 집행부에 대한 요청에 선생이 협력해줄 것을 부탁했다. 저자는 2010년 3월에 정년퇴임했다. 한편 타나카 선생은 부학장이 되셨다. 그 후에도 안중근 의군 참모중장의 동양평화론에 관해 한국 측과 함께 한 국제연구회에서 선생을 만난 적이 있다. 어느 때인가 류우코쿠대학을 대표하는 입장에서 인사말을 하신 선생은 국제법 전문가로서 전쟁에 관한 국제법학을 소개하셨다. 무슨 일이든 이치에 맞게 처리하는 원칙에 충실한 선생의 말씀을 감명 깊게 들었던 기억을 잊을 수 없다. 격무에도 불구하고 우리들의 기획을 위해 타나카 선생이 베풀어주신 따뜻한 지원에 대해 감사드린다. 이 논문을 통해 고 타나카 교수의 협력과 지원에 대해 깊이 감사드리는 동시에 선생의 명복을 빈다. 이 논문집이 타나카 선생의 추도호(追悼号)에 어울리는 것이 되기를 염원해 마지않는다.

아래의 논문은 2015년이 전후 70년 · 한일조약 50년에 해당하기 때문에, '한국병합' 100년 이후 5년간의 안중근 동양평화론에 관한 연구성과를 되돌아보는 데 초점을 맞추고 있다. 2015년 3월 28일에 「전후 70년, 한일조약 50년에 즈음하여 - 한일 '화해'를 위한 역사인식이란?」이라는 제목으로 류우코쿠대학 사회과학연구소 부속 안중근 동양평화연구센터 등이 주최한 국제심포지엄[1]에서 저자가 강연할 때 배포한 자료를 약간 가필 · 수정한 것이다.[2]

---

1 국제심포지엄 〈전후 70년, 한일조약 50년에 즈음하여 - 한일 '화해'를 위한 역사인식이란?〉, 주최단체 : 류우코쿠대학 사회과학연구소 부속 안중근 동양평화연구센터 · 안중근 동양평화론 연구회 · 리쯔메이칸(立命館)대학 코리아연구센터 · '한국병합' 100년 시민 네트워크, 일시 : 2015.3.28. (토) 13:30-17:30, 장소 : 류우코쿠대학 아반티향도(響都)홀.
2 또 자료를 추가하는 등 약간의 수정을 가했지만 본질적인 변경은 아니다.

1. '침묵'을 깬 '100년 네트워크'의 공헌

앞에서 언급한 국제심포지엄을 기획한 주최단체의 하나인 "한국병합' 100년 시민 네트워크'(100년 네트워크)[3]의 활동으로는 '한국병합' 100년에 해당하는 해였던 2010년을 결절점으로 안중근 동양평화론에 관한 한일 간의 운동·연구의 교류에 현저한 공헌을 한 점을 높이 평가하고 싶다. 100년 네트워크는 그 활동의 지침으로 삼기 위해 「반성과 화해를 위한 시민운동」(자료 1)을 채택했다. 그 선언은 일본에 의한 식민지지배에 관한 조사와 사죄 및 정당한 보상이 이루어지지 않은 채 피해자가 방치되어 왔다는 점을 반성하며, "그것이야말로 일본과 한반도에 살고 있는 사람들 사이에서 진정한 우호와 신뢰관계의 구축을 방해해왔다고 생각합니다. 이러한 일본에 의한 식민지지배의 죄책을 성찰하고 그 역사책임을 다하지 않으면 안 됩니다"라고 밝혔다. 그 공헌의 최대성과는 100년이라는 오랜 세월에 걸쳐 일본에서의 역사인식을 정체시켜 온 '침묵'을 깼다는 점에 있다. 저자는 그렇게 평가하고 있다.

그로부터 5년 후인 올해 2015년은 '전후 70년, 한일조약 50년'에 해당한다. 그 결절점을 맞아 2010년을 전후하여 우리들이 어떤 성과를 거둘 수 있었는지를 되돌아보고, 장래를 전망해보고자 한다. 그것이 한일 화해를 위한 역사인식 변혁의 출발점이 될 것이라고 생각하기 때문이다.

---

[3] http://www.nikkan100.net/shokai.html 2015.3.11. 열람.

2. 2010년까지의 주된 연구 성과

『지금 '한국병합'을 묻는다 - 강제와 폭력·식민지지배의 원점(今,「韓国併合」を問う - 強制と暴力·植民地支配の原点)』(일본어)의 출판

일본에서는 2010년 3월 26일 안중근 의군 참모중장의 처형 100년이 되는 날에 100년 네트워크가 편집한 소책자『지금 '한국병합'을 묻는다 - 강제와 폭력·식민지지배의 원점』(アジェンダ·プロジェクト, 총 60면, 500엔)이 출판되었다. 이것은 2009년 10월 10일에 개최된 공개강연회(100년 네트워크 주최)의 강연을 토대로 100년 네트워크가 편집한 것이다. 거기에는, 이태진 서울대학교 명예교수의 1910년「한국병합조약 강제의 실상」이라는 제목의 강연록과「1905년 보호조약의 위법성」이라는 제목의 논문, 나카쯔카 아키라(中塚明) 나라(奈良)여자대학 명예교수의「'한국병합' - 일본과 미국」이라는 제목의 강연록, 그리고 저자의「1905년『한국보호조약(?)』은 날조되었는가」라는 제목의 논문[4]이 게재되었다. 저자의 논문은, 일본이 안중근 재판 관할권의 근거로 삼은 1905년 보호조약은 실은 날조된 무효의 조약이었기 때문에 그 재판은 불법적인 것이었다는 논의에 초점을 맞춘 것이었다.

2010년에는 '한국병합' 100년을 기념하여 그것을 텍스트로 삼아 꽤 많은 강연회가 개최되었다. 그 때문에 주로 칸사이(関西)를 중심으로 이 소책자는 상당히 널리 일반 독자에 의해 읽혔다.

『영원히 타오르는 불꽃 안중근의 하얼빈 의거와 동양평화론』(한국어 원서)의 출판

한국에서는 2009년에 안중근 의군 참모중장이 이토오 히로부미(伊藤博文) 공작을 저격한 의거(1909년 10월 26일)의 100주년을 기념하여 다채로운 기획이 펼쳐졌다. 그 하나로,

---

[4] 戸塚悦朗,「最終講義に代えて-「韓国併合」100年の原点を振り返る-1905年「韓国保護条約(?)」は捏造されたのか」,『龍谷法学』42-3, 2010, 311-336면을 전재(転載)함.

2009년 10월 26일-27일에 서울에서 개최된 안중근 하얼빈 학회 주최의 국제학술회의[5]가 있었다. 그 회의에 제출된 한국, 중국, 일본 발표자의 15편의 논문은, 이태진 명예교수가 편집한 연구서[6] 『영원히 타오르는 불꽃 안중근의 하얼빈 의거와 동양평화론』(지식산업사, 2010, 총 568면, 33,000원) (이하 한국어 원서라고 한다)에 정리되어 한국어로 출판되었다. 저자의 일본어 논문 「안중근 재판의 불법성과 동양평화 - 1905년 한국보호조약의 효력과 관련하여(安重根裁判の不法性と東洋平和 - 1905年韓国保護条約の効力と関連して)」도 한국어로 번역되어 그 책에 게재되었다.[7]

3. 최근 5년간 연구의 동향

(한국어 원서 연구의 필요성)

위의 한국어 원서는 안중근 동양평화론에 관한 학제적이고도 국제적인 공동연구의 성과이며, 저자가 아는 한 전 세계적으로 달리 예가 없다. 집필자가 국제적임에도 불구하고, 유감스럽게도 한국어로 되어 있다. 그 때문에 한국 이외의 지역에 있는 연구자로서는 연구하기 곤란하고, 그 존재도 국제적으로는 잘 알려져 있지 않았다. 이것이 일본어, 중국어, 영어로 번역 · 출판되어 전 세계 각지에서 연구가 이루어지게 되는 것이 바람직스럽다. 한국어 원서의 연구 성과가 전 세계의 많은 연구자에 의해 공유되게 되면, 안중근의 동양평

---

5   International Conference in Commemoration of the 100th Anniversary of the Heroic Act of Pariot An Jung Geun: An Jung Geun's Argument for Peace in the Eastern World, and the Future for a Peaceful Community of Coexistence in Northeast Asia, at Korea Chamber of Commerce and Industry in Seoul, hosted by An Jung Geun-Harbin Society and Northeast Asia History Foundation, sponsored by Woori Bank and Kia Motors, October 26-27, 2009.
6   이태진 외, 안중근 · 하얼빈 학회, 『영원히 타오르는 불꽃 : 안중근의 하얼빈 의거와 동양평화론』, 지식산업사, 2010.
7   위의 책, 99-145면. 저자도 이 국제회의에 초대되었고, 저자의 논문도 위의 책에 게재되었다. 위의 책의 편자인 이태진 서울대학교 명예교수에게 감사드린다.

화론에 관한 세계적인 연구의 출발점이 될 것이다. 그런 생각에서 저자는 이 4년여 동안 일본, 미국, 중국의 관계자에게 기회가 있을 때마다 번역·출판의 필요성을 호소해왔다.

(일본에서의 한국어 원서 연구의 상황)

현재 일본에서는 위의 기획의 주최단체 중 하나인 안중근 동양평화론 연구회(대표 카쯔무라 마코토[勝村誠] 리쯔메이칸[立命館]대학 교수)가 연구자들을 모아 일본어로 번역하는 작업을 하고 있다.

이 연구회는 저자가 2014년 8월에 강연회[8]를 개최하여 설립을 제안한 연구회와 명칭은 같지만 저자는 참가하고 있지 않다. 저자가 제안한 연구회는 관계자 사이의 의견의 커다란 차이 때문에 흔적없이 사라져 설립에 이르지 못했다. 지금 되돌아보면 연구자뿐만 아니라 시민운동가까지 연구회 회원 후보를 널리 구했던 데에 문제가 있었다고 생각된다. 폭이 넓었던 탓에 오히려 너무 다양한 의견이 나오게 되어 결국 합의 형성을 위한 조정에 실패한 것이다. 저자의 기획 구상에 약점이 있었다. 협력해주신 선의의 관계 각위에게 사죄드리고자 한다.

그러나 그때의 한국어 원서 번역·출판에 관한 제안이 계기가 되어, 연구자들이 저자의 제안의 틀 밖에서 같은 이름의 연구회를 결성하고 리쯔메이칸대학 코리아센터(센터장은 카쯔무라 마코토 교수)와의 연계 아래 연구가 진행되고 있다고 한다. '비 온 뒤에 땅이 굳어진다'라는 비유도 있다. 관계자의 노력을 환영하며 연구의 성공을 빈다.

(미국에서의 한국어 원서 연구의 상황)

미국에서는 유진 박 박사(미국 펜실베니아대학 J. J. J. 킴 한국연구소 소장)와의 교류가 실현된 결과, 박 박사와 이태진 명예교수 공동편집의 영역 프로젝트가 시작되어 현재 그 작업

---

8 戸塚悦朗, 강연:「2010年菅直人首相談話と安重根義軍参謀中将の認識」, 주최:「安重根東洋平和論研究会」(準), 2014.8.18.(月) 18:00-20:00, 立命館大学大阪梅田キャンパス 第7教室.

이 진행 중이다.[9]

저자는 2014년 재외연구로 미국 상황에 관한 연구(사비)에 나섰다. 소속 연구기관으로는 미국 워싱턴(DC) 소재 죠지타운대학 로스쿨[10]에 신세를 졌다. 연구 기간은 2014년 8월 29일부터 12월 21일(약 4개월)로 짧았다. 연구 목적은 다양했는데, 당초의 연구 목적은 노예, 휴먼 라이쯔의 기원, 외국인의 인권이었다. 비교적 단기간에 이들 연구를 마칠 수 있었기 때문에, 추가적인 연구를 할 목적으로 한일관계, 동아시아 역사 연구 특히 미국에서의 안중근 연구의 현황, 미일관계의 연구에 몰두했다.[11] 그때의 성과에 관해서는 별도로 보고할 필요가 있다고 생각한다.

(중국에서의 한국어 원서 연구의 상황)

중국어 번역은 아직 구체화되어 있지 않다. 그러나 한국어 원서에 중국 연구자도 참가하고 있다는 사실은 안중근 동양평화론에 대한 중국 연구자의 관심이 높다는 것을 드러낸다. 전후 70년에 즈음하여 중국 미디어의 안중근 동양평화론에 대한 관심은 꽤 높아졌다. 앞으로 중국 연구자에 의한 한국어 원서 연구가 시작되기를 기대한다.

(류우코쿠대학 사회과학연구소 안중근 동양평화연구센터의 연구)

한국어 원서에 게재된 논문의 말미에서 저자는 2009년 당시 생각하고 있던 앞으로의 장기적인 연구의 방향성을 제안했다. 원서 출판 후 5년째가 되었지만 그 제안을 실현시키는 작업은 아직 막 시작된 단계이다. 제안은 광범위하여 개인적인 노력으로 달성하는 것

---

[9] U-Penn의 웹사이트(http://www.history.upenn.edu/people/faculty/eugene-y-park). Visited on 2015.3.8. "Park is also co-editing with Yi Tae-Jin Peace in the East: An Chunggŭn and Asia in the Age of Empires."

[10] 죠지타운대학 로스쿨의 래리 고스틴(Larry Gostin) 교수의 호의로 그 재외연구가 가능했다. 래리 고스틴 교수의 오랜 기간에 걸친 후의에 대해 감사드린다.

[11] 그때 류우코쿠대학 사회과학연구소 안중근연구센터를 통해 같은 대학 국제부의 허가를 받아 해외거점인 류우코쿠대학 버클리 센터(RUBeC)의 시설을 활용했다. 관계자 여러분의 협력에 대해 감사드린다.

은 도저히 불가능하다. 저자는 100년 네트워크의 멤버뿐만 아니라, 많은 일본인들의 연구를 기대하고 있었다.

2009년부터 2010년에 걸쳐서 류우코쿠대학으로부터 유묵 등이 한국의 안중근 의사 숭모회·안중근 의사 기념관에 대여되게 된 프로세스에 관해서는 이미 보고했다.[12] 특필할만한 것은 그것을 계기로 안중근의 동양평화론에 관한 연구에 류우코쿠대학이 아래와 같이 적극적으로 나서게 된 것이다.

2011년 3월 27일에 류우코쿠대학 도서관과 안중근 의사 기념관 사이에 학술연구·교류에 관한 협정이 체결되는 중요한 진전이 있었다. 이것은 와카하라 도오쇼오(若原道昭) 류우코쿠대학 학장(당시)과 히라타 아쯔시(平田厚志) 류우코쿠대학 도서관 관장(당시)의 노력없이는 실현되지 못할 일이었다.

2013년에는 커다란 발전이 있었다. 류우코쿠대학(학장 아카마쯔 텟신[赤松徹眞] 문학부 교수)의 사회과학연구소 안에 이 기획의 주최단체인 안중근 동양평화연구센터(대표자 이주임 [李洙任] 경영학부 교수. 사무국장 시게모토 나오토시[重本直利] 경영학부 교수)가 설치된 것은 획기적인 진전이다.[13]

류우코쿠대학의 리더십을 높이 평가하고자 한다. 앞으로 류우코쿠대학이 일본에서의 안중근 동양평화론 연구에 장기적으로 중요한 역할을 계속해주기를 기대한다.

(한국 안중근 의사 기념관의 계몽·교육·연구)

안중근 의군 참모중장의 유묵은 류우코쿠대학과 한국의 안중근 의사 기념관을 연결시

---

12 戸塚悦朗,「龍谷大学における安重根東洋平和論研究の歩み : 100年の眠りからさめた遺墨(上)」,『龍谷大学社会科学研究所社会科学年報』44, 2014, 57-66면. http://repo.lib.ryukoku.ac.jp/jspui/bitstream/10519/5611/1/skk-np_044_006.pdf ; 戸塚悦朗,「龍谷大学における安重根東洋平和論研究の歩み : 100年の眠りからさめた遺墨(下)」,『龍谷大学社会科学研究所社会科学年報』44, 67-78면. http://repo.lib.ryukoku.ac.jp/jspui/bitstream/10519/5616/1/skk-np_044_007.pdf
13 류우코쿠대학 홈페이지 (http://www.ryukoku.ac.jp/shaken/huzoku/huzoku_top.html) 2015.3.10. 열람.

켜 위와 같은 일본에서의 안중근 동양평화론 연구를 촉진했다.

저자가 처음 서울의 남산에 있는 안중근 의사 기념관을 방문한 것은 2008년 12월의 일이었는데, 당시의 기념관은 사단법인 안중근 숭모회가 경영하는 민간시설이었다. 시설의 노후화는 저자의 눈에도 포착되었다. 숭모회·기념관의 요청을 받은 노무현 대통령의 결정(2004년)에 따라 한국 정부에 의해 새 기념관이 건설되게 되었다. 2010년 10월 26일에 개관한 새 기념관(관장 조동성[趙東成] 서울대학교 경영학부 교수)은 건물도 전시도 일신했을 뿐만 아니라, 어린이들에 대한 교육사업에서부터 일반인·사회적 지도자들에 대한 계몽활동에 이르기까지 다양하고 활발한 계몽·교육·연구활동을 하고 있다.[14] 당초 기념관은 한국의 국내용 활동에 초점이 맞추어져 있었지만, 최근에는 영어 웹사이트[15]도 완성되어 국제적인 계몽활동이 추진되고 있다.

2014년 10월에는 류우코쿠대학 사회과학연구소 안중근 동양평화연구센터를 초대해서 국제심포지엄을 서울에서 개최하는 등 국제적인 연구활동도 추진하고 있다. 저자는 미국에서의 재외 연구 중이어서 참가할 수 없었지만, 그 성과는 류우코쿠대학에 의해 보고될 것으로 기대하고 있다.

4. 안중근 재판에 관한 법적 연구의 경위와 배경

한일관계 전문가도 아니었던 저자가 왜 한국어 원서 게재 논문과 같은 식민지지배와 안중근 재판에 관한 법적인 연구를 시작하기에 이르렀는가? 그 경위와 배경에 관해 간략하게 설명해두고자 한다.

14　안중근 기념관 홈페이지 (http://ahnjunggeun.or.kr/?page_id=1308).
15　Ahn Jung Geun Memorial Museum 홈페이지 (http://www.thomasahn.org/).

〈국제인권법・'위안부' 문제・식민지지배 법제의 연구〉

저자는 인권문제를 전문으로 하는 일본의 변호사였는데, 중대 인권침해 피해자의 인권을 옹호하기 위해서는 유엔의 인권절차를 활용하는 것이 유리하지 않을까라는 점에 착안하게 되었다.[16] 그래서 1984년 이후 유엔 NGO의 일원으로서 정신병자의 인권문제를 비롯하여 일본에 관한 중대 인권침해 피해자의 인권옹호를 위해 유엔 인권실무활동에 종사하기 시작했다. 그 과정에서 일본에 세계인권선언 등의 국제인권법을 실효적으로 도입할 필요성을 통감하고, 그것을 활동 목표로 정하게 되었다.[17]

그 활동의 일환으로서 1992년 2월에는 일본군'위안부'를 '성노예'의 문제로 유엔 인권위원회에 제기했다. 그 때문에 그 문제에 관해 유엔을 무대로 일본 정부와의 사이에서 법적 논쟁을 계속하게 되었다.[18] 일본 정부가 어떤 법적 권원에 기초하여 한반도의 여성을 군'위안부'로 동원할 수 있었던 것인지에 관해 연구할 필요성을 강하게 느낀 것도 그 때문이었다. 그러나 군'위안부' 제도 설치에 관한 근거법에 해당하는 국내 법규는 발견되지 않았다. 보수파와 일부 정치가의 주장과는 달리, '위안부' 제도는 공창제를 규제한 국내 법규의 적용범위 밖에 있는, 법외의 비밀제도였던 것이다.

그래서 보다 상위의 기본법을 검토할 필요성이 있다고 생각하여, 식민지지배 법제의 근원이 된 1905년 한국보호조약과 그것을 토대로 삼은 1910년 한국병합조약의 효력에 관한 연구를 시작하게 되었다. 저자는 1992년 가을에 1905년 한국보호조약은 효력이 발생하지 않은 절대적 무효의 조약이라고 한, 1963년의 유엔 총회에 제출된 유엔 국제법위원회 보고

16　① 戸塚悦朗・広田伊蘇夫編,『精神医療と人権(1)「収容所列島日本」』, 亜紀書房, 1984. ② 戸塚悦朗・広田伊蘇夫編,『精神医療と人権(2)「人権後進国日本」』, 亜紀書房, 1985. ③ 戸塚悦朗・広田伊蘇夫編,『精神医療と人権(3)「人間性回復への道」』, 亜紀書房, 1985.

17　戸塚悦朗,『国際人権法入門 - ＮＧＯの実践から』, 明石書店, 2003.

18　① 戸塚悦朗,『日本が知らない戦争責任：国連の人権活動と日本軍「慰安婦」問題』, 現代人文社, 1999. ② 戸塚悦朗, 위의 책 한국어판 (박홍규 역, 소나무출판사), 2001. ③ 戸塚悦朗,『ILOとジェンダー - 性差別のない社会へ』, 日本評論社, 2006. ④ 戸塚悦朗,『普及版 日本が知らない戦争責任 日本軍「慰安婦」問題の真の解決へ向けて』, 現代人文社, 2008.

서[19]를 '발견'했다. 같은 해 11월 18일 유엔 총회는 이 보고서에 유의하면서, 특히 국제법위원회의 조약법 기초에 관한 작업에 대해 감사의 뜻을 밝혔다.[20] 이 보고서의 내용과 '위안부' 문제의 관련에 관한 고찰은 1993년에 유엔의 NGO인 국제우화회(国際友和会 : International Fellowship of Reconciliation : IFOR)을 통해 유엔 인권위원회에 문서로 보고했을[21] 뿐만 아니라, 일본 국내외에서 차례차례 보고했다.[22] IFOR의 유엔에 대한 보고는 마이니찌(毎日)신문 등의 미디어에도 보도되었고[23] 일본 국회에서도 논의되었다.[24] 이 무렵부터 한일 연구자 사이에 한일 구 조약의 효력 문제에 관한 법적 논쟁이 활발하게 전개되게 되었다.[25]

19   문제의 자료는 1963년의 유엔 총회에 제출된 국제법위원회 보고서 (UN Doc. A/5509, REPORT OF THE COMMISSION TO THE GENERAL ASSMBLY, Report of the International Law Commission covering the work of its fifteenth session, 6 May-12 July 1963, Draft articles on the law of treaties, Para. 17. Article 35)이다. 이 자료는 유엔이 출판한 1963년 국제법위원회 정기보고서의 제2권(UN Doc. YEAR BOOK OF THE INTERNATIONAL LAW COMMISSION 1963 Vol. II Documents of the fifteenth session including the report of the Commission to the General Assembly. p. 197)에 실려 있다.

20   1963년 11월 18일에 유엔 총회는 결의 1902(XVIII)를 채택하여, 이 1963년 국제법위원회 보고서를 검토하고, 그것에 유의하고, 특히 조약법 기초에 관한 작업에 대해 감사의 뜻을 표했다. UN Doc. 1902(XVIII), RESOLUTIONS ADOPTED BY THE GENERAL ASSEMBLY DURING ITS EIGHTEEN SESSION, 1258th plenary meeting, 18 November 1963.

21   UN. Doc. E/CN.4/1993/NGO/36, Written statement submitted by the International Fellowship of Reconciliation, a non-governmental organization in consultative status (category II). 이 문서는 저자가 집필을 담당했고, 국제우화회(IFOR) 제네바 수석대표(당시) 르네 워들로우(Rene Wadlow) 씨에 의해 유엔 인권위원회에 제출되었다.

22   졸고를 게재한 소책자, 国際人権研究会編, 『1905年「韓国保護条約」は成立していたのか』, 1993 참조. 기타 민간단체가 주최한 몇몇 심포지엄에서 행한 저자의 같은 취지의 강연 및 그 요지를 발표한 잡지 논문이 있지만 열거는 생략한다.

23   ① 伊藤芳明, 「慰安婦問題「日韓保護条約は無効」スイスの人権組織, 63年, 国連委が報告書」, 『毎日新聞』1993.2.16. ② "Treaties 'were forced on Korea' U.N. intervention urged over 'comfort women'", The Japan Times, February 16, 1993.

24   모토오카 쇼오지(本岡昭次) 참의원 의원(당시)의 참의원 예산위원회(1993.3.23.)에서의 질의 참조.

25   신용하 교수가 집필한 「乙巳条約は国際法上無効である」(『歴史散策』 1992년 6월호 게재 글의 번역, 国際人権研究会編, 위의 소책자, 38-42면)는 날조설을 취하고 있다. 이태진 교수의 『한국병합의 불법성 연구』(서울대학교출판부, 2003)를 비롯한 역사연구(이태진 편저, 『일본의 대한제국 강점』, 까치, 1995 외)는, 규장각에 보존되어 있는 대한제국 시대의 공문서를 상세하게 검토하여, 저자의 절대적 무효설과 모순되지 않는 역사적 사실 발굴의 성과를 거두고 있다. 이 교수(역사학)의 학설은 신 교수(사회학)의 날조설에 가깝다고 생각된다. 海野福寿編, 『日韓協約と韓国併合』(明石書店, 1995)는, 金吉信著 = 真相調査団訳, 「すべての旧「条約」は, 不法, 無

한일 구 조약의 불법성에 관한 이들 연구가 일본의 과거에 관한 역사인식 및 한일·북일 관계에 중대한 의의를 가진다는 것은 명확하다. 그러나 그 연구들이 '위안부' 동원의 위법성의 기초가 될 뿐만 아니라, 그것을 넘어서 그 외의 분야에서 어떤 법적 의의를 가지는지는 저자로서도 판단할 수 없었다.

(안중근 유묵 공개운동 · 안중근 재판의 불법성에 관한 연구)

안중근 의군 참모중장은 1909년 10월 26일 일본에 의한 한국의 식민지화 과정을 지도한 메이지(明治)의 원훈 이토오 히로부미 공작을 하얼빈역에서 사살한 한국인 독립운동 활동가이다. 일본에 의한 재판에서 사형판결을 받고 1910년 3월 26일에 처형될 때까지 뤼순(旅順) 감옥에 수감되어 있었다. 그 동안에 감옥 관계자 등 본인을 직접 접한 적지 않은 일본인의 숭배의 대상이 된 안중근 의군 참모중장은 그 사람들을 위해 많은 휘호를 남겼다.

100년 가까운 세월이 흘러, 저자는 2003년부터 일본의 쿄오토(京都)에 있는 류우코쿠대학에서 국제인권법을 가르치게 되었는데, 근무처인 류우코쿠대학 후카쿠사(深草)도서

効な虚偽文書」(23-36면)도 게재하고 있지만, 운노 후쿠쥬 교수(농업경제학)는 법적인 문제에 관해서는 과제로 남긴 채 결론을 제시하지 않는다(같은 책, 19-22면). 당초 무효설(「1905年日韓協約無効論について」, 『駿台史学』 91, 1994)을 취했던 운노 교수는 나중에 합법부당론(『韓国併合』, 岩波新書, 1996)을 전개하는 대표적인 연구자가 되었다. 저자가 한국에서 연구생활을 하던 중에 당시 서울에서 연구생활을 하고 있던 운노 교수와 의견을 교환할 기회가 있었는데, 운노 교수는 저자의 절대적 무효설에 대해 전혀 위화감을 표시하지 않았다. 나중에 운노 교수가 합법부당론으로 견해를 변경한 명확한 이유를 들지 않은 점이 마음에 걸린다. 사카모토 시게키(坂元茂樹) 교수(국제법학)의 「日韓保護条約の効力」(『関西大学法学論集』 44-4·5)은, 국제법상의 원칙에 관해서는 저자의 주장과 모순되지 않는다. 그러나 사카모토 교수는 대표자 개인에 대한 협박의 과정에 관해서는, 본건에서는 무효로 할 정도의 사실관계의 입증이 충분하지 않다고 보고 있는 것인지, 법적 평가라는 점에서는 무효설에 동의하지 않고 있다. 어쨌든 당초 저자가 제공한 정보에 기초하여 이루어진 국회 질의(모토오카 쇼오지 참의원 의원[당시]) 무렵부터 이 문제에 관한 침묵 = 터부가 깨어진 듯이 생각된다. 국제법률가위원회(ICJ) 주최 국제심포지엄이 토오쿄오(東京)에서 개최되어 이 문제도 토의되는 등, 토오쿄오, 평양 등에서 심포지엄이 개최되었을 뿐만 아니라 공개토의가 추진되었다. 또한 ICJ東京セミナー東京委員会編, 『裁かれるニッポン戦時奴隷制』, 日本評論社, 1996 참조. 그리고 『世界』지상논쟁의 계속도 특필해야 할 것이다. 한국에서도 국제심포지엄이 개최되었다. 저자가 이 연구를 「統監府設置100年と乙巳保護条約の不法性 - 1963年国連国際法委員会報告書をめぐって」(『龍谷法学』 39-1, 2006, 15-42면)라는 제목으로 보고한 것은 다소 지체되어 2006년에 이르러서였다.

관이 그 다수의 휘호 중 3폭의 유묵을 보관하고 있다는 사실을 알게 되었다. 그것은 특별히 의도한 것은 아니었고, 우연한 기회에 선배 교수[26]로부터 들어 알게 된 것이었다. 행운이었다고 할 수밖에 없다. 류우코쿠대학의 유묵은 안중근의 인물의 크기, 사상가로서의 자질, 예술적인 재능 등을 상징하는, 모필로 쓴 훌륭한 글씨였다. 인류가 공유해야 할 역사적 문화유산이다. 저자는 그렇게 생각하고서 이들 유묵의 일반공개를 요구하는 운동을 시작했는데, 한 사람의 대학 교수의 자그마한 운동일 뿐이었다.

한편 2010년 8월에 일본이 한국을 병합한 지 100년이 되는 때를 맞기 때문에 이 해를 의미있는 것으로 만들기 위해, 그에 앞선 2008년 10월에 민간의 시민운동 "한국병합' 100년 시민 네트워크'가 창설되었다. 저자도 공동대표의 한사람으로 그 운동에 참가하여 유묵 공개운동을 추진했다. 그 운동이 성공하여, 2009년 3월에는 한국 안중근 의사 기념관 관장(당시)이었던 김호일(金鎬逸) 중앙대학교 명예교수를 류우코쿠대학에 초청하여 안중근 동양평화론에 관한 심포지엄을 개최하고, 유묵 등의 최초의 일반공개도 실현할 수 있었다.[27] 그때 류우코쿠대학은 김 관장으로부터 유묵 등을 한국에 대여해줄 것을 요청받았기 때문에, 저자도 그 실현을 위해 노력했다. 결국 2009년 장기대여가 실현된[28] 것은 한일 민간문화교류의 진전이었다.

저자는 심포지엄에 앞서 김 관장으로부터 안중근 재판의 불법성에 관한 법적 연구를 의뢰받은 것이 계기가 되어, 안중근 재판 연구를 시작하게 되었다.[29] 안중근 재판의 방청

---

26 유묵의 존재는 류우코쿠대학 학내에서도 학부장 경험자 등 오랜 근무경험이 있는 교원에게만 알려져 있었다. 2003년부터 근무를 시작한 저자는 그것을 알지 못했는데, 교직원 조합의 모임에서 경영학부장도 역임한 미시마 린파치(三島倫八) 교수(당시)로부터 정보를 얻었다. 미시마 교수의 후의에 대해 감사드린다.

27 「安重根の獄中の書3点, 日本市民団体が京都で初公開」, 『聯合ニュース』 2009.4.1. 9시 44분 (유묵 사진). WoW! Korea http://www.wowkorea.jp/news/korea/2009/0401/10055364.html 2015.3.11. 열람.

28 「独立運動家, 安重根の書が故郷へ 龍谷大学が'特別展に貸し出し」, 『共同通信』 2009.6.16. 20시 28분 (유묵과 와카하라 도쇼 학장[당시]의 사진) http://www.47news.jp/CN/200906/CN2009061601000620.html 2015.3.11. 열람.

29 이 심포지엄 당시의 저자의 강연은 아래의 논문으로 발표했다. 戸塚悦朗, 「安重根裁判の不法性と東洋平和」, 『龍谷法学』 42-2, 2009, 1-27면.

속기록을 읽고서 일본에 의한 안중근 재판 관할권의 근거가 1905년 한국보호조약이라고 되어 있는 점에 놀랐다. 그 때문에 그때까지 축적되어 있던 한일 구 조약 연구성과를 그대로 안중근 재판의 불법성 연구에 응용할 수 있게 된 것이다.

그 동안 한국에서의 구 조약에 관한 역사 연구는 이태진 서울대학교 교수의 조약문 원본 등에 관한 실증적 연구에 의해 눈부시게 발전되고 있었다. 그 연구성과에 강한 시사를 받아 국제인권법 실무를 전문으로 하는 법률가로서 한일 구 조약의 불법성에 관한 연구를 계속했다. 그 성과에 관해 2010년까지 몇 차례나 한국에서의 한미중일의 연구자가 모인 국제학술회의에 초대되어 발표할 기회가 주어졌다. 그 모두가 저자의 연구를 촉진했다.[30]

이와 같이 저자의 안중근 재판 연구는 1992년 이래 단계적으로 발전해온 연구의 연장선상에 자리매김될 수 있다. 2009년까지의 당초의 연구성과는 전체 연구의 한걸음에 불과하다. 전체 연구성과는 한국어 원서에 게재한 위의 논문에 집약되어 있다. 거기에 이르는 연구의 발전과정에 관해서는 저자의 연구 이력 전체의 흐름[31] 속에서 자리매김해 보아 주시면 다행이겠다.

저자의 위의 안중근 재판에 관한 연구는 1992년 이후 오랜 세월에 걸쳐 축적된 몇 개의 연구성과를 정리한 것이며, 법률가의 논문으로서 일응의 체계를 갖추고 있다. 다만, 일반 독자에게 널리 보급되기를 기대하기에는 적합하지 않다. 앞으로 보급판을 집필할 필요가 있지만, 악문(惡文)을 쓰기로 정평이 난 법률가의 한사람으로서 알기 쉬운 문서를 쓰는 것은 쉬운 일은 아니다. 그 후 저자에 관한 한 종전의 연구를 보강하는 연구를 제외하고 본질적으로 새로운 연구성과가 추가된 적은 없다. 한국병합 100년인 2010년 이후 이 논문의 내용과 관련하여 꽤 많은 강연을 일본에서 했다. 지금까지 저자의 연구에 대한 의미 있는 반론은 일본에서도 한국에서도 발견되지 않았다.

---

30 한국 동북아역사재단의 지원을 얻을 수 있었기에 네덜란드에서의 연구도 가능했다. 위 재단에 감사드린다.
31 龍谷大学法学会,「戸塚悦朗教授 略歴および業績一覧」,『龍谷法学』42-4, 2010, 447-462면. http://repo.lib.ryukoku.ac.jp/jspui/bitstream/10519/5587/1/r-ho_042_04_014.pdf

5. 일본 정부는 안중근을 '테러리스트'라고 비난

저자에 대한 직접적인 반론은 아니지만, 거의 유일한 현저한 반론이라고 할만한 것으로서, 2014년에 이르러 일본 정부가 안중근에 대해 '테러리스트'라는 평가를 강하게 내건 데 대해 언급해 둘 필요가 있다. 저자는 이것을 아베 신조오(安倍晋三) 수상이 이끌고 있는 일본 정부의 탈 전후 레짐 운동(전전 회귀)의 상징적인 주장이라고 받아들이고 있다. 일본에서 스가 요시히데(菅義偉) 관방장관의 기자회견에서 발신된 것으로서 국내정치용 발언이었지만, 내용적으로는 한국·중국 두 정부를 향한 것이었기 때문에 전 세계적으로도 주목을 받았다.³²

테러리스트에 관해서는 전 세계적인 관심이 높아지고 있다. 그럼에도 불구하고 유감스러운 일이지만 일본에서는 낙인찍기와 같은 정치적인 언설을 제외하면 안중근과 테러리스트에 관한 연구도 토론도 거의 깊어지지 않았다. 테러리스트의 정의 하나만 보아도 의미 있는 논의가 들리지 않는다. 이와 관련하여 2014년 12월에 펜실베니아대학으로부터 강연 초대를 받아, 안중근과 이토 히로부미를 대비하면서 '테러리스트란 무엇인가?'에 관해 토론하는 강연회³³에서, 저자의 안중근 재판의 불법성에 관한 연구성과를 미국의 학계에 처음으로 소개하는 행운을 얻은 것을 보고해두고 싶다.

일본에서 이 정부 발표를 둘러싼 연구가 진척되지 않는 것은, 2010년 전후의 우리의 연구·활동성과에도 불구하고, 이 문제에 관해 아직 침묵이 이어지고 있는 것이 주된 원인이 아닐까? 이와 같은 아베 정권의 주장에 관해 검토하는 데 한국어 원서는 새로운 관점을 제공하고 있다고 할 수 있을 것이다. 그 점에서 연구자, 동아시아 지역의 화해에 관심을

---

32 "Beijing and Seoul regard as a hero, reflects East Asia's War over history," *Time*, Jan. 30, 2014, http://timedotcom.files.wordpress.com/2014/01/harbin_0130.jpg?w=1100

33 Etsuro Totsuka, "What is terrorism? A Historical Case Study in East Asia—An Junggeun vs. Ito Hirobumi," Korea Current Affairs Forum Lecture, James Joo-Jin Kim Program in Korean Studies, University of Pennsylvania, Tuesday, December 2, 2014, 4:30-6:00pm.

가지는 사람들, 미디어 관계자 등의 주의를 환기하고자 한다.

6. 일본 정부의 식민지지배에 관한 역사인식과 사죄의 현상(現狀)

마지막으로 일본의 상황도 결코 후퇴한 것만은 아니라는 점에 대해 언급해둘 필요도 있다.

2010년 8월 10일 한국병합 100년에 즈음하여 칸 나오토(菅直人) 수상(당시)은, "3.1 독립운동 등의 격렬한 저항에서도 나타난 것처럼, 정치적·군사적 배경 아래 당시의 한국 사람들은 그 뜻에 반하여 이루어진 식민지지배에 의해 나라와 문화를 빼앗기고 민족의 긍지에 깊은 손상을 입었습니다"[34]라고 하여, 일본이 한국을 식민지화할 때 한국인들의 뜻에 반하여 나라를 빼앗았다는 사실을 인정했다.

그 15년 전의 일이지만, 무라야마(村山) 내각총리대신 담화, 즉「전후 50주년 종전기념일을 맞아」(이른바 무라야마 담화. 1995.8.15.)[35] (자료 2)가, "우리나라는 멀지 않은 과거의 한 시기에 국책을 그르쳐 전쟁의 길을 걸음으로써 국민을 존망의 위기에 빠뜨리고, 식민지지배와 침략에 의해 많은 나라들 특히 아시아 여러 나라의 사람들에게 커다란 손해와 고통을 주었습니다"라고 한 것은 한국을 포함하여 아시아 국가들에 대한 일본의 침략과 식민지지배의 문제에 관한 사실을 인정한 것이었다.

---

34 2010년 8월 10일 칸 나오토 수상 담화(각의결정 후 공표)는, "올해는 일한관계에서 매우 큰 획기가 되는 해입니다. 정확히 100년 전 8월에 일한 병합조약이 체결되어, 이후 36년에 이르는 식민지지배가 시작되었습니다. 3.1독립운동 등의 격렬한 저항에서도 나타난 것처럼, 정치적·군사적 배경 아래 당시의 한국 사람들은 그 뜻에 반하여 이루어진 식민지지배에 의해 나라와 문화를 빼앗기고 민족의 긍지에 깊은 손상을 입었습니다. 저는 역사를 성실하게 마주하고자 합니다. 역사의 사실을 직시할 용기와 그것을 받아들이는 겸허함을 가지고 자신의 잘못을 반성하는 데 솔직하고자 합니다. 고통을 준 쪽은 잊기 쉽고 받은 쪽은 그것을 쉽게 잊을 수 없는 것입니다. 이 식민지지배가 초래한 커다란 손해와 고통에 대해, 여기에서 다시금 통절한 반성과 마음으로부터의 사죄(お詫び)를 표명합니다…"라고 했다. http://www.kantei.go.jp/jp/kan/statement/201008/10danwa.html

35 http://www.mofa.go.jp/mofaj/press/danwa/07/dmu_0815.html

한일관계에 한정된 위의 칸 담화(2010.8.10.)(자료 3)는 그것과는 다르다. 무라야마 담화와 대비하면 칸 담화는 (한국에 좁히고 있기는 하지만) 일본의 식민지지배가 "정치적·군사적 배경 아래", "당시의 한국 사람들"의 "뜻에 반하여" 이루어진 것이었다는 사실을 인정한 점에서 일보 진전된 것이다. 다만 무라야마 수상(1995년 10월 5일 참의원 본회의 답변)은 한국병합조약을 (부당하지만) "법적으로 유효하게 체결되고 실시된 것"이었다고 했다. 하지만 칸 수상은 한국병합조약(을 무효였다고는 하지 않았지만)을 굳이 법적으로 '유효'였다고는 주장하지 않았다는 점에서 무라야마 수상의 그것과는 다르다고 볼 수 있을 것이다.

7. 맺음말

안중근 동양평화론 연구는 아니지만 1998년 이후 일본에 의한 한국의 식민지화 과정에 관한 역사학과 국제법학의 관점에서 한일 구 조약의 효력 문제에도 관련된 국제적인 공동연구가 거듭되었고, 그 성과가 아래의 2권의 일본어 연구서로 출판되어 있다는 점을 언급해둘 필요가 있다. ① 笹川紀勝·李泰鎮編著, 『国際共同研究 韓国併合と現代 - 歴史と国際法からの再検討』, 明石書店, 2008, ② 笹川紀勝·邊英浩監修; 都時煥編著, 『国際共同研究 韓国強制併合100年 - 歴史と課題』, 明石書店, 2013. 이들 연구성과는 일본에 의한 한국의 병합과정을 역사적으로 해명하고, 그것이 국제법상으로도 불법성으로 가득찬 것이었다는 점을 밝혔다. 획기적인 연구성과라고 평가할 수 있을 것이다.

이들 2권의 출판이 이루어진 시점 사이에 해당하는 2010년에는 한국과 일본의 1,000명이 넘는 지식인이 "병합의 역사에 관하여 지금까지 밝혀진 사실과 왜곡 없는 인식에 입각하여 뒤돌아보면 이미 일본 측의 해석을 유지할 수 없게 되었다. 병합조약 등은 원래 불의부당한 것이었다. 그런 의미에서 당초부터 null and void였다고 하는 한국 측의 해석이 공통된 견해로 받아들여져야 할 것이다"라는 공동성명[36]에 서명한 것은 중요한 성과였다고 평가할 수 있을 것이다.

그러나 지식인 공동성명 이후 5년이 지났음에도 불구하고, 일본 측에서는 그것은 정치적인 운동의 레벨에 머물러 있는 듯이 보인다. 유감스럽지만 구 조약의 불법성에 관한 일본의 법률전문가의 연구는 아직 현저한 발전을 보이지 못하고 있다. 그 의미에서는 아직 대세로서는 '침묵'이 이어지고 있다고 할 수 있을 것이다.

1905년 당시의 일본의 법학자들은 일본의 식민지지배의 근거가 되는 조약이 무효·불법이라고 판단할 수 있는 충분한 국제법학 지식을 가지고 있었다.[37] 지식으로서는 숙지하고 있었음에도 불구하고, 그 지식을 현실의 한일관계에 적용하여 연구하는 것을 회피한 것이다. 뿐만 아니라 그 이후 110년이 지난 오늘날에 이르러서도 일본 측 법률가의 침묵이 계속되고 있다. 위의 공동성명에는 일본 측에서는 540명이나 되는 지식인이 서명했다. 하지만 그 중 변호사를 포함해도 법률가는 소수이다. 특히 국제법 학자의 서명은 극소수에 머물고 있다는 점에 주목해야 한다. 그 이유는 아직 분명히 밝혀져 있지 않다.[38]

그와 같은 일본 사회의 태도에 관해서는, (일본군의 중국에서의 잔학행위에 관해) 헨미 요오(辺見庸) 씨가 프리모 레비(Primo Levi)를 인용하여 "'닛폰'의 전후는 '알지 못한 채 (묻지 않은 채) 끝내서는 안 되었던 것'을 '알지 못한 채 (묻지 않은 채) 끝내버리자'라는 강한 묵계에 의해 덧없는 의사(疑似) 평온을 지켜온 것이다"[39]라고 지적하고 있는 것에 주목하고자 한다.

---

36 「'한국병합' 100년 한일지식인 공동성명」, 2010.5.10. 또한 한일 지식인의 서명에 관해서는 2010년 5월 10일 시점에는 일본 측 서명자 명부 105명 및 한국 측 서명자 명부 109명. https://www.iwanami.co.jp/sekai/2010/07/105.html 2015.5.22. 열람. 그리고 2010. 8.10. 시점에는 일본 측에서는 540명, 한국 측에서는 599명이 서명했다. 笹川紀勝·邊英浩監修 ; 都時煥編著, 『国際共同研究 韓国強制併合100年 - 歴史と課題』, 明石書店, 2013, 445-487면.

37 본문에서는 생략했지만, 1905년 「한국보호조약(?)」의 비준서는 발견되지 않았다. 저자의 1905년 당시의 문헌에 대한 연구에 따르면, 일본 측이 주장하는 '비준불요설'을 지지하는 학설은 전 세계적으로도 일본 국내에서도 발견되지 않았으며, 반대로 '비준필요설'을 지지하는 문헌은 다수 발견되었다. 戸塚悦朗, 「「韓国併合」100年の原点と国際法 - 日韓旧条約の効力問題と「批准必要説」に関する文献研究」, 『現代韓国朝鮮研究』(特集「日本と朝鮮半島の100年」), 2010, 27-37면.

38 이 점에 관해서는 저자는 지금까지의 연구에서도 구체적으로 밝히려고 노력해왔지만 아직 해명하지 못했다. 앞으로도 연구를 계속할 필요가 있다고 생각하고 있다.

39 辺見庸, 「1★9★3★7 : 『時間』はなぜ消されたのか(第15回)」, 『週刊金曜日』 1039, 2015. 5.15, 34-37면.

일본 측의 우리는, 특히 법률가는 어떻게 해서 이와 같은 '침묵', '묵계'를 깰 것인가를 물을 필요가 있다. 저자는 연구의 계속 뿐만 아니라, 연구에 기초하여 행동할 필요가 있다고 생각한다.

위의 한국어 원서의 번역 출판 등의 연구가 앞으로 전 세계적인 틀 속에서 안중근 동양평화론 연구를 발전시키는 계기가 될 것을 기대한다. 그러한 발전은 역사인식의 뒤틀림을 시정하는 데 도움이 될 뿐만 아니라, 한일·북일의 상호이해와 우호, 그 연장선상에 있는 화해의 실현에 기여할 것이고, 전 세계적인 탈 식민지화의 흐름을 가속화시킬 것이다. 나아가 앞으로 새로운 100년 후를 향해 이 연구가 세계평화의 구축을 위한 기초가 될 것을 염원해 마지않는다.

2015년의 중요성에 비추어 아베 신조오 수상이 지금까지의 일본 정부의 입장의 진전을 후퇴시키지 않고, 나아가 그것들을 한걸음 전진시켜, 최근의 한일 연구자의 안중근 동양평화론 연구의 성과를 토대로 한 아베 담화를 발표할 것을 기대한다. 그것이 가능하다면, 일본 정부는 국제적인 고립으로부터 일본을 구하게 될 것이다.

(자료 1)

'한국병합' 100년을 앞두고 일본의 시민사회로부터 발신하는 '신뢰와 희망 창조의 메시지'[40]

「반성과 화해를 위한 시민선언」

일본은 이른바 '한국병합조약'을 강요하여, 1910년 8월 29일부터 35년간 한반도를 식민지로 만들었습니다. 2010년으로 정확하게 100년의 결절점을 맞이합니다. 우리는 일본에 살고 있는 시민으로서 일본과 한반도에 살고 있는 사람들이 이 100년의 역사를 토대로 마음으로부터의 화해를 진전시키고, 인권과 민주주의라는 인류의 보편적 가치에 기초하여 동아시아, 나아가서는 전 세계에 평화를 실현할 것을 희망하며, 아래와 같이 선언합니다.

「세계인권선언」은 "인류사회의 모든 구성원의 고유한 존엄과 평등하고 양도할 수 없는 권리를 승인하는 것은 전 세계의 자유, 정의 및 평화의 기초이다"라고 전문에서 주장하고, 제1조에서는 "모든 인간은 태어나면서부터 자유이고 또 존엄과 권리에 있어서 평등하다. 인간은 이성과 양심을 부여받았고, 서로 동포의 정신으로 행동하지 않으면 안 된다"라고 하고 있습니다. 또「일본국헌법」도 "우리는 평화를 유지하고 전제와 예종(隷從), 압박과 편협을 지상으로부터 영원히 제거하려고 노력하고 있는 국제사회에서 명예로운 지위를 차지하고자 한다"라고 명기하고 있습니다.

식민지지배는 무수한 피해자를 낳았습니다. 하지만 해야 할 조사와 사죄 및 정당한 보상이 이루어지지 않은 채 피해자가 방치되어 왔다는 것은 위의 이념에 비추어보아도 간과할 수 없습니다. 그것이야말로 일본과 한반도에 살고 있는 사람들 사이에서 진정한 우호

---

40 http://www.nikkan100.net/sengen.html

와 신뢰관계의 구축을 방해해왔다고 생각합니다. 이러한 일본에 의한 식민지지배의 죄책을 반성하고, 그 역사책임을 다하지 않으면 안 됩니다.

우리는 일본과 한반도의 21세기를 신뢰와 희망의 세기로 창조하기 위해「세계인권선언」및「일본국헌법」의 이념에 기초하여 각자 '동포의 정신'으로 행동하고자 합니다.

(2008년 10월 25일 '한국병합' 100년 시민 네트워크 설립 총회 채택)

(자료 2)

「전후 50주년 종전기념일을 맞아」
(이른바 무라야마 담화)[41]

1995년 8월 15일

지난 대전이 끝난 후 50년의 세월이 흘렀습니다. 지금 다시 한번 그 전쟁에 의해 희생되신 내외의 수많은 사람들을 생각하면 만감이 교차합니다.

패전 후 일본은 그 폐허로부터 수많은 곤란을 극복하고 오늘날의 평화와 번영을 구축해왔습니다. 이는 우리의 자랑이며, 그것을 위해 기울여진 국민 여러분 한 사람 한 사람의 영지(英知)와 한결같은 노력에 대해 저는 마음으로부터 경의를 표합니다. 오늘날에 이르기까지 미국을 비롯하여 세계 여러 나라가 보내준 지원과 협력에 대해 다시 한번 심심한 사의를 표합니다. 또 아시아 태평양 근린 여러 나라, 미국, 나아가서는 유럽의 여러 나라들과의 사이에 오늘날과 같은 우호관계를 구축하기에 이른 것을 마음으로부터 기뻐하고자 합니다.

평화롭고 풍요로운 일본이 된 오늘날 우리는 자칫 이 평화의 존귀함, 감사함을 잊기 쉽습니다. 우리는 과거의 잘못을 다시는 반복하지 않도록 전쟁의 비참함을 젊은 세대에게 전하지 않으면 안 됩니다. 특히 근린 여러 나라의 사람들과 손을 잡고 아시아 태평양 지역, 나아가서는 세계의 평화를 확실하게 만들어가기 위해서는, 무엇보다도 이들 여러 나라와의 사이에 깊은 이해와 신뢰에 기초한 관계를 가꾸어 가는 것이 불가결하다고 생각합니다. 정부는 이러한 생각에 기초하여 특히 근현대에 있어서의 일본과 근린 아시아 여러 나라의 관계에 관한 역사연구를 지원하고, 각국과의 교류의 비약적인 확대를 도모하기 위

---

[41] http://www.mofa.go.jp/mofaj/press/danwa/07/dmu_0815.html

해, 이 두 가지를 중심으로 한 평화 우호 교류사업을 전개하고 있습니다. 또 현재 대처하고 있는 전후처리 문제에 관해서도, 우리나라와 이들 나라와의 신뢰관계를 한층 강화하기 위해, 저는 앞으로도 성실하게 대응해 가겠습니다.

전후 50주년이라는 중요한 시점을 맞아 우리가 명심해야 하는 것은 지나온 세월을 돌아보며 역사의 교훈을 배우고, 미래를 향해 인류사회의 평화와 번영의 길을 그르치지 않는 것입니다.

우리나라는 멀지 않은 과거의 한 시기에 국책을 그르쳐 전쟁의 길을 걸음으로써 국민을 존망의 위기에 빠뜨리고, 식민지지배와 침략에 의해 많은 나라들 특히 아시아 여러 나라의 사람들에게 커다란 손해와 고통을 주었습니다. 저는 장래에 잘못을 저지르지 않도록 하기 위해 의심할 여지 없는 이 역사의 사실을 겸허히 받아들이면서, 이에 다시 한번 통절한 반성의 뜻을 표하고 진정한 사죄(お詫び)의 마음을 표명합니다. 또 이 역사가 초래한 내외의 모든 희생자에게 깊은 애도의 뜻을 바칩니다.

패전의 날로부터 50주년을 맞은 오늘, 우리나라는 깊은 반성 위에서 독선적인 내셔널리즘을 배척하고, 책임 있는 국제사회의 일원으로서 국제협조를 촉진하고, 그것을 통해 평화의 이념과 민주주의를 확산시켜 가지 않으면 안 됩니다. 동시에 우리나라는 유일한 피폭국으로서의 체험을 토대로 핵무기의 궁극적인 폐절을 지향하고, 핵 불확산 체제의 강화 등, 국제적인 군축을 적극적으로 추진해 가는 것이 긴요합니다. 이것이야말로 과거에 대한 보상이 될 것이며, 희생되신 분들의 영령을 위로하는 방도가 될 것이라고 저는 믿습니다.

'신의보다 더 믿을만한 것은 없다'라고 합니다. 이 기념할 날을 맞아 신의를 시정의 근간으로 삼을 것을 내외에 표명하여 저의 맹세로 삼고자 합니다.

(자료 3)

「내각총리대신 담화」[42]

2010년 8월 10일

올해는 일한관계에서 매우 큰 획기가 되는 해입니다. 정확히 100년 전 8월에 일한 병합 조약이 체결되어, 이후 36년에 이르는 식민지지배가 시작되었습니다. 3.1독립운동 등의 격렬한 저항에서도 나타난 것처럼, 정치적·군사적 배경 아래 당시의 한국 사람들은 그 뜻에 반하여 이루어진 식민지지배에 의해 나라와 문화를 빼앗기고 민족의 긍지에 깊은 손상을 입었습니다.

저는 역사를 성실하게 마주하고자 합니다. 역사의 사실을 직시할 용기와 그것을 받아들이는 겸허함을 가지고 자신의 잘못을 반성하는 데 솔직하고자 합니다. 고통을 준 쪽은 잊기 쉽고, 받은 쪽은 그것을 쉽게 잊을 수 없는 것입니다. 이 식민지지배가 초래한 커다란 손해와 고통에 대해, 여기에서 다시금 통절한 반성과 마음으로부터의 사죄(お詫び)를 표명합니다.

이러한 인식 아래 앞으로 100년을 응시하며 미래지향의 일한관계를 구축해가겠습니다. 또 지금까지 해온 이른바 재사할린 한국인 지원, 조선반도 출신자의 유골반환 지원 등 인도적인 협력을 앞으로도 성실하게 실시해가겠습니다. 나아가 일본이 통치한 기간에 조선총독부를 경유하여 가져와 일본 정부가 보관하고 있는 조선왕조의궤 등 조선반도 유래의 귀중한 도서에 대해 한국인들의 기대에 부응하여 곧 그것들을 인도하고자 합니다.

일본과 한국은 2천년 전부터 활발한 문화 교류와 인적 왕래를 통해 전 세계에 자랑할 수 있는 훌륭한 문화와 전통을 깊이 공유하고 있습니다. 나아가 오늘날의 양국의 교류는

---

[42] http://www.kantei.go.jp/jp/kan/statement/201008/10danwa.html

극히 중층적이고 광범위하고 다방면에 걸쳐 있어서 양국의 국민이 서로에게 가지고 있는 친근감과 우정은 일찍이 유례가 없을 정도로 강해졌습니다. 또 양국의 경제관계와 인적 교류의 규모는 국교정상화 이래로 비약적으로 확대되었고, 서로 절차탁마하면서 그 관계는 극히 강고해졌습니다.

일한 양국은 지금 이 21세기에 민주주의와 자유, 시장경제라는 가치를 공유하는 가장 중요하고 긴밀한 이웃나라가 되었습니다. 그것은 2국 간 관계에 머물지 않고 장래의 동아시아공동체 구축도 염두에 둔 이 지역의 평화와 안정, 세계경제의 성장과 발전, 그리고 핵군축과 기후 변동, 빈곤과 평화 구축이라고 하는 지구 규모의 과제까지 폭넓게 지역과 세계의 평화와 번영을 위해 협력하여 리더십을 발휘하는 파트너의 관계입니다.

저는 이 커다란 역사의 획기에 일한 양국의 유대가 더욱 깊고 더욱 단단해지기를 강하게 희구하는 동시에, 양국 간의 미래를 열어젖히기 위해 부단한 노력을 아끼지 않겠다는 결의를 표명합니다.

역사인식과 한일 '화해'의 길 (2)

식민지지배 책임과
1905년 「한국보호조약(?)」

역사인식과 한일 '화해'의 길(1)
- 안중근 동양평화론 연구는 일본을 고립으로부터 구해낼 것인가? -
머리말
1. '침묵을 깬 '100년 네트워크'의 공헌
2. 2010년까지의 주된 연구 성과
3. 최근 5년간 연구의 동향
4. 안중근 재판에 관한 법적 연구의 경위와 배경
5. 일본 정부는 안중근을 '테러리스트'라고 비난
6. 일본 정부의 식민지지배에 관한 역사인식과 사죄의 현상(現狀)
7. 맺음말

역사인식과 한일 '화해'의 길(2)
- 식민지지배 책임과 1905년 「한국보호조약(?)」 -
8. 일본의 식민지지배 책임이란?
9. 1905년 「한국보호조약(?)」은 원초적으로 무효
10. 1905년 「한국보호조약(?)」에는 황제의 서명이 필요했는가?

역사인식과 한일 '화해'의 길(3)
- 문헌 연구를 통해 1905년 「한국보호조약(?)」의 무효성을 묻는다 -
11. 1905년 당시 국제법 해석학의 문헌 연구
12. 요약 및 고찰

역사인식과 한일 '화해'의 길(4)
- 『국제법잡지』는 1905년 「한국보호조약(?)」에 대해 어떻게 준비했는가 -
13. 2015년 아베 수상 담화
14. 『국제법잡지』는 1905년 「한국보호조약(?)」을 어떻게 준비했는가?
15. 일본 외교의 실패

역사인식과 한일 '화해'의 길(5)
- 1905년 「한국보호조약(?)」의 효력 문제와 1963년 유엔 총회 결의에 관해 -
16. 유엔 창설과 제국주의시대의 세계사적 전환
17. 1963년 ILC 보고서와 1905년 「한국보호조약(?)」
18. 1963년 유엔 총회 결의

역사인식과 한일 '화해'의 길(6)
- '위안부' 문제에 관한 한일 외교장관 합의로부터 판문점 남북 정상회담까지 -
19. '위안부' 문제에 관한 한일 외교장관 합의의 실패로부터 무엇을 배워야 하는가?
20. 판문점 남북 정상회담이 새로운 시대를 열 것인가?

역사인식과 한일 '화해'의 길(7)
- 미로에서 벗어나기 위한 열쇠 -
머리말
21. '동양평화': 대립하는 두 개의 비전
22. ILC 보고서(1963년)과 유엔 인권위원회(1993년)
23. 어디에서 미로를 헤맨 것일까?
24. 한일 화해의 길은 찾게 될까?

8. 일본의 식민지지배 책임이란?

(기본적인 생각)

앞 장에서 "한국병합' 100년 시민 네트워크'(100년 네트워크)가 2008년 10월 28일의 창립회의에서「반성과 화해를 위한 시민선언」(앞 장 자료 1)을 채택했다는 사실을 언급했다. 위 선언은 일본에 의한 식민지지배에 관한 조사와 사죄 및 정당한 보상이 이루어지지 않은 채 피해자가 방치되어 왔다는 것을 반성하며, "그것이야말로 일본과 한반도에 살고 있는 사람들 사이에서 진정한 우호와 신뢰관계의 구축을 방해해왔다고 생각합니다. 이러한 일본에 의한 식민지지배의 죄책을 반성하고, 그 역사책임을 다하지 않으면 안 됩니다"라고 밝혔다. 100년 네트워크 공동대표의 한 사람인 저자는 이 선언의 실현을 위해 노력할 책임을 지고 있다. 우리는 "일본에 의한 식민지지배의 죄책을 반성하고, 그 역사책임을 다"한다고 선언했는데, 여기에서 제기한 역사책임을 '일본의 식민지지배 책임'이라고 부르고자 한다. 이 '식민지지배 책임'은 구체적으로 무엇을 의미하는 것일까? 우리는 그것을 깊이 파고들어 상세하게 설명할 책임이 있다.

일본의 식민지지배 책임에 대한 연구는, 가해자 측으로서 책임을 지는 일본에 살고 있는 사람들만의 문제는 아니다. 식민지지배를 당한 피해자인 한반도에 살고 있는 사람들에게도 중대한 관심사인 것은 말할 것도 없다. 2015년은 한일기본조약 50주년에 해당한다. 이 해에 한일기본조약과 청구권협정 50년을 되돌아보고, 동아시아에 평화공동체를 구축하기 위한 방향성을 모색하는 첫걸음으로 삼고자 다양한 국제회의가 개최되었다. 그러한 노력의 하나로서 같은 해 6월 '한일협정 50년의 성찰과 평화공동체의 모색'이라는 제목의 국제학술회의[1]가 서울에서 개최되었다.

이 회의에서 저자는 주최 측의 요청에 따라「한일 강제병합, 한일협정, 미해결의 일제

---

[1] 주최 : 동북아역사재단, 세계국제법협회 한국본부. 일시 : 2015년 6월 22일~23일. 장소 : 동북아역사재단 대회의실. 모든 연구발표는 동북아역사재단이 발행한 책자 I 및 II에 인쇄되어 있다.

식민지책임과 청산」²이라는 제목으로 발표를 했는데, 그것은 이러한 설명책임을 다하기 위한 것이기도 했다. 일본이 한국 강제병합의 사실을 승인하지 않고 반성도 사죄도 하지 않은 채 1965년에 부당한 국교정상화를 단행한 한일 사이에서, 아직도 청산되지 않은 식민지지배 책임을 다하기 위해서는 어떠한 노력이 필요할 것인가? 저자에게는 이러한 곤란한 과제가 주어진 것이다.

또 2015년이 전후 70년에 해당하기 때문에, 역사의 전환점으로 삼고자 희망하는 사람들이 적지 않다. 최근 미국의 다수의 지일(知日) 연구자가 아베 수상에게 "위안부 문제 직시를"이라며 한국과의 화해를 호소하고 있는 것에 주목해야 한다.³ 일본의 식민지지배 책임에는 적지 않은 구미의 지일 연구자가 관심을 기울이게 되었다. 전 세계적인 규모로 탈식민지화를 향한 연구·운동이 진행되고 있다는 사실을 상징하고 있다고 할 수 있을 것이다.

이 장에서는 이러한 상황 아래에서 위에서 기술한 곤란한 과제에 응답하고자 한다.

(식민지지배의 개시 시기는 언제인가?)

일본의 식민지지배 책임을 검토하는 경우, 우선 식민지지배의 개시 시점이 언제였는지를 검토할 필요가 있다. 도대체 일본에 의한 한국의 식민지지배가 시작된 것은 언제였던 것일까? 일본의 식민지지배에 관심을 기울이는 연구자, 특히 역사학, 법학 등의 연구자에게 앞으로 검토를 요청하고 싶은 문제이다.

많은 역사가, 법률가들은 그것이 1910년 「한국병합조약」 당시라고 답하지 않을까? 1995년 8월의 무라야마 토미이찌(村山富市) 수상 담화(앞 장 자료 2)에서는 식민지지배를 언

---

2   일본어로 발표했지만 한국어와 영어로 동시통역되었다. 책자 II(Session IV「한일협정의 현재와 평화공동체의 미래」, 9-43면)에 일본어와 한국어로 게재되어 있다.
3   ①「安倍首相へ - 知日硏究者187人が声明『慰安婦問題直視を』」, 『東京新聞』(朝刊26面) 2015.5.8. ②「米の知日派フクシマ氏, 歴史認識広い視野を」, 『東京新聞』(朝刊6面) 2015. 5.26. 그렌 S. 후쿠시마(グレン・S・フクシマ) 씨에 따르면, 지일(知日) 연구자의 서명자수는 450명 이상으로 늘어났다고 한다. ③「日本の歴史家を支持する声明 2015.5.4.」, 『季刊戦争責任硏究』 48 (2015年 夏季号), 95-98면.

급하고 반성과 사죄를 말했지만 구체적인 피해국도 그 시기도 명확하게 제시하지 않았다. 2008년 10월에 채택된 위의 선언의 기초자(저자를 포함한다)는 일본은 1910년부터 대한제국에 대한 식민지지배를 시작했다고 생각했다.[4] 2010년 8월 칸 나오토(管直人) 수상 담화(앞 장 자료 3)도 "정확히 100년 전 8월에 일한 병합조약이 체결되어, 이후 36년에 이르는 식민지지배가 시작되었습니다"라고 하여 1910년부터 식민지지배가 시작되었다고 생각하고 있었다.

그러나 그것은 '병합'이라는 단어에 지나치게 얽매인 역사인식이었다고 생각된다. 그 때문에 우리도 식민지지배의 기점에 관해 지극히 단순한 판단을 해버린 것 아닐까? 잘 생각해보면, 1905년 11월 17일 「한국보호조약(?)」의 강제 체결 당시가 일본의 한국에 대한 식민지지배가 시작된 때였던 것 아닐까? 국제법과 역사가 교차하는 학제적 분야에서 연구를 축적해 온 일본의 법률가로서 저자는 최근 그렇게 재파악하는 것이 합리적이지 않을까 생각하게 되었다.

(법적 효력은 어쨌든) 국제정치의 평면에서는 그때를 경계로 해서 열강이 한국을 일본의 세력권으로 인정하게 되었고, 대한제국은 국가로서의 주권과 독립을 일본에 빼앗겼다. 일본 정부는 다수의 군대를 한반도에 보내고, 통감부를 통해 외교뿐만 아니라 군사·내정에까지 강력한 영향력을 행사하여, 한국 사람들의 뜻에 반하여 한국을 군사지배하게 되었다.[5] 1910년 「한국병합조약」은 그렇게 시작된 일본에 의한 식민지지배가 더욱 강화된 제2의 획기였다고 볼 수 있다.

---

4   위의 선언에서는 "일본은 이른바 「한국병합조약」을 강요하여 1910년 8월 29일부터 35년간 한반도를 식민지로 만들었다"라고 하고 있다. 이것은 우리들 선언 기초자가 일본이 대한제국에 대해 한국병합조약을 강요한 1910년 8월을 한반도 식민지지배의 기점으로 생각하고 있었다는 사실을 드러낸다.

5   그러한 입장에 서면, 일본의 한국 식민지지배 기간은 1910년부터 1945년까지 36년간이 아니라, 1905년부터 1945년까지 41년간이 된다. 그러면 1905년 「한국보호조약(?)」 강제로부터 110년째 해인 2015년은 한국 식민지지배 개시 '110주년'에 해당하는 것이 된다. 구 조약의 효력에 관한 한일의 법해석의 차이가 생긴 것은 식민지지배 개시 '60주년'이었던 것이 되는 1965년 「한일기본조약」의 불명료한 문언으로 인해 그 문제가 애매하게 남겨졌기 때문이다. 그것은 식민지지배 개시 '110주년'인 2015년까지 미루어진 난제인 것이다. 이것도 포함하여, 2015년은 역사인식을 바꾸는 획기로 삼고자 하는 것이다.

(한일 구 조약 모두가 원초적 무효인가?)

이렇게 일본에 의한 한국 강제병합(식민지지배)의 프로세스는 1905년「한국보호조약(?)」[6]의 강제에서 시작되었다. 한일 국교정상화를 위해 1965년「한일기본조약」[7] 및 부속협정이 체결되었는데, 그때 1905년「한국보호조약(?)」및 1910년「한국병합조약」을 포함하는 한일 구 조약(1910년 8월 22일 이전에 체결된 모든 조약 및 협정)은 모두 "이미 무효(already null and void)"라고 확인되었다(「기본조약」제2조).

하지만, 구 조약에 관해 원초적 무효론을 취하는 한국 측과, 그것들은 합법적으로 체결되었고 (한국 독립 이후에 무효가 되었지만) 당시에는 유효였다고 하는 설을 취하는 일본 측 사이에서 "이미 무효"에 관한 해석이 다른 채로 흘러왔다. 그 때문에 일본에 의한 한국의 식민지지배의 법적 성격이 어떤 것이었는지에 관해 한일 간에 기본조약 50주년인 오늘날까지 여전히 커다란 차이가 남은 채이다.

이 해석의 대립이 상징하는 것처럼, 한일의 정부, 연구자, 시민의 역사인식의 커다란 틈은 메꿔지지 않았고, 일본의 식민지지배 책임의 청산도 미해결인 채로 남아 있다. 그것이 일본군'위안부' 문제[8] 등 한일의 여러 중요한 문제들의 해결을 곤란하게 만들고 한일관

---

[6] 저자는 1905년「한국보호조약(?)」이라고 표기했다. (?)를 붙인 데는 이유가 있다. 조약은 문서에 의해 체결된다. 그러나「한국보호조약(?)」이라는 제목을 가진 조약문의 원문은 없다. 일본 정부·외무성이 공간한 조약집에서는 1905년 11월 17일에 일본과 한국이 체결한 '조약'의 명칭은 일본어로는「일한협약」, 한국어로는「한일협상조약」, 영어로는「Convention」으로 되었다. 하지만 최근 한국에 보존되어 있는 조약문의 원본에 대한 이태진 교수 (한국사 전공)의 연구가 진척되어, 이러한 명칭의 조약문 원본은 어디에도 존재하지 않는다는 사실이 밝혀졌다. 한국에서는 1905년 조약 날조설이 통설이 되었다. 저자는 일본 정부가 보존하고 있는 일본어 원본을 확인했는데, 문서 원본의 제목 부분이 1행 공란인 채 보존되어 있는 같은 날짜의 현존 문서의 존재 밖에 확인할 수 없었다. 이것은 이 문서가 아직 조약의 초안 기초 단계에 지나지 않았다는 것을 말해주고 있다.

[7] 「日本国と大韓民国との間の基本関係に関する条約」(1965년 조약 제25호), 1965년 6월 22일 토오쿄오에서 서명, 1965년 12월 11일 국회 승인, 1965년 12월 14일 서울에서 비준서 교환, 같은 날 공포 및 효력 발생. http://www.mofa.go.jp/mofaj/gaiko/treaty/pdfs/A-S40-237.pdf 2015.5.25. 열람.

[8] 1965년「청구권협정」은 한일 우호관계를 저해하고 있다. 일본 정부는 군'위안부' 피해자의 보상 등의 요구에 대해 1965년「청구권협정」에 의해 해결이 끝났다는 주장을 반복하고 있다. 그런 이유도 있어서 지금까지 한일 간의 최대의 현안이 되어 있다. 일본의 '조약의 항변'에 대해서는, 협정에 이르기까지의 한일교섭의 자료가 한국 측에 의해 공개되어, 지금은 당시 '위안부' 문제는 토의되지 않았다는 사실, 불법행위는 제외되어 있었다는 사실이 밝혀졌다. 저자의 견해 및 한국 헌법재판소의 심의에 관해서는 아래의 글을 참조해주기 바란다. 戸塚悦朗,「元

계를 악화시키는 원인이 되고 있다. 이 논문은 구 조약의 효력 문제를 연구함으로써 일본에 의한 한국의 식민지지배의 법적 성격을 해명하고 한일 사이의 틈을 메꾸기 위해 조금이나마 공헌하고자 한다.

저자는 구 조약 전부가 원초적 무효라는 주장에는 무리가 있다고 생각한다. 아래에서 상세하게 검토하는 것처럼, 저자는 1905년「한국보호조약(?)」이 당초부터 무효(null and void)라는 것은 의심의 여지가 없다고 생각한다. 또 그 이후 그것을 기초로 강제 체결된 조약(특히 1910년「한국병합조약」과 같이 대한제국에 의한 비준이 없는 것)을 원초적으로 무효로 하는 것은 무리가 없을 것이다. 이와 같이 구 조약의 하나하나에 관해 원초적으로 무효인지 아닌지를 검토할 필요가 있는 것 아닐까? "이미 무효"의 해석에 관해서는「기본조약」의 문언해석만으로는 무리가 없는 결론을 도출하기 곤란하다. 따라서 개개의 조약에 관해 특히 일본에 의한 대한제국의 식민지화가 시작된 계기가 된 1905년「한국보호조약(?)」에 관해 구체적이고 상세한 검토를 하는 것이 필요한 것 아닐까?

(구 조약의 법적 효력 문제의 연구는 의미가 있는가?)

저자는 1992년 가을에 일본에 의한 한국 식민지화를 위한 국제법상의 기본법규가 된 1905년「한국보호조약(?)」을 절대적 무효의 조약(정부 대표자 개인에 대한 강제를 이유로 한 것)의 사례로 든 1963년 유엔 국제법위원회 보고서를 발견했다. 이후 일본의 식민지지배의 근거가 된 1905년「한국보호조약(?)」도 이것을 기본으로 한 1910년「한국병합조약」도 모두 법적으로 무효·불법인 것이었다는 관점에서 연구를 시작했다. 그러나 저자의 주장에 관심을 표시한 일본의 국제법 연구자는 거의 없었다. 관심을 표시한 몇 안 되는 연구자도 그러한 연구에는 '의미가 없다'라고 했다.

日本軍「慰安婦」被害者申立にかかる事件に関し大韓民国憲法裁判所へ提出された意見書 - いわゆる「条約の抗弁」について」,『龍谷法学』42-1, 2009, 193-222면. 또한 2011년 8월 30일의 한국 헌법재판소 결정에서는, '위안부' 피해자가 한국 정부에 대해 승소했고, 한국 정부는 그 문제를 해결하기 위해 일본 정부에 대한 외교교섭 등의 의무를 지게 되었지만, 상세한 설명을 생략한다.

그러나 아래의 설명을 고려하면 이 연구에는 실제적으로도 중요한 의미가 있다고 생각된다.

① 위에서 기술한 1965년 한일기본조약 제2조의 해석을 둘러싼 한일 간의 다툼을 해결하여 한일 우호관계를 촉진하기 위해서도 중요하다.

② 북일교섭에서도 중요한 논점에 되어 있기 때문에 북일교섭을 성공시키고 북일 국교정상화를 실현하기 위해서도 중요하다.

③ 일본군'위안부' 문제, 문화재 유출 문제를 해결하기 위해서도 중요하다. 1905년부터 시작된 일본에 의한 식민지지배가 무효·불법인 '조약(?)'에 기초하고 있었다면, 식민지지배 아래 발생한 개별 문제를 검토할 때의 입증책임이 전환될 것이다. 일본군에 의한 '위안부' 동원에는 원칙적으로 불법성의 추정이 작동하여 일본 측이 개개의 여성의 동원에 관해 합법이었다고 하는 입증책임을 지게 될 터이다. 식민지지배 하의 일본으로의 문화재 유출에 관해서는 원칙적으로 불법성의 추정이 작동하여 일본 측이 개개의 문화재 반출의 합법성을 입증할 책임을 지게 될 것이다. 이러한 입증책임의 전환은 이들 중요한 문제에 관해 상당히 커다란 실질적인 영향을 가져오리라고 생각된다.

④ 최근 명확하게 된 것인데, 안중근 의군 참모중장 재판의 효력을 연구하는 데도 중요하다. 1905년「한국보호조약(?)」이 무효·불법이라면 일본에 의한 그 재판의 관할권이 상실되어 재판이 불법이었다는 평가가 명확하게 될 것이다. 그 재판이 불법·무효라고 평가된다면, 안중근 의군 참모중장의 처형은 불법이었다는 것이 될 뿐만 아니라,[9] 안중근 의군 참모중장을 '범죄자', '테러리스트'라고 비난할 근거가 없어지게 될 것이다.

---

9   불법·무효인 재판에 의한 처형은 살인이라고 평가되게 될 것이다.

9. 1905년 「한국보호조약(?)」은 원초적으로 무효[10]

(1905년 「한국보호조약(?)」에 관한 저자의 연구 이력 개요)

『류우코쿠 법학(龍谷法学)』에 게재한 논문[11]에서, 저자는 1905년 「한국보호조약(?)」은 설령 형식적으로는 체결된 것처럼 보여도, 일본군과 이토오 히로부미가 한국 측의 각료 개인을 협박하여 체결의 형식을 만들어낸 것이어서, 추완도 허용되지 않는 절대적 무효의 조약이며 당초부터 효력이 발생하지 않았다고 논했다.

이 법이론적인 입장은 유엔 국제법위원회(ILC) 1963년 총회 제출 보고서[12]를 '발견'하고, 그것을 원용하여 1993년 이후 논하기 시작한 것이며, 원래 저자 독자의 학설은 아니다. 1905년 당시의 관습국제법에 따르면 국가의 대표자 개인을 협박하여 체결의 형식을 만들어도 그 조약이 절대적 무효의 조약이어서 효력이 발생하지 않는다고 인정되었던 것이다.

그 후 이 문제에 관한 논의가 거듭되어 이태진 서울대학교 교수의 연구가 현저하게 진전되었고, 조약 원본 등을 대조한 상세한 연구[13]가 축적되어왔다는 점에 주목해야 한다. 2010년의 시점에는 '날조설' 쪽이 설득력이 있다. 주요한 논점은 아래와 같다.

---

10 아래의 연구는 「韓国強制併合過程への再照明 - 日韓旧条約の不法・無効性に関する法学的研究」로 2010년 8월에 정리한 보고를 기초로 하고 있다. 이 연구의 일부(특히 네덜란드에 관한 조사)에 관해서는 동북아역사재단으로부터 연구비를 받았다. 감사의 뜻을 밝힌다.

11 戸塚悦朗, 「統監府設置100年と乙巳保護条約の不法性:1963年国連国際法委員会報告書をめぐって」, 『龍谷法学』 39-1, 15-42면.

12 UN Document : A/CN.4/163, "Report of the International Law Commission covering the work of its Fifteenth Session", 6 May - 12 July 1963, Official Records of the General Assembly, Eighteenth Session, Supplement No.9 (A/5509), Extract from the Yearbook of the International Law Commission : 1963, vol. II, p. 139. 1963년 11월 18일 유엔총회는 결의 1902(XVIII)를 채택하여, 이 1963년 국제법위원회 보고서를 검토하고, 그것에 유의하고, 특히 조약법 기초에 관한 작업에 대해 감사의 뜻을 밝혔다. UN Doc. 1902(XVIII), RESOLUTIONS ADOPTED BY THE GENERAL ASSEMBLY DURING ITS EIGHTEEN SESSION, 1258th plenary meeting, 18 November 1963.

13 ① 李泰鎭著・鳥海豊訳, 『東大生に語った韓国史:韓国植民地支配の合法性を問う』, 明石書店, 2006. 특히 159-219면을 참조. ② 笹川紀勝・李泰鎭編著, 『国際共同研究 韓国併合と現代 - 歴史と国際法からの再検討』, 明石書店, 2008, ③ 영어로는, Yi, Taijin, *The Dynamics of Confucianism and Modernization in Korean History*, Cornell University, 2007.

〈주요한 논점에 관한 연구 성과 및 과제〉

조약, 특히 독립 주권국가의 외교권을 빼앗는, 국가의 존립에 관한 중요한 조약을 그 국가의 외무대신의 서명만으로 체결할 수 있는가라는 문제가 있다. 상식적으로는 '있을 수 없'지만, 본건의 경우는 대한제국 고종 황제의 서명·비준이 필요했다고 생각된다. 이 것을 '비준필요설'이라고 부르기로 하자.

그러나 일본 측은 대한제국 황제의 동의에 기초하는 서명·비준 없이 국가가 외교권을 이양하여 주권과 독립을 상실하는 조약을 체결하는 것이 국제법상 있을 수 있다고 하여 '비준불요설'을 주창해왔다.[14] 뒤집어 말하면, 일본의 외무대신이 외교권 이양 문서에 서명하기만 하면, 전전의 대일본제국 헌법 아래라면 천황의 승인에 기초하는 비준 없이, 현행 헌법 아래라면 국회의 승인에 기초하는 비준 없이 일본의 외교권이 상실된다는 결론이 된다. 이것이 국제법상 상식적인 해석일까?

1969년 5월 23일에 채택된「조약법에 관한 비인 조약」(일본에 대해서는 1981년 8월 1일 효력 발생)의 제2조[15]에는 조약이란 무엇인가가 정의되어 있다. 이것은 그때까지의 관습국제법을 정리한 것이다. 그 제2조를 기준으로 정리하면, 종전의 관습국제법에 의한 조약 체결의

---

14 일본 정부·외무성도 후술하는 운노 후쿠쥬 교수의 저술(구 조약에 관한 '비준불요설')도 일본 매스 미디어의 보도도, 종래의 구 조약 '합법론'을 증폭시켜 풀뿌리 시민 사이에 잘못된 역사인식을 재생산하는 기능을 하고 있다. 최근의 사례로서는 NHK TV의 아래의 보도 프로그램이 1905년「조약(?)」의 '합법론'을 대표하는 일본 측 학자 운노 후쿠쥬 교수의 인터뷰를 방영했다. 방영 : 2010년 4월 18일(일) 오후 9시-10시 13분, 재방송 : 같은 해 4월 20일(화) 오전 0시 15분-1시 28분 (19일 월요일 심야)「NHKスペシャル 日本と朝鮮半島 第1回 韓国併合への道 - 伊藤博文とアン·ジュング」. NHK는 1905년「한국보호조약(?)」의 효력에 관한 논쟁을 보도할 때, 과거 17년간의 연구성과를 모두 무시하여 그 프로그램에서는 전혀 반영되지 않았다. 이러한 보도 자세로는, 프로그램이 주장하는 것처럼, 이 문제를 넘어서 동아시아 공동체를 구상하는 것은 불가능할 것이다.
15 "제2조 (용어) 1. 이 조약의 적용상 (a) '조약'이란 국가 사이에 문서의 형식으로 체결되고, 국제법에 의해 규율되는 국제적인 합의(단일 문서에 의한 것이든 관련된 둘 이상의 문서에 의한 것이든 묻지 않고, 또 명칭 여하를 불문한다)를 말한다. (b) '비준', '수락', '승인' 및 '가입'이란 각각 그렇게 불리는 국제적인 행위를 말하며, 조약에 구속되는 데 대한 국가의 동의는 이들 행위에 의해 국제적으로 확정적인 것이 된다. (c) '전권위임장'이란, 국가의 권한이 있는 당국이 발급하는 문서로서 조약문의 교섭, 채택 혹은 확정을 하기 위해 조약에 구속되는 데 대한 국가의 동의를 표명하기 위해 또는 조약에 관한 기타의 행위를 수행하기 위해 국가를 대표하는 1명 또는 2명 이상의 자를 지명하고 있는 것을 말한다…"

조건으로서는 원칙적으로 아래의 세 가지 조건이 필요하다. ① 국가 사이에서 문서의 형식으로 체결되는 국제적인 합의일 것, ② '비준', '수락', '승인' 및 '가입' 등 국제적인 조약에 구속되는 것에 관한 국가의 동의행위에 의해 국제적으로 확정적인 것이 될 것, ③ '전권위임장'은 조약문의 교섭, 채택 혹은 확정을 하기 위해 조약에 구속되는 것에 관한 국가의 동의를 표명하기 위해 또는 조약에 관한 기타의 행위를 수행하기 위해 국가를 대표하는 1인 또는 2인 이상을 지명하여 제출될 것.

하지만, '비준불요설'을 대표하는 운노설(海野說)[16]은 일본 외무성의 실무를 근거로 "비준을 필요로 하지 않는 제2종 형식의 국가간 협정도 있을 수 있다"라고 하고, 「한국보호조약(?)」은 그 경우이며 고종 황제의 비준이 없어도 유효하게 체결되었다라고 주장한다.

운노 교수는 일본국이 조약을 체결할 때 의거해야 할 국내법상의 외무성 실무처리 기준【일본 국내법 평면의 문제】만을 근거로, 일본 정부·외무성이 자유롭게 국제약속의 형식을 선택할 수 있고 일본 정부의 의향대로 조약의 효력이 정해지는 것이라고 생각하고 있는 듯하다. 과연 국제법 해석학의 방법론으로서 적당할까? 조약의 체결 절차는 일본 국내의 헌법 이하의 국내법 절차【일본 국내법 평면의 문제】만이 아니라, 상대국인 한국의 헌법제도【한국 국내법 평면의 문제】의 제약도 받는다. 그 뿐만 아니라, 국제조약의 체결절차에서는 체약국 쌍방은 모두 국제적인 법규범으로서의 관습국제법에 의한 제약【국제법 평면의 문제】을 받는 것이다. 조약의 효력을 좌우하는 비준의 요부의 문제가 가장 중요한 관습국제법을 무시하고 일본【국내법 평면】의 국내적인 사정만으로 정해지는 것으로 오해해서는 안 된다.

---

16 海野福寿,「Ⅰ 研究の現状と問題点」, 海野福寿編,『日韓協約と韓国併合 - 朝鮮植民地支配の合法性を問う』, 明石書店, 1995, 13-17면 참조. 운노 교수는 일본 정부(외무성) 측의 입장만을 근거로 삼아 그것을 기준으로 '비준불요설'을 주장하는 듯이 보인다. 운노 교수는 "外務省条約局,『各国ニ於ケル条約及国際約束締結ノ手続ニ関スル制度』(1936년)"(같은 책 18면 주 5)를 들어, "비준의 요불요와 절차는 각국의 정체, 제도, 국내법에 따라 다양하지만, '우리나라에서는 비준의 형식에 따라 체결하는 조약 외에 천황의 재가로써 체결하는 국제약속과 재가를 청하지 않고 정부 또는 관계 관청이 체결하는 국제약속'이 있고, 아래의 세 종류로 구분된다고 한다"라고 서술하고 있다. 운노 교수는 "뒷사람의 연구를 기대한다"라고 하면서도, "한국·북한의 역사학자 등이 주장하고 있는 전권위임장, 비준서의 결여를 법적 흠결로 간주하는 무효론에 대해서는, 비준을 필요로 하지 않는 제2종 형식의 국가간 협정도 있을 수 있기 때문에, 간단히 찬성하기는 어렵다"라고 '비준불요설'을 주창하고 있다.

게다가 운노 교수가 원용하는 문서는 외무성이 1936년에 작성한 문서이고, 1905년 당시에는 존재하지 않았다. 사후적으로 작성된 것이며, 1905년 당시의 법의 증명으로서는 적당하지 않다. 나아가 국회도서관이 소장하는 이 문서는 극비문서로 지정되어 있었다. 현재도 일반 대학도서관은 소장하고 있지 않다. 전전에는 일반 연구자는 열람조차 할 수 없었던 사연이 있는 문서라는 점에 주목해야 한다.

국제조약의 효력 문제는 일본국 및 한국의 국내법 평면의 문제가 아니라, 양 국가를 포함하는 국제사회를 규율하는 국제법 평면의 문제이다. 국제조약의 국제법 평면에서의 효력 문제를 연구하는 데는, 일본 외무성 내부의 실무처리 관행만을 근거로 하는 것은 적당하지 않고, 우선 국제법 평면에 관한 국제법 해석학의 연구로 되돌아가는 것이 필요한 것이다.

하지만 운노 교수는 1905년「한국보호조약(?)」의 효력을 논할 때, 특히 비준의 요부의 문제에 관해, 관습국제법【국제법 평면의 법규범】의 검토를 일체 무시하고 있다. 일본의 국내법 평면에서 조약 체결 절차상은 '합법'이어도 그것만으로 조약이 '유효'하게 되는 것은 아니다. 이 '조약(?)'의 체결 절차는 한국의 국내법 평면에서는 일절 아무런 국내절차도 취해지지 않았던 것이며 완전히 '비합법'이었다. 그러나 그것만을 이유로 국제법 평면에서 그 '조약(?)'이 '무효'라고 단언하는 것도 또한 불가능한 것이다. 국제법 평면에서 그 '조약(?)'이 국제법상 유효였는지 무효였는지 그 효력을 논하는 것이 필요한 것이다.

운노 교수의 '비준불요설'로 상징되는, 일본 외무성의 형편【국내법 평면】만을 근거로 한 법적인 주장은 대일본제국이 헤게모니를 쥐는 일본국 중심으로 개변된 국제법질서인 '대동아공영권' 속에서의 주장으로서라면 사실상 통용되었을지도 모른다. 하지만 일본 정부가 '대동아공영권' 등의 식민지지배에 관한 반성과 사죄를 할 때는 적절한 것이 아니다. 그러한 대일본제국 중심적인 국제법질서를 근거로 하는 사상이 근저에 있었기 때문에야말로, 1905년「한국보호조약(?)」 및 1910년「한국병합조약」을 '부당하지만 합법'이라고 하는 판단이 도출되었는지도 모른다. 구 조약의 효력 문제는 역사문제와 밀접하게 얽혀있다는 점에 유의해야 한다. 이 점에 관한 정리가 되어 있지 않은 것이 모처럼의 반성과 사죄가 피해자 측으로부터 '불충분'하다고 일컬어지는 원인이 되고 있다. 앞으로 극복해야 할 국제법의 해석 문제라고 생각한다.

운노 교수는 이 '조약(?)'을 「제2차 일한협약」이라고 부르지만, 실은 문서 정문 원본에는 '조약'이라고도 '협약'이라고도 적혀 있지 않고, 이와 같은 제목의 기재는 전혀 없다. 이 한 점을 들어도 이 원본은 조약문으로서도 완성되어 있지 않은 미완성의 조약문의 원본에 불과했다고 하지 않을 수 없다.

대한민국 및 조선민주주의인민공화국 측의 연구자들은 이태진 교수의 연구 등을 기초로 황제의 비준이 없었던 조약은 '날조'(위조)된 것이라고 '비준필요설'을 주창하며 대립하고 있다.

한국 서울대학교에서 국제법을 가르친 고 백충현 교수는 1905년 「한국보호조약(?)」 및 1910년 「한국병합조약」을 포함하여, "일본이… 한국의 주권을 단계적으로 강탈한 5개의 조약"에 관해, "이들 모든 조약의 내용은 국가의 주권 제한에 직접 관련된 사안이다"라고 하고, "당연히 조약 체결을 위한 전권위임장 및 비준절차의 모든 요건을 갖추어야 했다"라고 주장하여, '비준필요설'[17]을 주창하며 일본 측과 대립했다.

백 교수의 학설은 국제법학의 표준적인 해석이라고 생각된다. 일본 측은 이것을 솔직하게 받아들일 수 없을까? 그렇게 하면 양국의 대립은 해소를 향해 걸음을 내딛게 될 것이다.

이 문제를 해명하기 위해, 첫째, 당시 전 세계의 국제법 해석 실행에 관한 연구는 충분하지 않았다. 저자는 1907년 헤이그 밀사사건 당시의 네덜란드 정부의 해석 실행에 관한 연구를 한 결과 일정한 성과를 얻었다.

둘째, 당시의 국제법의 해석이 어떠한 것이었는지에 관한 1905년 당시의 국제법 해석학의 문헌 연구는 왠지 일본에서도 한국에서도 지금까지 거의 이루어지지 않았다. 이 점에 관한 연구는, 첫 번째 문제의 해명과 함께 한일 구 조약 문제의 견해 대립을 해소하는 계기가 될 수 있기 때문에 매우 중요하다.

---

17   白忠鉉, 「日本の韓國併合に対する国際法的考察」, 笹川紀勝・李泰鎭編著, 위의 책, 389면.

10. 1905년 「한국보호조약(?)」에는 황제의 서명이 필요했는가?[18]

(1905년 당시의 국제법 해석 연구의 필요성)

1905년 당시의 국제법에 관한 문헌적 연구에 의해, '비준필요설'이 일본에서도 국제사회에서도 1905년 당시의 통설이었다는 사실, 그리고 현재도 마찬가지라는 사실이 밝혀졌다.

유럽 등 국제법의 요람에서 1905년 당시 조약 체결에 관한 국제법 해석 실행의 면에서도 '비준필요설'이 채용되어 있었다는 사실을 확인할 수 있을까? 이 점에 관해서는 지금까지 충분한 실증적인 연구가 이루어지지 않았다. 당시의 유럽 국가들의 외무당국이 실무상 이러한 국제법의 해석을 하고 있었던 실행 사례를 드러내는 하나의 증거를 발견·확인했기에 보고하고자 한다.

(1907년 제2회 헤이그 평화회의 당시의 국제법 해석의 실행 사례)

1907년 제2회 헤이그 평화회의는 당시로서는 가장 큰 다국간 국제회의였다. 대한제국 고종 황제가 파견한 헤이그 '밀사'사건으로 유명하다. 대한제국 대표로서 헤이그에 나타난 3명의 '밀사'를 정식 한국대표로 인정하여 참가를 인정할 것인지 여부가 제2회 헤이그 평화회의의 개최 당시에 큰 문제가 되었다. 개최지인 네덜란드의 정부 수석대표(전 외무대신)인 드 보포(W. H. De Beafort)는 그 평화회의의 부의장이라는 요직을 차지하고 있었다. 대한제국 정부 사절 3명은 1907년 7월 3일 그 부의장을 방문하여 그 회의에 대한제국 정부의 대표로서 참가시켜 줄 것을 요청하는 문서를 제출했다. 네덜란드 정부는 평화회의 개최지국이 되어 부의장의 지위를 차지하고 있었기 때문에, 그 외무성의 판단은 대한제국 정부 대표의 취급에 관해서도 주최자 측 판단의 핵심이며 실질적으로 최종판단에 가까운 것이었다고 생각된다.

---

18 이 논문 중 상당 부분은 저자가 류우코쿠대학 법과대학원 퇴직(2010년 3월)에 즈음하여 『龍谷法学』에 게재한 논문 원고, 즉 戸塚悦朗,「最終講義に代えて－「韓国併合」100年の原点を振り返る－1905年「韓国保護条約(?)」は捏造だったのか」,『龍谷法学』42-3(退職記念号), 311-336면에 의거하고 있지만, 위의 논문을 발표한 후 추가로 조사한 정보를 이 논문에서 가필하고 있어서 이 논문의 내용이 보다 충실하다.

3명의 사절은 별도로 7월 1일자로 네덜란드 정부 외무성에 서면을 제출했기 때문에, 네덜란드 외무성 렌도르프(Jhr. Mr. J. C. E. C. Rendorp)가 대한제국 정부 대표 이준 등 3명의 사절을 투숙 중인 호텔[19]로 찾아가 사정을 청취했다. 렌도르프의 보고 메모(1907년 7월 4일)에 따르면, 3명의 사절은 "이른바 '1905년 10월 17일자 조약'은 이토오 공작이 일방적으로 한국의 국새를 날인하여 작성한 것으로 조약이 아니다"라고 말하고, 황제로부터 정식 위임장을 받은 3명의 한국 대표는 그 조약에 구속되지 않으며 일본의 동의 없이 회의에 참석할 수 있으니 시급히 외무대신을 만나고 싶다라는 취지로 요청했다.

　렌도르프는 1907년 7월 4일자로 그 상황을 메모[20]로 정리하여 판 하드리안 외무대신(Jhr. Mr. D. A. W. Tets van Goudriaan, Minister of Foreign Affairs)에게 제출했다.

　그 메모를 참고한 판 하드리안 외무대신은 뒷면에 판단을 적었다. 그 내용은 「1905년 조약(?)」이 초래한 현상을 기성사실로 삼아 일본 정부의 중개 없이는 네덜란드 정부 외무대신이 사절과 면회할 수 없다고 하는 것으로, 실질적으로는 밀사의 제2회 헤이그 평화회의 참가를 인정하지 않는다는 판단이었다.

(증거의 검토)

　3명의 사절과의 회견 내용에 관해 보고한 메모[21]의 원본은 헤이그 주재 네덜란드 정부 공문서관에 보관되어 있다는 사실을 2009년 8월 20일에 현지에서 확인할 수 있었다. 그래서

19　현재, 이준 기념관 (Yi Jun Peace Museum)이 되어 있다.

20　이 메모의 복사본으로 보이는 문서가 이전에 입수한 헤이그 소재 이준 평화기념관(Yi Jun Peace Museum) 발행의 책자(*The Independence Movement of Korea in The Hague*, 1907 on 13 July 2007, p.25)에 게재되어 있다는 사실을 생각해냈지만, 그 문서가 진정한 원본의 복사본인지, 그 원본이 어디에 보관되어 있는지, 지금도 실재하는지에 관해서는 팸플릿에는 어떤 기재도 없었다. 그 점들을 확인할 수 있을 때까지는 그 팸플릿을 확실한 증거로 삼기에는 불안이 남았다. 그래서 헤이그에 출장을 가 문서 원본을 찾아볼 필요가 있었다.

21　문서번호 12303/1907.4 July 1907. In : Source : Ministerie van Buitenlandse Zaken, A-dossiers 1871-1918, searchlist 2.05.03, inventorynumber 535. 이 문서는 네덜란드어 손글씨로 적혀 있는데, 그 내용 및 메모의 작성자를 특정하는 데는 그 공문서관의 아키비스트인 하이데브링크(Iris Heidebrink) 씨의 협력을 받았다. 그로부터 영문 번역을 제공 받았다. 그의 협력에 대해 감사드린다.

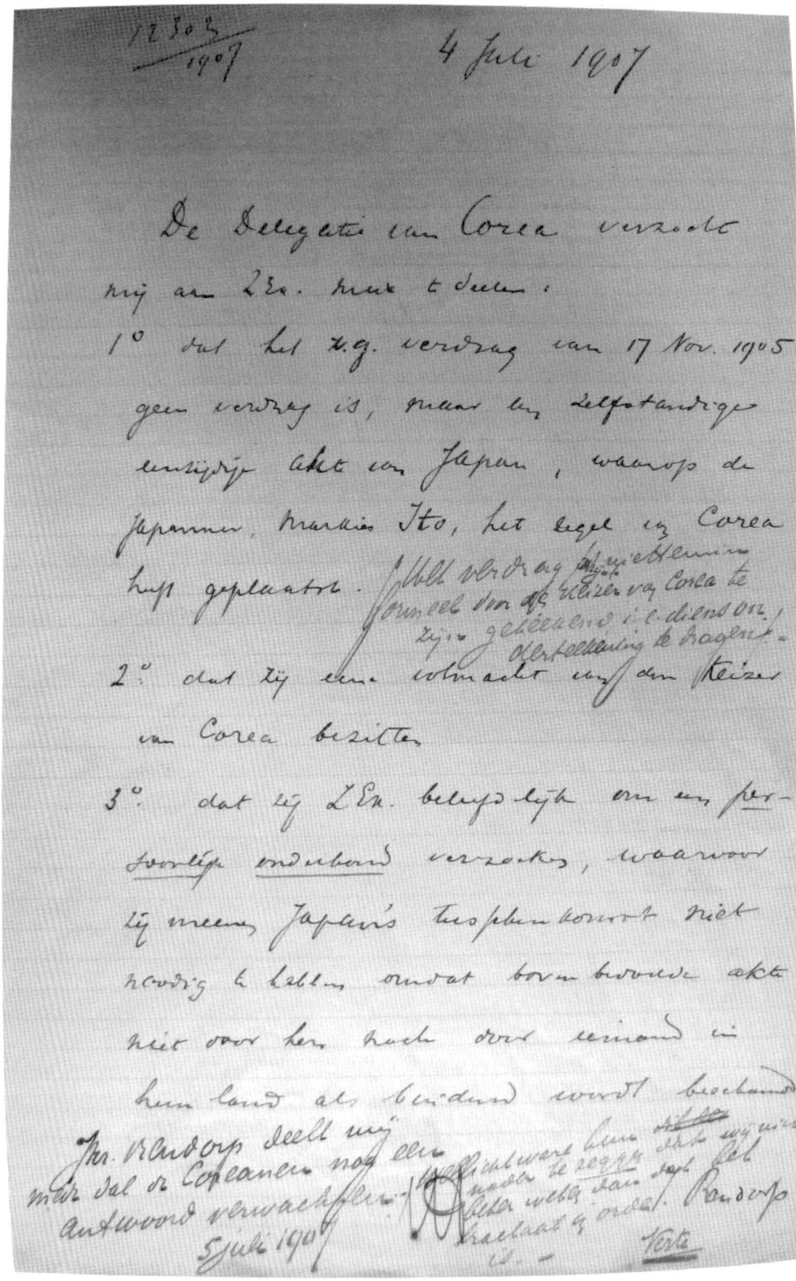

12303/1907   4 juli 1907

De Delegatie van Corea verzoekt mij aan Z.Ex. mede te deelen:

1°. dat het z.g. verdrag van 17 Nov. 1905 geen verdrag is, maar een zelfstandige eenzijdige akte van Japan, waarop de Japanner, Markies Ito, het zegel van Corea heeft geplaatst. *Het verdrag en uitlevering/oordeel van de Keizer van Corea te zijn geteekend i.c. diens onderstelling te dragen.*

2°. dat zij eene volmacht van den Keizer van Corea bezitten.

3°. dat zij Z.Ex. beleefdelijk om een persoonlijk onderhoud verzoeken, waarvoor zij meenen Japan's tusschenkomst niet noodig te hebben omdat bovenbedoelde akte niet door hen noch door iemand in hun land als bindend wordt beschouwd.

Jhr. v Rappard deelt mij mede dat de Coreanen nog een antwoord verwachten. 5 juli 1907

(사진 1)

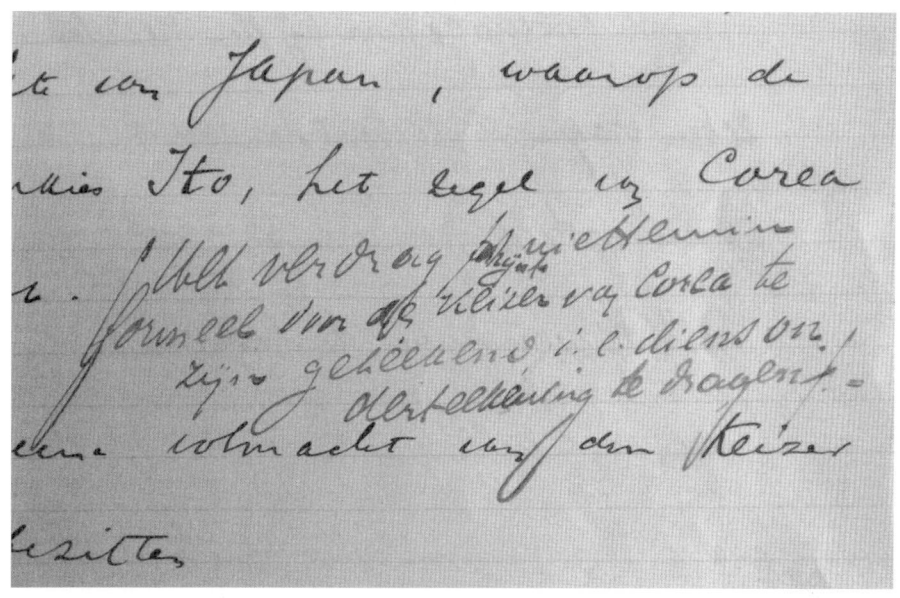

(사진 2)

원본을 디지털 카메라로 촬영했다.[22]

사진 1 "이른바 '1905년 10월 17일자 조약'은 이토오 공작이 일방적으로 한국의 국새를 날인하여 작성한 것으로 조약이 아니다"라는 부분의 아래쪽의 공백 오른쪽 절반 부분에 써넣은 메모가 있는데 그 부분도 확인할 수 있었다.

써넣은 부분(사진 2)은 렌도르프[23]가 적은 것이다. 그 써넣은 부분에는

---

22 원본의 사진 촬영에 관한 그 공문서관의 허가에 대해 감사드린다.
23 이준 기념관 발행의 책자에는 "(아마도) 한네마 사무차관(Mr. S. Hannema, Secretary-General)에 의한다"라고 되어 있는데, 아키비스트인 하이데브링크 씨에게 재차 면회하여 확인해보니, 확신을 가지고 "렌도르프가 적어 넣은 것"이라고 했다. 그 판단에 따랐다. 또 가장 아래 오른쪽에 적어 넣은 부분의 말미에 "Rendorp"라는 서명이 있다.

"그럼에도 불구하고 조약은 한국 황제에 의해 공식적으로 서명되어 있는 것으로 생각된다."[24]라고 적혀 있다. 이 써넣은 부분은 극히 중요한데, 네덜란드 정부 외무성 고관은 조약이 한국 황제에 의해 공식적으로 서명(승인 즉 비준)되었다고 판단하고 있었던 것이 분명하다.

그 가장 아래 오른쪽에는 다시 같은 이의 추가 메모가 있는데, 거기에서는

"아마도 우리는 우리가 아는 한에서는 조약에는 문제가 없다고 그들에게 설명해야 한다."[25]

라고 진언하고 있다.

(증거의 평가)

이 국제법의 해석 실행을 보면 당시 네덜란드 정부 외무성 고관은, ① 1905년 「한국보호조약(?)」의 유효한 체결을 위해서는 대한제국 황제에 의한 서명【비준】이 당연히 필요하다고 생각하고 있었고('비준필요설'의 입장), ② 그 위에 황제의 서명【비준】이 있었다고 판단했고, ③ 결국 대한제국의 외교권이 대일본제국에 양도되었다고 판단했다. 위의 실행은 그 판단과정을 증명하는 증거라고 생각해도 좋을 것이다.

가령 네덜란드 정부가 '비준불요설'에 입각하고 있었다고 하면, 황제의 서명(승인 내지 비준)의 유무를 검토할 필요는 없었을 것이며, 굳이 이러한 판단을 추가하여 메모할 필요는 없었을 터이다. 따라서 이것을 한걸음 더 나아가 검토하면, 국왕의 서명【비준】이 없으면

---

24 아키비스트 하이데브링크 씨의 영역은, "The treaty appears nevertheless to be formally signed by the Korean Emperor"라고 되어 있다.
25 아키비스트 하이데브링크 씨의 영역은, "Maybe we should explain to them that to our knowledge the treaty is in order"라고 되어 있다.

1905년 「한국보호조약(?)」의 체결이 완성되었다고는 간주할 수 없다고 하는 해석 실행이 네덜란드 정부에 의해 이루어졌다고 추정할 수 있는 것이다. 이것은 '비준필요설'의 입장이다. 네덜란드 정부는 당시 헤이그 평화회의 주최지국이 될 정도로 국제법의 활용에서는 유럽에서도 두드러진 존재였다는 것을 아울러 생각할 필요가 있다.

비준의 필요성에 관한 당시 전 세계의 국제법 해석 실행에 관한 연구는 충분하지 않았기 때문에, 1907년 당시의 네덜란드 외무성 고관이 '비준필요설'을 전제로 한 판단【오해였지만】을 써넣은 메모의 원본을 확인하고, 당시의 외교 실무의 실행이 드러난 하나의 증거로서 연구대상으로 삼았다. 하지만 이것 하나로 당시의 네덜란드 외무성의 견해를 증명할 수 있을 정도로 확정적인 증거라고 할 수도 없다. 다만 당시의 법해석이 이 실행에 드러났을 가능성이 있다고 추정하는 것은 가능하지 않을까? 1905년 「한국보호조약(?)」에 관한 당시의 외교 실무의 실행을 확인하는 것이 매우 곤란한 상황에서 발견된 하나의 귀중한 증거인만큼 이것을 무시할 수도 없다.

이 네덜란드 정부 외무성의 해석 실행에 비추어 보면 '비준불요설'의 근거는 흔들렸다고 할 수 없을까? '비준필요설'을 뒷받침하는 하나의 증거의 원본의 존재가 확인된 것의 의미는 작지 않다고 생각된다.

(네덜란드 정부의 해석 실행이 시사하는 것에 관한 고찰)

왜 네덜란드 정부 외교관이 그러한 오해를 했는지에 관한 상세한 내용은 명확하지 않다. 이 점에 관해 네덜란드 정부 공문서관 사료의 연구를 하는 것이 바람직하다고 생각되었다. 또 당시 네덜란드에서 '비준필요설'이 통설이었는지 여부에 관한 문헌 연구가 필요했다.

이 점들에 관해 네덜란드에 있는 연구자[26]의 협력을 얻어 조사를 실시했다.

---

26 Emma Moore Research for Professor Etsuro Totsuka, February 2010. THE 1907 HAGUE PEACE CONFERENCE, Evidence of the Dutch Government's Judgment of the Protectorate Treaty and their

(1) 1907년 헤이그 밀사 사건에 초점을 맞추어 조사했는데, 당시의 일본 정부가 어떻게 해서 구미 열강 정부로 하여금 '조약이 국왕에 의해 서명【비준】되었다'라고 오신하게 했는지에 관한 상세한 내용은 아직 확인되지 않았다.

(2) 한국 황제에 의해 파견된 헤이그 밀사가 제2회 헤이그 평화회의에 참가할 수 없었던 이유에 관한 네덜란드 연구자의 연구결과는 아래와 같다.

(3) 한국 황제에게는 친구가 없었다. (뉴욕 타임즈 보도)

(4) 일본은 미국, 영국, 러시아와의 2국간 관계를 축적하여 외교적인 한국 포위망을 형성했고, 국제정치상 압도적으로 한국을 능가하고 있었다.

(5) 네덜란드 정부는 현상【스테이터스 쿼】를 바꾸고 싶지 않다고 판단하여 외무대신이 면회하지 않았다. 그 과정에서 조약에는 한국 황제의 서명이 있고 적법했다고 판단했다. 팩시밀리도 복사기도 없어 원본을 검토할 수도 없었다고 하는 제약도 있었다.

(6) 다만 1904년 이후 대한제국은 헤이그 평화회의라는 다국간 국제관계의 틀 속에서 외교상의 액션을 취하지 않았다는 문제도 있었다. 대한제국에 대해 제2회 헤이그 평화회의 초대장이 발송되었지만 서울로부터 회신이 없었다. 그러한 사정과 일본 정부와의 협의의 결과가 고려되어 제2회 평화회의 명부로부터 대한제국은 제외되었다. 평화적 처리 조약에의 가맹(adhesion)을 개별적으로 요구받았지만 대한제국 측의 액션이 없었다. 과테말라는 액션을 취해 회의에 참가할 수 있었다. 이 점은 앞으로의 검토과제이다.

(7) 네덜란드에서 조약의 체결에는 비준이 필요하다는 해석이 1905년 당시 이루어져 있었는지 여부에 관한 네덜란드 연구자에 의한 조사결과에 따르면, 뒤에서 기재하는 것처럼, '비준필요설'을 취하는 『홀 씨 국제공법(ホール氏国際公法)』의 원서가 평화궁전(Peace Palace) 도서관에 소장되어 있었다는 것,[27] 네덜란드의 도서관에 소장되어 있는 1905년 당시의 국제

---

subsequent treatment of the Korea Envoys and the participation of Korea in the Second Hague Peace Conference 1907. / Ms. Emma Moore, Jozef Israelslaan 35, 2596 AN The Hague, The Netherlands. / Email: emma. moore@freeler.nl

27 Ms. Emma Moore's email to the author on 2nd April 2010.

공법에 관한 적어도 3권의 책[28](4권 중 ①은 1927년 발행이기 때문에 제외했다)에는 '비준필요설'을 지지하는 기술이 있다는 사실이 밝혀졌다.

[28] Ms. Emma Moore's email to the author on 1st April 2010. ① Wilson, George Grafton, *Handbook of International Law:* St Paul, Minnesota, West Publishing Company Second Edition, 1927, p. 191. ② Taylor, Hannis, *International Public Law:* Chicago, Challaghan & Co, 1901, p. 386. ③ Davis, George, *The Elements of International Law:* New York and London, Harper & Brothers Publishers, 1901, p. 235. ④ Wilson, George Grafton, and Tucker, George Fox, *International Law:* New York, Silver, Burdett and Company, 1905, pp. 206-207.

역사인식과 한일 '화해'의 길 (3)
문헌 연구를 통해 1905년 「한국보호조약(?)」의 무효성을 묻는다

역사인식과 한일 '화해'의 길(1)
- 안중근 동양평화론 연구는 일본을 고립으로부터 구해낼 것인가? -
머리말
1. '침묵'을 깬 '100년 네트워크'의 공헌
2. 2010년까지의 주된 연구 성과
3. 최근 5년간 연구의 동향
4. 안중근 재판에 관한 법적 연구의 경위와 배경
5. 일본 정부는 안중근을 '테러리스트'라고 비난
6. 일본 정부의 식민지지배에 관한 역사인식과 사죄의 현상(現狀)
7. 맺음말

역사인식과 한일 '화해'의 길(2)
- 식민지지배 책임과 1905년「한국보호조약(?)」 -
8. 일본의 식민지지배 책임이란?
9. 1905년「한국보호조약(?)」은 원초적으로 무효
10. 1905년「한국보호조약(?)」에는 황제의 서명이 필요했는가?

역사인식과 한일 '화해'의 길(3)
- 문헌 연구를 통해 1905년「한국보호조약(?)」의 무효성을 묻는다 -
11. 1905년 당시 국제법 해석학의 문헌 연구
12. 요약 및 고찰

역사인식과 한일 '화해'의 길(4)
-『국제법잡지』는 1905년「한국보호조약(?)」에 대해 어떻게 준비했는가 -
13. 2015년 아베 수상 담화
14.『국제법잡지』는 1905년「한국보호조약(?)」을 어떻게 준비했는가?
15. 일본 외교의 실패

역사인식과 한일 '화해'의 길(5)
- 1905년「한국보호조약(?)」의 효력 문제와 1963년 유엔 총회 결의에 관해 -
16. 유엔 창설과 제국주의시대의 세계사적 전환
17. 1963년 ILC 보고서와 1905년「한국보호조약(?)」
18. 1963년 유엔 총회 결의

역사인식과 한일 '화해'의 길(6)
- '위안부' 문제에 관한 한일 외교장관 합의로부터 판문점 남북 정상회담까지 -
19. '위안부' 문제에 관한 한일 외교장관 합의의 실패로부터 무엇을 배워야 하는가?
20. 판문점 남북 정상회담이 새로운 시대를 열 것인가?

역사인식과 한일 '화해'의 길(7)
- 미로에서 벗어나기 위한 열쇠 -
머리말
21. '동양평화' : 대립하는 두 개의 비전
22. ILC 보고서(1963년)과 유엔 인권위원회(1993년)
23. 어디에서 미로를 헤맨 것일까?
24. 한일 화해의 길은 찾게 될까?

11. 1905년 당시 국제법 해석학의 문헌 연구

(1905년「한국보호조약(?)」의 무효성이 가지는 의의)

일본에 의한 대한제국 대표자 개인에 대한 1905년 11월 17일「한국보호조약(?)」의 강제와 조약의 효력 문제는 아래와 같이 많은 법률문제와 관련을 가지는 중요한 논점이다.

1905년「한국보호조약(?)」의 강제에 의해 일본은 대한제국의 외교권과 주권·독립을 빼앗아 국제사회로부터 단절시켰다. 국제법의 평면에서 1905년 '조약(?)'이 절대적으로 무효였다고 해도, 그것은 국제정치의 평면에서 절대적인 힘을 발휘했다. 그 전후에 걸쳐 일본은 대군을 진주시키고 통감부 정치에 의해 대한제국을 사실상 지배했다. 저자는 이 1905년 '조약(?)' 강제 체결 당시를 일본에 의한 대한제국 식민지지배의 기점으로 파악하는 것이 합리적이 아닐까라고 생각한다. 그 '조약(?)'이 무효라면 1905년을 기점으로 하는 일본에 의한 대한제국의 식민지지배는 법적으로는 정통성을 상실한다. 그것은 불법적인 군사점령의 계속이라고 비난받아도 부정하기 어려울 것이다.

1910년「한국병합조약」은 그때까지 일본이 대한제국 정부 대표에게 서명을 강요한 조약들, 특히 1905년「한국보호조약(?)」에 기초하고 있다.[1] 1905년 '조약(?)'이 무효라면 1910년 '조약'은 사상누각이라고 평가하지 않을 수 없게 된다. 따라서 1905년「한국보호조약(?)」의 효력 문제는 1910년「한국병합조약」의 효력 문제를 검토하는 데에도 극히 중요한 기초가 된다.

또 1905년「한국보호조약(?)」은 안중근 의군 참모중장이 이토오 히로부미 공작을 사살한 이유인 15개의 죄상 중에서도 가장 중요한 것이라고 생각된다. 게다가 1905년「한국보호조약(?)」의 법적 효력의 유무는 아래와 같이 1910년의 안중근 의군 참모중장 재판의 불법성

1　戸塚悦朗,「統監府設置100年と乙巳保護条約の不法性 - 1963年国連国際法委員会報告書をめぐって」,『龍谷法学』39-1, 2006, 15-42면. http://ci.nii.ac.jp/naid/110006607790/ 2009.3.10. 열람. 이 논문은 본문의 '날조설' 지지를 전제로 하여, "설령 형식적으로는 조약이 체결되었다고 생각하더라도 1963년 ILC의 유엔총회 제출 보고서에서는 절대적 무효라고 되어 있다"라고 읽어야 한다.

도 좌우한다. 양자는 밀접한 관계를 가지고 있다. 안중근 재판이 불법적인 것이라면, 안중근을 '범죄자', '테러리스트'라고 부르는 일본 정부의 역사인식의 근거가 무너지게 된다.

(안중근 재판에 관한 재판소의 판단 내용)

1910년 2월 14일 뤼순 관동도독부 지방법원 마나베(真鍋) 판사는 검찰관의 주장을 채용하여 1905년 「한국보호조약(?)」(재판소는 이것을 「일한협약」이라고 부르고 있다)을 근거로 아래와 같이 재판관할권을 긍정하는 판결을 선고했다.[2]

… 일한협약 제1조의 취지는 일본 정부가 그 신민에 대해 가지는 공권작용 아래에 평등하게 한국 신민도 보호하는 데 있는 것이라고 해석해야 하므로, 공권작용의 일부에 속하는 형사법의 적용에 있어서 한국 신민을 제국신민과 동등한 지위에 두고 그 범죄에 제국형법을 적용·처단하는 것은 가장 조약의 본 뜻에 적합한 것이라고 하지 않을 수 없다. 따라서 본원은 본건 범죄에는 제국형법의 규정을 적용해야 하는 것으로 하며 한국법을 적용해서는 안 되는 것으로 판정한다.

(1905년 당시의 국제법)

(1) 대한제국 정부 대표자 개인에 대한 강제의 문제

『류우코쿠법학』에 게재한 논문[3]에서, 저자는 1905년 「한국보호조약(?)」은 설령 형식상으로는 체결된 듯이 보여도 일본군과 이토오 히로부미가 한국 측의 각료 개인을 강제하여 체결의 형식을 만들어낸 것이며, 추완도 허용되지 않는 절대적 무효의 조약이어서 당초부터 효력을 발생하지 않았다라고 논했다. 이 문제에 관해서는 저자의 연구를 포함하여 상

---

2 재판소의 심리는 滿洲日日新聞社, 『安重根事件公判速記錄』, 滿洲日日新聞社(天津市), 1910, 1-185면에 기록되어 있다. 판결의 해당 부분은 같은 책, 186-188면.
3 戶塚悅朗, 위의 글.

당수의 연구가 있지만 여기에서는 상세하게 서술하지 않는다.

(2) 전권위임장 부재의 문제

한국 측 대표로 기재되어 있는 외부대신은 조약문을 작성·서명할 권한을 증명하는 서면(전권위임장)을 고종 황제로부터 받지 못해, 조약 작성·서명의 권한이 없었다. 이 문제에 관해서도 여기에서는 상세하게 서술하지 않는다.

(3) 1905년「한국보호조약(?)」은 날조였는가?

아래에서 서술하는 것처럼, 이 '조약(?)'문의 원본에는 제목조차 없고, 조약문이 완성되어 있지 않았다. 충격적인 결론이지만, 사실을 편견 없이 직시한다면 그것 이외의 판단을 하는 것은 곤란하다. 합리적 이성과 양심을 갖춘 사람이라면 납득할 수 있을 것이다.

이태진 교수의 저서[4]에 게재되어 있는 1905년「한국보호조약(?)」의 부분에는 "CONVENTION"(밑줄은 원문. 이하 같음)이라는 타이틀이 붙어 있다. 이 영문 번역은 일본 정부가 작성하여 일본 내외에 널리 공표한 것이다.[5] "CONVENTION"이라는 영어 용어는 비인 조약법 조약[6]에서 사용되고 있는 영문용어와 같다. 일본 정부는 후자【비인 조약법 조약】의 "CONVENTION"의 일본어 번역으로는 '조약'을 사용하고 있다. 하지만 일본 정부 간행물은 1905년「한국보호조약(?)」의 경우에는 '협약'이라는 일본어를 제목에 붙여 유포하고 있다. 이와 같이 일본 정부는 한국어판 '조약(?)'의 원본에는 실재하지 않음에도 마치 실제로 존재하는 듯이 가장하는 제목을 제멋대로 붙여 영문 번역문을 작성하여 국제적으로 유포했다. 이것은 이 문서가 적법하게 성립된 듯한 외관을 만들고 문서에 외형적 신용성을

---

4   Yi, Taijin, *The Dynamics of Confucianism and Modernization in Korean History*, Cornell University, 2007. p. 200.

5   According to the footnote of *supra* Yi, Taijin, 2007. p. 200 to Figure 3b, the translation in English is compiled in the *Kankoku choyaku ruisan* (1908).

6   Vienna Convention on the Law of Treaties, Vienna 23 May 1969.

부여하여 구미열강을 속이기 위한 작위였다고 비판 받아도 어쩔 수 없다. 적어도 그러한 의혹을 부른다. 이것을 오해라고 잘라 말할 수 있을까?

그리고 일본 정부 외무성 조약국에 의한 영어판인데, 이 교수가 주기(注記)하고 있는 문헌은 위의 주에서 적었지만 1908년에 출판된 것이다.

저자가 이 교수의 '날조(위조)설'을 지지하기에 이른 것은 이 교수의 저서에 게재된 한국어판 원본의 사진(제목이 없다)과 영문 번역의 사진(제목이 있다)을 비교해 본 결과이다. 이태진 교수가 지적하는 영문 "CONVENTION"이라는 영문 제목을 1934년에 대일본제국 외무성이 출판한 일본에 소재하는 문헌7에 의해 저자 자신이 확인함으로써 확신에 이르게 되었다. 이 1934년판 『구 조약 휘찬(舊條約彙纂) 제3권 (조선·류우큐우[琉球])』는 2009년 11월 15일 쿄오토대학 부속도서관에서 저자 자신이 열람하고 사진 촬영한 것이다. 아래에 그것(사진 3)을 게재하여 독자의 참고가 되도록 하고자 한다.

이 문헌으로부터 알 수 있는 것을 열거해보자.

첫째, 1934년 단계에서, 대일본제국 외무성의 출판물은 1905년「한국보호조약(?)」의 영문 번역문의 제목으로서 "CONVENTION"을 붙이고 있었다. 이 사실은 이 교수의 저서 게재 사진의 출판물보다도 26년 뒤에 나온 외무성 출판물에서도 확인할 수 있었던 것이다.

둘째, 이 교수 저서의 한국어판 원본 사진에는 제목이 없다. 하지만 대일본제국 외무성은 같은 출판물의 한국어판(1934년판)에서「한일협상조약」이라는 명칭을 붙이고 있었다. 이것은 저자에게는 새로운 발견이었다.

셋째, 저자는 일본어판 원문을 확인하지 않았다. '거기에는 제목이 있을까? 일본 정부가 보관하는 일본어판 1905년 '조약(?)' 원본을 직접 확인할 필요가 있다'라고 생각하고서 2010년 2월 9일에 일본의 외무성 외교사료관에서 일본어판 원본을 저자 자신이 직접 보고서 확인했다.

7　外務省条約局,『舊條約彙纂 第3卷(朝鮮·琉球)』, 外務省条約局, 1934, 204면. 이 책은 외무성이 쿄오토제국대학에 기증한 것인데, 2009년 11월 14일에 쿄오토대학 부속도서관에서 열람하고 확인했다.

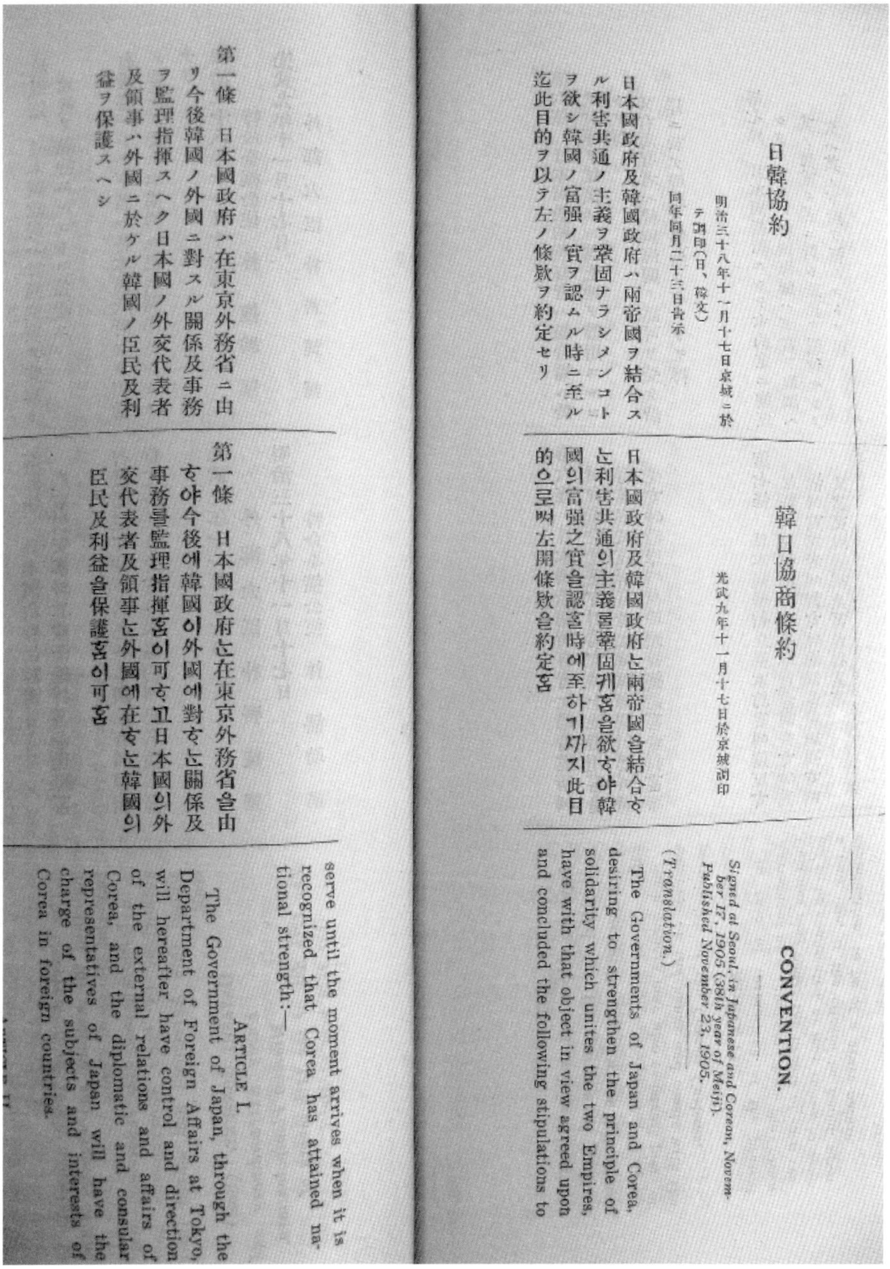
日韓協約

明治三十八年十一月十七日京城ニ於テ調印(日、韓文)
同年同月二十三日告示

日本國政府及韓國政府ハ兩帝國ヲ結合スル利害共通ノ主義ヲ鞏固ナラシメンコトヲ欲シ韓國ノ富强ノ實ヲ認ムル時ニ至ル迄此目的ヲ以テ左ノ條款ヲ約定セリ

第一條 日本國政府ハ在東京外務省ニ由リ今後韓國ノ外國ニ對スル關係及事務ヲ監理指揮スヘク日本國ノ外交代表者及領事ハ外國ニ於ケル韓國ノ臣民及利益ヲ保護スヘシ

韓日協商條約

光武九年十一月十七日於京城調印

日本國政府及韓國政府ᄂᆞᆫ兩帝國을結合ᄒᆞᄂᆞᆫ利害共通의主義를鞏固케ᄒᆞᆷ을欲ᄒᆞ야韓國의富强之實을認ᄒᆞᆯ時에至ᄒᆞ기ᄭᆞ지此目的으로ᄡᅥ左開條款을約定ᄒᆞᆷ

第一條 日本國政府ᄂᆞᆫ在東京外務省을由ᄒᆞ야今後에韓國이外國에對ᄒᆞᄂᆞᆫ關係及事務를監理指揮ᄒᆞᆷ이可ᄒᆞ고日本國의外交代表者及領事ᄂᆞᆫ外國에在ᄒᆞᄂᆞᆫ韓國의臣民及利益을保護ᄒᆞᆷ이可ᄒᆞᆷ

CONVENTION.

Signed at Seoul, in Japanese and Corean, November 17, 1905 (38th year of Meiji). Published November 23, 1905.

(*Translation.*)

The Governments of Japan and Corea, desiring to strengthen the principle of solidarity which unites the two Empires, have with that object in view agreed upon and concluded the following stipulations to serve until the moment arrives when it is recognized that Corea has attained national strength:—

ARTICLE I.

The Government of Japan, through the Department of Foreign Affairs at Tokyo, will hereafter have control and direction of the external relations and affairs of Corea, and the diplomatic and consular representatives of Japan will have the charge of the subjects and interests of Corea in foreign countries.

(사진 3)

놀랍게도 일본어판 문서 원본의 본문 첫 행은 공백으로 되어 있고 제목이 없었다. 원본은 외무성 직원이 하얀 장갑을 끼고 가져다 주었는데, 저자에게는 원본을 만지는 것도 사진을 촬영하는 것도 허용되지 않았다. 그래서 외교사료관이 열람과 복사를 허용하고 있는 마이크로필름판의 복사본과 원본을 그 자리에서 직접 보고 한 자씩 비교한 다음 원본과 복사본이 동일하다는 사실을 확인했다. 또 인터넷에도 사진[8](사진 4)이 공개되어 있는데, 이것도 마이크로필름 사진과 동일하다는 사실을 확인할 수 있었기 때문에, 그것을 아래에 게재한다.

대일본제국 외무성은 1934년의 정부 간행 출판물의 일본어판(사진 3)에는 「일한협약」이라는 명칭을 붙이고 있었다. 하지만 일본 외무성이 보존하는 일본어판 문서(사진 4의 원본 사진에는 제목·명칭이 없다는 점에 주의)의 맨 앞부분에는 「일한협약」이라는 문자는 전혀 발견되지 않으며, 첫 번째 행의 공백만을 확인할 수 있었다.

요컨대 대일본제국 외무성의 출판물에는 일본어판【저자는 2010년 2월 9일 원본을 직접 보고 확인했다】에도 한국어판【일본 외무성이 보관하는 원본을 위의 날짜에 저자가 직접 보고 확인했다. 한국에 보존되어 있는 한국어판 원본에 제목이 없다는 사실은 이 교수의 저서 사진으로 확인할 수 있다】에도 제목이 있다. 저자가 확인한 1934년의 대일본제국 외무성 출판물에 게재되어 있는 영문 번역은 일본어판 '조약(?)'문 및 한국어판 '조약(?)'문과 나란히 게재되어 있는데, 그 어느 것에도 제목이 있는 것으로 되어 있었던 것이다.

이것은 저자에게는 새로운 발견이었다. 영어판은 이 교수의 저서에 사진이 게재되어 있지만, 1908년 출판의 조약집과 같은 영문 제목 "CONVENTION"이 1934년 출판물에서도 붙여져 있었다는 사실을 확인할 수 있었다. 또 한국어판 원본에는 이 교수의 저서 게재 사진으로 보는 한 제목이 없음에도 불구하고, 1934년 대일본제국 외무성 출판 조약집에는 「한일협상조약」이라는 제목이 있었다.

---

8 외무성 외교사료관 소장 자료. www.jacar.go.jp/goshomei/index.html 2010.6.25. 열람.

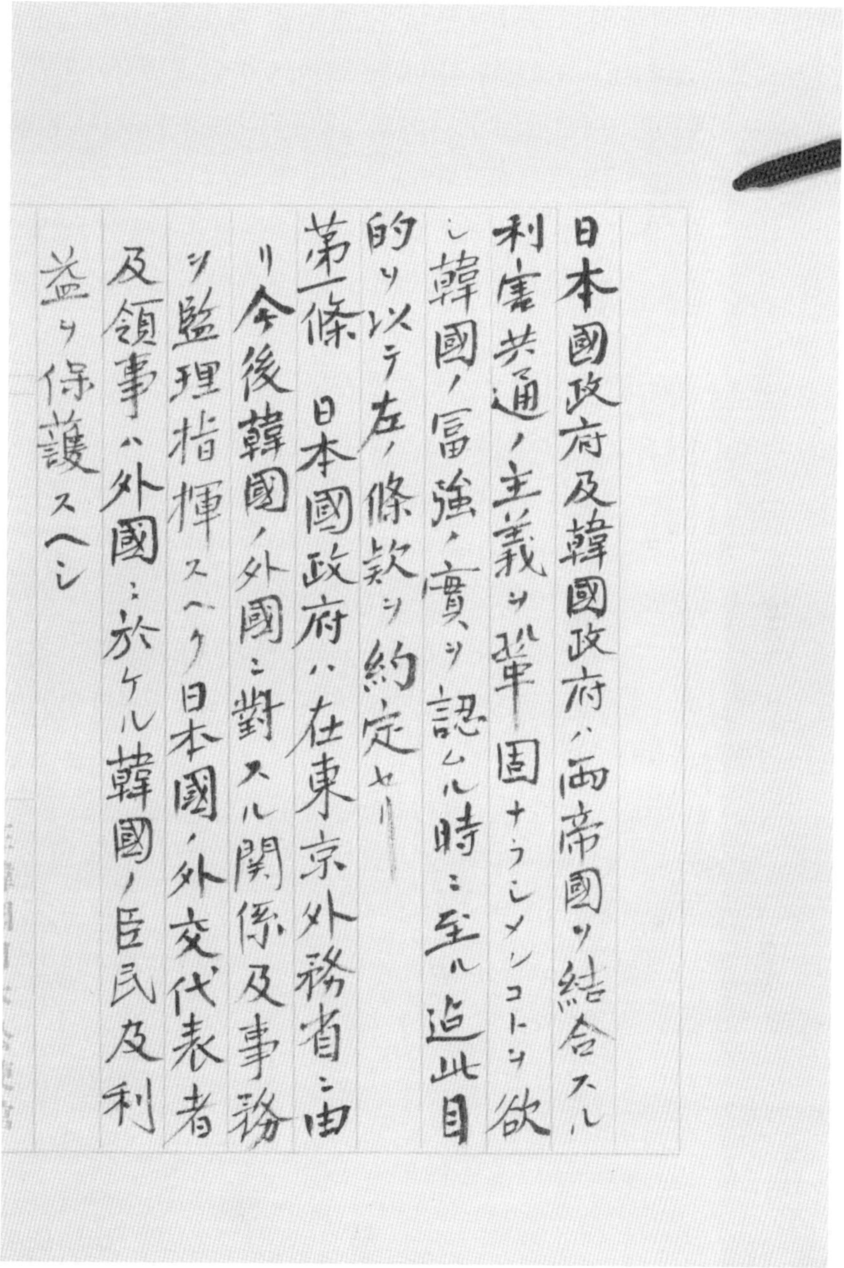

日本國政府及韓國政府ハ兩帝國ヲ結合スル利害共通ノ主義ヲ鞏固ナラシメンコトヲ欲シ韓國ノ富強ノ實ヲ認ムル時ニ至ル迄此目的ヲ以テ左ノ條欵ヲ約定セリ

第一條 日本國政府ハ在東京外務省ニ由リ今後韓國ノ外國ニ對スル關係及事務ヲ監理指揮スヘク日本國ノ外交代表者及領事ハ外國ニ於ケル韓國ノ臣民及利益ヲ保護スヘシ

(사진 4)

결론적으로 1905년「한국보호조약(?)」은 대일본제국 정부가 한국어판도, 일본어판도, 영역판조차도 모두 '날조'해서 공표했다고 평가되어도 어쩔 수 없다. 한국어판 원본【이 교수의 저서 게재 사진】에도 일본어판 원본【사진 4】에도 제목이 없다는 것이 진실이라고 확인할 수 있었던 것이다. 따라서 주요국에 배포되었을 영문번역도 날조라고 판단된다.

사정이 위와 같으므로 1905년「한국보호조약(?)」원본에는 애당초 제목도 없었던 것이며, 그것은 미완성의 문서에 지나지 않았다. 바꾸어 말하면 조약문 기초 단계의 원안, 즉 초안에 불과했다고 생각하는 것이 합리적이다. 대일본제국 정부는 미완성의 조약문 원안에 멋대로 제목을 붙여 1905년「한국보호조약(?)」을 날조하고, 그것을 내외에 일방적으로 공표한 것이라고 판단된다.

비인 조약법 조약이 확인한 당시의 관습국제법에서는 조약은 문서에 의해 체결되는 것이 통칙이라는 점을 고려하다면, 이러한 조약의 날조행위가 중대한 문제라는 것은 분명하다. 일본 정부가 「일한협약」(한국어로는 「한일협상조약」, 영문으로는 "CONVENTION")이라는 '조약(?)'이 존재한다는 취지를 정부 간행물 등에 의해 날조한 행위의 영향은 컸다. 전 세계 여러 나라 정부가 그렇게 오신(誤信)한 것이다. 100년여가 지나서까지 일본의 연구자는 「일한협약」이 존재한다는 것을 당연한 전제로 삼고 연구해왔다. 최근에도 1905년「일한협약」을 정부 간행물에서 그대로 전재하여 자료로 게재한 학술서[9]조차 있다. 전문 연구자조차 정부 간행물의 진실성·성실성을 전적으로 신뢰해온 것이다. 따라서 일본의 수상들이 1905년「한국보호조약(?)」뿐만 아니라, 1910년「한국병합조약」등 구 조약이 법적으로 합법적으로 체결되어 유효한 것으로 실시되었다고 하는 역사인식을 바꿀 수 없었던 것도 무리가 아니었다. 1905년「일한협약」으로 날조된 1905년「한국보호조약(?)」이 실제로 존재

---

9 예를 들면 海野福寿編,『日韓協約と韓国併合史』, 明石書店, 1995, 187-189면. 위의 책에 게재된 1905년 11월 17일자 문서에는, 일본어판에는「일한조약」, 한국어판에는「한일협상조약」, 영어판에는「CONVENTION」이라고 3개 국어로 제목이 붙어 있다. 이것은 운노 교수가 외무성 조약국이 출판한 위의『舊條約彙纂 第3卷(朝鮮·琉球)』으로부터 전재하여 위의 책의 부록에 실은 것이다. 운노 교수는 이 1905년 문서의 원본에는 외무성이 선전하는 것과 같은 제목이 있다고 확신했을 것이다. 일본의 이 분야의 연구자도 그 문서가 '날조'된 때로부터 100년이 경과한 후에도 일본 외무성에 의해 기만당하고 있다는 사실을 드러내는 하나의 증거로서 들어둔다.

한다는 것을 전제로 한일관계에 관한 연구, 교육, 언론, 계몽활동이 이루어져온 것이다. 따라서 정치가를 포함하여 일본에 살고 있는 사람들의 역사인식이 뒤틀린 것도 무리가 아니라고 할 수 있을 것이다.

(4) 고종 황제의 비준이 필요했는가?

한국에서는 서명된 조약은 일정한 절차를 거친 후 고종 황제가 조약 비준서에 서명하고 옥새를 날인하여 승인하거나 비준하지 않으면 효력을 발생하지 않는 것으로 되어 있었다. 하지만 황제는 마지막까지 조약에 서명도 옥새 날인도 하지 않았고, 비준서에 서명도 옥새 날인도 하지 않았다.[10] 이것은 당시의 대한제국의 조약 체결을 위한 국내 절차에 관한 규칙의 문제이며, 대한제국의 국내법 평면의 문제이다.

그러면 국제법 평면에서는 조약의 체결을 위해서 고종 황제의 비준이 필요했던 것일까? 이 점에 관해 일본에서는 '비준불요설'을 주창하는 연구자와 미디어가 있는 데 대해 한국에서는 '비준필요설'이 통설이다.

그러나 아래의 문헌 연구로부터 밝혀진 것처럼, 주권국가가 외국에 외교권을 빼앗기고 주권과 독립을 상실할 정도의 중요한 조약이 조약 체결권을 가지는 황제의 동의 없이 체결된다고 하는 것은 1905년 당시의 국제법 해석상으로도 상정되어 있지 않았다고 생각하지 않을 수 없다.

(4)-① 【『홀 씨 국제공법』(1899)】

영국의 국제법 권위자였던 윌리엄 에드워드 홀(William Edward Hall)은 1899년(메이지 32년)에 일본어로 출판된 『홀 씨 국제공법』에서 조약의 체결에 관한 비준의 필요성에 대해, "조약을 유효하게 하기 위해서는 국가의 최고 조약 체결 권한을 가지는 기관에 의해 … 비

---

10 위의 李泰鎭 참조.

준되는 것을 필요로 한다"라고 비준필요설을 주장했다.[11]

또 1905년 「한국보호조약(?)」의 문면에는 비준의 필요성에 관해 명시적인 기재가 없지만, 홀은 그러한 경우에 관해 아래와 같이 "명시적인 비준"이 필요하다고 명기하고 있다는 것에 주의해야 할 것이다. 그는 "전권대표에 의해 체결된 조약은 반대의 특약이 없는 경우에는 통상 명시적인 비준을 필요로 한다"[12]라고 서술하고 있다.

이것은 당시의 권위 있는 연구서의 번역이며, 당시의 관습국제법 해석으로서 신뢰할 수 있는 통설이었다고 판단해도 좋을 것이다. 또한 같은 책의 원서[13]는 1895년에 영국에서 출판되었다. 일본어판의 출판(1899년)에 앞서 원서 출판 다음해인 1896년(메이지 29년)에는 일찍감치 그 영어판 리프린트가 일본에서도 출판되었다.[14] 이것은 그 책이 당시 일본에서 널리 보급되어 있었다는 사실의 증거로서 들어도 좋을 것이다.

(4)-② 【타카하시 사쿠에(高橋作衛), 『평시국제법론』(1903)】

당시의 대표적인 일본인 국제법 학자도 비준필요설을 주장하고 있었다. 타카하시 사쿠에는 토오쿄오제국대학에서 국제법을 가르치고 있었는데, 1903년(메이지 36년)에 그 토오쿄오제대에서의 강의 내용을 『평시국제법론』으로 출판했다(같은 책 「序」 참조). 타카하시 사쿠에는 1905년(메이지 38년) 1월에 같은 책의 「증보 제6판의 서」에서 웨스트레이크(John Westlake)를 스승으로 삼고 있다고 서술하고 있는데, 아래와 같이 그도 홀과 마찬가지로 비

11　ウィリアム・ホール著・立作太郎訳, 『ホール氏國際公法』(원저 제4판의 번역), 東京法学院発行・有斐閣書房発売, 1899, 433면. 또한 비준이 필요하지 않은 예외로서는 "군주 또는" 기타 "조약 체결의 권한"을 가지는 "기관이 스스로 체결한 경우" 등이 적시되어 있다. 1905년 「한국보호조약(?)」은 고종 황제가 체결한 것이 아니다. 고종 황제와 같은 조약체결 권한을 가지는 다른 기관은 없었다. 따라서 예외에는 해당하지 않는다.

12　위의 책, 1899. 433면.

13　Hall, William Edward, *A treatise on international law, Fourth Edition*, Oxford : Clarendon Press, 1895. 문제의 부분은 p. 345. "Except…… ratification by the supreme treaty-making power of the state is necessary to its validity."

14　Hall, William Edward, *A treatise on international law, Fourth Edition*, Tokyo: Sanseido, 1896(1896.5.10. 三省堂書店 발행).

준필요설을 취하고 있다. 타카하시 사쿠에는 그 1903년판 저서에서 "유효하게 조인된 조약은 다시 그다음에 비준되는 것이 필요하다. 조약의 비준은 법률의 재가와 비슷한 점이 있다. 조약 조인에 의해 제정되고 비준을 기다려 유효하게 성립되는 것이다"[15]라고 했다.

혹시 몰라 부언하는데, 타카하시 사쿠에는 "조약의 비준은 대개 이 방법에 의하는 것이다"라고 하여 "명시적인 비준"이 원칙이라고 했다. 그러나 예외로서는 "그 상대가 그것을 알면서 굳이 이의를 말하지 않은 것과 같은 경우에는 묵시적인 비준이 있었던 것"이라고 하여 "묵시적인 비준"이 있을 수 있다는 것도 인정했다.[16] 고종 황제는 1907년 헤이그 밀사를 파견하는 등 국제적으로 몇 차례나 1905년「한국보호조약(?)」이 일본의 일방적인 행위이고, 자신은 승인하지 않는다고 계속 이의를 주장했다. 따라서 본건에 관해서는 묵시적인 비준이 있었다고 할 수는 없다.

위의 책은 1903년(메이지 36년) 7월의 초판 이후, 1910년(메이지 43년) 4정(訂) 증보 9판의 출판까지 7년간 아홉 번이나 판을 거듭할 정도로 널리 읽힌 책으로 당시의 표준적인 국제법 교과서였다고 할 수 있을 것이다. 또 타카하시 사쿠에는 제2차 오오쿠마(大隈) 내각에서 1914년 4월 25일부터 1916년 10월 9일까지 법제국장관을 지낸 귀족원 의원이기도 했다. 당시의 권위 있는 법학자의 한 사람이었다는 것은 틀림없을 것이다.[17]

(4)-③【타찌 사쿠타로오(立作太郎),『평시국제법 완(完) 타이쇼오(大正) 14년 토오쿄오대학(東大)강의】

타찌 사쿠타로오는 타카하시 사쿠에보다 뒤에 토오쿄오제국대학에서 국제법을 가르쳤는데, 그 이전인 1899년에 위의『홀 씨 국제공법』을 번역 출간했다. 따라서 홀의 학설을 계승하고 있었다는 사실은 이상하지 않다. 토오쿄오제국대학에서의 국제법 강의에서 비

---

15 高橋作衛著,『平時國際公法』, 日本法律学校, 1903(1903년 7월 초판 출판), 651면. 高橋作衛著,『平時國際法論 [4訂增補9版]』, 日本大学発行・清水書店発売, 1910, 651면.
16 高橋作衛著, 위의 책, 1903, 653면.
17 「高橋作衛」,『近代日本人の肖像』. http://www.ndl.go.jp/portrait/datas/429.html?cat=13 2015.7.26. 열람.

준필요설을 주창한 것도 당연한 일이다. 타찌 사쿠타로오의 토오쿄오제국대학 강의록이 등사판 인쇄본으로 남아 있고, 그 토오쿄오대 강의에서는 "… 비준이 필요한 일반 조약에서는"이라는 한정이 붙어 있기는 하지만, "조인은 비준을 조건으로 하여 조건부로 조약을 성립시키는 것이며 조약의 구속력의 확정은 비준을 기다리지 않으면 안 된다"라는 것을 원칙으로 하고 있다.[18]

타찌 사쿠타로오는 비준을 얻지 못한 1905년「한국보호조약(?)」을 구제하고 싶었던 듯, 사후적으로 학설을 바꾸어 나중의 저서에서 소수설을 주창하기에 이른다. 그러나 타찌 자신이 1942년(쇼오와[昭和] 17년)의 시점에도 "다수설은 전권위원이 서명 조인한 것도 (적어도 비준이 필요한 조약에서는) 비준 전에는 조약안인 데 지나지 않고 아직 조약으로서 성립되기에 이르지 않았다고 하는 것이다"라고 하여, '비준필요설'이 다수설이라는 점을 인정하고 있다는 사실에 주목해야 한다.[19]

따라서 소수설을 취한 타찌 사쿠타로오 교수조차 인정하지 않을 수 없었던 것처럼, 전전의 일본 국제법 학자 사이에서도 '비준필요설'이 다수설이었다는 것은 틀림이 없다.

(4)-⑤【기타 당시 문헌의 조사】

위에서 기술한 1905년 당시의 고서에 속하는 국제법 문헌은 쿄오토대학(전전의 쿄오토제국대학) 및 오오사카(大阪)대학(전전의 오오사카제국대학)의 도서관에 소장되어 있어서 비

---

[18] 立博士述,『平時國際公法完 大正14年東大講義』(非売品), 1925, 373면. 다만 이 교과서는 1905년보다 나중에 구술된 것이다. 비준을 효력 발생을 위한 '조건'이라고 한 것은, 조약 자체의 잠재적인 성립을 서명시로 소급시키고자 하는 마음을 엿볼 수 있는 것 아닐까? 비준이 없어도 조약은 성립된다고 하면, 비준이 없는 1905년「조약(?)」을 다소나마 구제할 수 있다고 생각한 것일까?

[19] 타찌 사쿠타로오는, 후년의 저서『平時國際法論』(日本評論社版)을 출판하게 되자 입장을 바꾸어, "실제상 행하여지는 관례를 생각할 때는 전권위원의 서명·조인에 의해 조약이 조약으로서 체결되는 것이라고 인정되는 것이다"라고 '비준불요설'을 주장하기에 이르렀다. (立作太郎著,『平時國際法論[初版]』, 日本評論社, 1932[1942.9.10. 11쇄 발행], 559-560면). 왜 타찌 박사는 통설인 '비준필요설'을 버리고 비준을 경시하는 이런 입장을 취하게 된 것일까? 이 변절에 이른 진의는 확실하지 않다. 하지만 이 소수설이 1905년「한국보호조약(?)」은 '고종황제의 비준이 없이도 유효하게 성립되었다'라는 일본 외무성의 입장에서 유리한 학설인 것은 틀림없다.

교적 쉽게 찾아낼 수 있었다. 이들의 존재는 인터넷에서 검색할 수 있었다. 이들 대학까지 가서 서고에서 조사하는 수고를 할 필요는 있지만 누구에게라도 가능한 연구이다.

그런데 1905년 당시 기타의 국제법에 관한 문헌은 어느 정도 존재한 것일까? 혹시 몰라서 국회도서관에서 조사해보았다.

국회도서관의 문헌 검색에서 '국제공법'을 키워드[20]로 1905년 이전의 저작을 검색한 결과 79건이나 되는 저작의 제목을 얻을 수 있었다.[21]

이들 고서를 모두 국회도서관에서 열람하는 데는 상당한 곤란이 따르지만, 국회의원의 협력을 얻을 수 있으면 단기간에 조사하는 것이 가능하다. 저자가 유엔 ILC의 1963년 총회 제출 보고서를 발견한 당시의 일인데, 1993년 당시 효오고(兵庫)현의 참의원 의원이었던 모토오카 쇼오지(本岡昭次) 의원에 의해 이 조약 문제에 관한 국회 질문이 이루어진 경위가 있다. 그때의 인연도 있어서, 같은 효오고현 선출의 현직인 미즈오카 슌이찌(水岡俊一) 참의원 의원의 협력을 얻을 수 있었다. 위의 79건 중 '국제공법'이 제목인 발행연도를 알 수 있는 저서로서 참조할만하다고 생각되는 것을 임의로 골라보았다. 남은 문헌만으로도 뒤의 별표[22]와 같이 40점이나 되었다.

국회도서관에 문의하여 조사한 결과 이들 중 5점(13, 19, 23, 35, 38)은 도서관에서 원본【마이크로피시화된 것도 있다】을 열람할 필요가 있었다. 그러나 위에서 기재한 것을 제외한 35점은 인터넷상에 공개되어 있다는 사실을 알게 되었다. 세상 물정에 어두워 저자는 알지 못했던 것인데, 국립국회도서관은 저작권상의 문제가 없는 오래된 문헌부터 순차적으

---

20 검색의 범위를 넓혀 1905년까지의 '국제법'을 키워드로 하면 56건의 문헌이 검색된다. 이 검색에 따르면 당시에는 위의 윌리엄 에드워드 홀 이외에, 테오도르 올시, 프리드리히 폰 마르텐스 등의 국제법 저서의 번역서가 기본적인 전문서로서 출판되어 있었다는 사실을 알 수 있다.
http://unicanet.ndl.go.jp/psrch/Next.do?P=1&id=1267923516317410BAEF12FA69F37112D9FD9A582878B 2010.3.7. 열람.
21 국회도서관의 "서지 일람 표시" 검색. http://opac.ndl.go.j/Process 검색 키워드 "國際公法." 검색일 2010.1.8.
22 문헌 검색 및 선택은 저자가 했지만, 별표 작성에는 미즈오카 슌이찌(水岡俊一) 사무소의 협력을 얻었다. 위 사무소의 협력에 대해 감사드린다.

로 전자도서관【근대 디지털 라이브러리(近代デジタルライブラリー)】[23]에서 일반공개하고 있었다. 외국으로부터의 액세스도 가능하여 기술과 공공서비스 진보의 면에서 괄목할만한 점이 있다.

일본에서 1905년(메이지 38년) 당시 이미 이렇게 많은 수의 국제공법에 관한 전문서가 일본어로 출판되어 있었다는 사실은 경이로운 것이다. 당시의 일본에 법학을 가르치는 다수의 고등교육시설이 있었다는 사실, 일본어로 국제공법을 가르치는 인재가 다수 육성되어 있었다는 사실, 국제공법의 지식이 일본어로 상당히 넓게 퍼져 있었다는 사실을 드러내는 증거이다. 일본은 과학기술뿐만 아니라 법학을 포함한 서양의 고도의 전문적인 연구성과를 급속하게 흡수하여 일본어로 출판하고 또 가르치고 있었던 것이다. 이렇게 고도의 전문 수준을 달성하고 있었다는 것은 자랑할만한 일이다.

또 '국제법'을 검색어로 국회도서관의 근대 디지털 라이브러리가 소장하는 1905년 이전의 저작을 검색해본 결과 26건의 제목을 얻을 수 있었다. 이들로부터 전시국제법에 관한 것, 특정 분야에 관한 것, 이미 '국제공법'의 검색으로 조사를 마친 저자의 책을 제외하고 8건의 저작[24]을 구할 수 있었다.

이렇게 구한 저작을 망라적으로 조사했다. 같은 저자의 저작이 여러 권 있는 경우에는 새로운 것을 골랐다. 당시의 유력한 법률학교에서 교과서로 사용되고 가르쳐진 대다수의 권위 있는 국제공법 및 국제법 교과서(통설이었다고 추정할 수 있다)를 조사한 것이 된다.

결론을 말하면, 저작에 따라 치밀함과 거칢의 차이가 있기 때문에 충분한 기재가 없는 것도 산견되지만, 대부분의 저작(합계 21점)에서 '비준필요설'을 지지하는 기재를 발견

23　国立国会図書館・電子図書館・近代デジタルライブラリー(http://kindai.ndl.go.jp/index.html).
24　① フリードリヒ・フォン・マルテンス著,『国際法』他 (早稲田叢書), 東京専門学校出版部, 1900. ② ウールシー著,『國際法 上編』, 弘文堂, 1873. ③ 今西恒太郎著,『國際法学』, 丸善, 1899. ④ 豊島鉄太郎編,『國際法講義録』, 豊島鉄太郎, 1891. ⑤ 大野若三郎編,『國際法新論』, 有斐閣, 1903. ⑥ レオン・レヴヰ著,『國際法提要』, 東京専門学校, 1894. (東京専門学校 政治科 第5回 3年級 講義録). ⑦ ジョン・ウエストレーキ著,『國際法要論』, 民友社, 1901. ⑧ ルイ・ルノール著,『國際法論』, 東京専門学校出版部, 1900.

수 있었다(첨부자료 참조). 놀라운 사실은 이들 1905년 당시의 저작 중에서 '비준불요설'을 주창하고 있던 저작은 한 건도 발견할 수 없었다는 것이다. 이들 저작의 조사 결과에 따르면 당시의 학설은 '비준필요설'에 일치하고 있었다고 보아야 한다. 그것은 통설 이상의 의미를 가지는 것이며, '비준불요설'은 존재하지 않았다고 할 수 있다. 1905년 당시의 일본의 연구 수준은 상당히 높았고, 구미 국가들의 국제공법·국제법의 연구 성과를 거의 완전히 받아들이고 있었다고 평가할 수 있다는 점을 함께 생각하면, 전 세계적으로도 '비준불요설'은 (일본 정부 외무성을 제외하면) '없었다'라고 할 수 있는 것이 아닐까?

하지만, 100년 후인 지금도 일본 측 연구자, NHK 등 매스컴, 그 그늘에 숨은 일본 정부·외무성 당국자들은 변함없이 '비준불요설'을 주창하고 있다. 그 입장은 도대체 어떤 학문적인 근거에 기초하고 있는 것일까? 이 조사를 완료하고서 통감한 것은 일본에서는 학문과 실무 사이가 완전히 동떨어져 있어서 외교실무도 정치도 학문연구 성과에 기초하지 않았다는 사실이다. 게다가 국제법학 연구에 종사하는 전문가가 일본에도 존재하는 국제법학에 관한 연구 성과를 완전히 무시해 온 외교실무에 대해 한마디의 이의도 제기하지 않았다니 놀라운 일인 것이다. 그러한 100년에 걸친 침묵 현상이 왜 발생한 것일까? 앞으로 연구대상이 되어야 할 현상이라고 해야 할 것이다.

여기에서는 모든 저작을 상술하는 번잡함을 피하기로 하고, 그것들 중 역사적으로 특히 다룰 의미가 있는 흥미 깊은 저자의 저작인 쿠라찌 테쯔키찌(倉知鉄吉)의 『국제공법』[25]을 다루어보기로 한다.

쿠라찌 테쯔키찌는 1910년 당시 일본 외무성의 정무국장이라는 요직을 차지하고 있었다. 쿠라찌는 탑 엘리트 관료였을 뿐만 아니라, 안중근 의군 참모중장을 '극형'에 처하기 위해 뤼순에서 획책한 역사적으로 중요한 인물이다. 저자는 안중근 의군 참모중장 재판의 불법성에 관한 논문[26]에서 아래와 같이 지적했다.

---

[25] 倉知鉄吉著, 『國際公法』, 東京·日本法律学校出版, 1899. (日本法律学校 第四期 講義録). http://kindai.ndl.go.jp/BIBibDetail.php 2010.1.8. 열람.

"카노(狩野) 변호사가 지적한 것처럼,[27] 안중근 재판에 관해서는 일본의 행정부가 재판에 개입했다는 의심이 농후하다. 카노 변호사는 '본 사건 발생 후 일본국 외무대신 코무라 쥬우타로오(小村寿太郎)는 곧바로 외무성 정무국장 쿠라찌 테쯔키찌를 만주로 파견하여 이 재판에 관한 여러 획책을 하게 했다는 의심이 있습니다'라고 한다. 이 주장을 뒷받침하는 증거[28]도 확인할 수 있었다. 카노 변호사가 주장하듯이 이 재판은 3권분립 원칙 위반이라는 불법성이 있었다고 말하지 않을 수 없다."

그런데 쿠라찌의 위의 『국제공법』은 1899년 니혼(日本)법률학교가 출판한 교과서이다. 그 학교는 현재의 니혼대학[29]의 전신으로 당시의 5대 법률학교 중 하나로 손꼽히는 저명한 학교이고, 일본 정부와 밀접한 관계에 있었다.

쿠라찌 테쯔키찌는 그 시대에 국제공법을 가르친 권위있는 학자의 한 사람이기도 했던 것이다. 위의 책은 1905년「한국보호조약(?)」강제사건 이전에 출판된 것이다. 쿠라찌는 1910년의 '한국병합' 당시에는 외무성 정무국장으로서 한국의 '병합'이라는 그때까지 사용된 적이 없는 법률용어를 고안한 인물이라고 일컬어진다.[30] 그 책은 안중근 의군 참모중장 재판(1910년) 이전인 1899년에 출판되었고, 쿠라찌의 국제법 해석학을 솔직하게 피력한

26 戸塚悦朗,「安重根裁判の不法性と東洋平和」,『龍谷法学』42-2, 1-27면.
27 狩野琢見,「安重根無罪論」,『安義士の生涯と思想 - 殉国第81周忌対応国際学術シンポジウム報告集』, 安重根義士紀念館, 1991, 106-108면.
28 安重根記念館,『大韓国人安重根』, 安重根記念館, 2001, 132면.
29 니혼법률학교는 1889년(메이지 22년)에 창립되었다. 니혼(日本)대학 법학부 웹사이트(http://www.law.nihon-u.ac.jp/applicant/gakubu/history.html)에서는 "니혼대학의 학조(学祖) 야마다 아키요시(山田顕義). 메이지 유신의 중심인물 중 한 사람으로 유년기에 요시다 쇼오인(吉田松陰)의 쇼오카 손쥬쿠(松下村塾)에서 배우고, 이와쿠라 토모미(岩倉具視) 등과 함께 구미 각국을 돌아본 그가 확신한 것은 '법률은 군사보다 우선한다'라는 것이었습니다. 이래로 초대 내각을 비롯하여 각 내각에서 사법대신을 역임. 헌법, 민법, 상법 등의 편찬에 종사하여, 근대적 법치국가의 기초를 확립했습니다. 그 야마다 아키요시가 일본 특유의 법전 연구와 교육을 담당하는 법률학교로서 창립한 것이 니혼대학의 전신인 '니혼법률학교'입니다. 니혼대학 법학부에는 지금도 국법(国法) 정비에 생애를 걸었던 야마다 아키요시의 법의 정신이 흐르고 있습니다"라고 하고 있다.
30 外務大臣官房文書課,「倉知鉄吉氏述韓国併合の経緯」, 外務省,『近代外交回顧録4』, ゆまに書房, 2000, 163-182면.

것이다. 따라서 쿠라찌는 출판 이후에 일어난 이들 사건에 배려하여 위의 책의 법해석 기술에 작위를 가하여 고쳐 쓸 수는 없었을 터이다.

그와 같은 시기에 쓰여졌다는 사실에 주목하면서, 쿠라찌의 『국제공법』을 참조해보기로 한다. 흥미 깊게도 쿠라찌의 저서는 위에서 기술한 통설과 마찬가지로 '비준필요설'을 채용하고 있었다.

쿠라찌는 "유효하게 체결된 조약은 다시 그다음에 비준되는 것을 필요로 한다. 조약의 비준은 법률의 재가와 비슷한 점이 있다. 조약은 체결에 의해 제작되고 비준을 기다려 유효하게 성립하는 것이다"[31]라고 하고, 나아가 또 "위에서 서술한 것처럼 군주 기타 조약 체결의 대권을 가지는 자가 직접 조약을 체결하는 드문 경우 외에 조약은 모두 비준을 기다려 비로소 효력을 발생하게 되므로 아직 비준되지 않은 조약은 아직 조약의 효력을 가지는 것이 아니다"[32]라고 비준필요설을 주장하고 있다.

쿠라찌 외무성 정무국장은 뤼순에 파견되어 안중근 의군 참모중장을 극형에 처해야 한다는 코무라 쥬우타로오 외상의 지시를 실현하기 위해 활동했다. 쿠라찌는 외무성 고관으로서 1905년 「한국보호조약(?)」에는 비준이 없었다는 사실을 알고 있었을 터이다. 따라서 자신의 학설에 따라 그것은 "아직 비준되지 않은 조약"으로서 "아직 조약의 효력을 가지는 것이 아니다"라고 해야 하는 것이었다는 사실도 숙지하는 입장에 있었다. 그럼에도 불구하고 쿠라찌는 재판소가 재판관할권의 근거로서 비준되지 않은 1905년 '조약(?)'을 유효한 조약으로서 판결의 기반으로 삼아 사형판결을 선고하도록 추진했다는 것이 된다.

1905년 「한국보호조약(?)」이 한국 고종 황제의 비준이 없어서 애당초 체결되지 않은 무효의 문서이며, 그 때문에 안중근 재판을 위해 일본 정부가 설치한 뤼순고등법원에는 재판관할권이 결여되어 있다는 중대한 불법성이 있었다. 게다가 대일본제국 정부 외무성의 중추격이었던 고관인 쿠라찌 자신이 당시 출판한 자신의 교과서에서 비준을 결여한 조약

---

31 倉知鉄吉著, 위의 책, 198-199면.
32 倉知鉄吉著, 위의 책, 201-202면.

은 "아직 조약의 효력을 가지는 것이 아니다"라고 해야 하는 것이라고 '비준필요설'에 기초한 학설을 공언하고 있었다는 사실에 주목해야 한다. 저자였던 쿠라찌는 1905년「한국보호조약(?)」은 실로 그것에 해당하는 사례였다는 사실을 숙지하고 있었던 것이다. 쿠라찌의 그 교과서는 그것을 보여주는 역사적인 증거로서 극히 의의 깊은 문헌이다.

또 비준불요설을 주장하는 대표적인 연구자인 운노 교수는, 위에서 든 책[33]에서 쿠라찌의『국제공법』을 인용하고 있다. 그럼에도 불구하고 왠지 비준필요설을 서술한 그 책의 위에서 기재한 부분(두 기술 사이는 겨우 1면 밖에 떨어져 있지 않다)은 전혀 언급하지 않는다는 사실을 부언해두고자 한다.

(4)-⑤ 【비인 조약법 조약의 해석】

위에서 서술한 것처럼, 1905년 당시의 관습국제법의 해석상 '비준필요설'에 학설이 일치해있었다. 게다가 '비준불요설'을 지지하는 학설은 발견할 수 없었다. 그러면 현재는 이 경향이 역전되었는지 여부를 검토해보기로 한다.

비인 조약법 조약 제14조 제1항[34]은 "조약에 구속되는 데 관한 국가의 동의는 아래의 경우에는 비준에 의해 표명된다"라고 규정하고 있다. 그리고 여기에서 말하는 "아래의 경우"로서 비준이 필요하다고 일컬어지는 조약에 관해 4개 항목을 들고 있다.

요컨대, 당사자 사이에서 비준이 필요하다고 합의한 경우에는 비준이 필요하지만, 비

---

33 海野福寿編, 위의 책, 10면의 (주 2)는 그 책을 "倉地鉄吉,『国際公法』(1899年カ)"라고 적고 있지만 그 책의 저자는 '倉知鉄吉'이다. 또 운노 교수가 인용한 것은 조약 서명의 강제 문제에 관한 '197면'이며, 저자가 '비준필요설'의 증거로서 인용한 부분('198-199면' 및 '201- 202면')의 바로 앞부분이다. 운노 교수는 저자가 '비준필요설'로 인용한 기술에 쉽게 접근할 수 있었을 터이다. 그럼에도 불구하고 왜 운노 교수는 '비준필요설'을 지지하는 쿠라찌의 저술 부분을 인용하지 않은 것일까? 그것은 '수수께끼'이다.
34 제14조 제1항 "조약에 구속되는 데 대한 국가의 동의는 아래의 경우에는 비준에 의해 표명된다. (a) 동의가 비준에 의해 표명되는 것을 조약이 정하고 있는 경우, (b) 비준을 필요로 한다는 것을 교섭국이 합의했다는 사실이 다른 방법에 의해 인정되는 경우, (c) 국가의 대표자가 비준을 조건으로 조약에 서명한 경우, (d) 비준의 조건으로서 조약에 서명하는 것을 국가가 의도하고 있다는 사실이 당해국의 대표자의 전권위임장을 통해 명백하거나 또는 교섭의 과정에서 표명된 경우."

준의 필요성이 없다는 합의가 있는 경우에는 비준은 필요하지 않다. 그런데 비준의 필요가 있는지 없는지에 관해 문서의 조항에 명문의 문언이 없는 1905년「한국보호조약(?)」과 같은 경우는 어떨까? 이 경우와 같이 비준의 필요성에 관해 조약문에 명시되어 있지 않은 경우에 비준이 필요한지 여부를 검토해 둘 필요가 있다.

이 경우에는 당사자 사이에 비준을 필요로 하지 않는다는 합의도 명시되어 있지 않기 때문에, 비준이 필요하지 않다는 합의가 존재했다고 추정하기에는 무리가 있다. 그래서 당사자 사이에 비준의 필요성에 관해 어떤 합의가 있었는지에 관해 구체적으로 검토하기로 한다.

일본 정부 측조차도 당초에는 비준이 필요하다고 생각하고 있었던 것 아닐까? 하지만 고종 황제가 목숨을 걸고 비준을 거부했고, 그 결과 비준이 필요 없는 조약이었다고 주장하게 된 것이라고 생각된다.

대한제국의 법제도는 조약의 체결을 위해서는 비준이 필요하다고 정하고 있었다.[35] 일본 정부 측이 한국의 법제도를 알지 못했다고는 생각하기 어렵다. 고종 황제는 이토오 히로부미의 강경한 담판에도 불구하고 사전에도 사후에도 그 조약에 동의를 하지 않았다는 것은 공지의 사실이었다. '조약(?)' 서명일로 되어 있는 1905년 11월 17일에 고종 황제는 체결에 동의하지 않았다. 그렇지 않다면 이토오 히로부미가 이날 일본군을 동원하여 황궁을 포위하게 하고, 국가의 대표자 개인에 대해 강압적으로 조약의 체결을 압박할 필요는 없었다. 또 사후에도 1907년 헤이그 밀사 사건은 고종 황제가 1905년 '조약(?)'을 계속 부인한 사실에 관한 현저한 증거의 하나이다. 이와 같은 일관된 고종 황제의 자세로 보아 그 '조약(?)'에 관해 대한제국 측이 외부대신의 서명만으로 황제의 비준 없이 조약을 성립시킬 의도였다고 추정할 수는 없다. 당초부터 이 '조약(?)'에 관해 비준을 필요로 하지 않는다고 하는

---

[35] 李泰鎭,「1904-1910年, 韓国国権侵奪条約の手続き上の不法性」, 笹川紀勝・李泰鎭編著,『国際共同研究 韓国併合と現代 - 歴史と国際法からの再検討』, 明石書店, 2008, 109면. 당시 대한제국의 조약 체결에 관한 국내 절차가 정해져 있었는데, 조약문의 서명 후 정부 기관들의 심의를 거쳐 황제가 재가, 어가(御押：手決印), 어새의 날인에 의한 비준에 이르는 국내법상의 절차가 필요했다. 대한제국 정부는 그 어떤 단계의 심의도 하지 않았다.

당사자 사이의 합의가 있었다고 판단할 수는 없기 때문이다. 따라서 이 경우에는 조약에 관한 관습국제법의 원칙에 따라 비준이 필요했다고 해야 한다.

(4)-⑥ 【『오펜하임(オッペンハイム)』(제9판)】

*Oppenheim's International Law*는 전전부터 전후에 걸쳐 일본의 제국대학에서도 널리 읽혀 온 권위 있는 국제법학 기본서였는데, 그 제9판[36]을 참조해보기로 한다. 그 책은 과거 3세기 동안 비준제도의 기능이 현저한 변모를 겪었다고 하면서도, 아래와 같은 요지로 '비준필요설'을 채용하고 있다.

『오펜하임』에 따르면, 비준의 기능은 조약에 의해 구속되기 위한 동의를 표명하는 것이다. 비준을 필요로 하는 조약은 비준 없이는 구속하지 않기 때문에 비준이야말로 조약을 체결하는 것이다. 비준 전에는 단지 조약의 제안에 관해 상대와 합의한 데 지나지 않는다.

『오펜하임』은 위에서 서술한 비인 조약법 조약 제14조의 적용상 '비준이 필요한 조약'에 관해 상세하게 서술하고 있다. 조약에 비준의 필요성이 명기되어 있지 않은 경우가 문제인데, 이 경우 원칙적으로 '비준불요설'을 취하는 입장과 원칙적으로 '비준필요설'('조약에 명기되어 있지 않은 경우라도 조약은 원칙적으로 비준을 필요로 한다'라는 설)을 취하는 입장 사이에 학설상의 다툼이 있다는 것을 인정하고 있다. 그다음에 『오펜하임』은 후자를 '보다 좋은 설'이라며 채용하고 있다.[37]

또 『오펜하임』은 원칙에 대한 다수의 예외가 있다는 점을 언급하고 있다. 예를 들면 "treaty" '조약' 또는 "convention" '협약'이라고 불리는 조약이 아닌 경우에는 특히 비준의 필요성이 명기되어 있는 경우에만 비준을 필요로 한다며 문서의 명칭을 중시하는 주장이 있다는 점을 지적하고 있다.[38]

---

36 Jennings, Robert and Watts Arthur (ed.), 1996. *Oppenheim's International Law Ninth Edition Vol. 1 Peace Parts 2 to 4*. Longman, pp. 1226-1230.
37 *Supra* Oppenheim, 1996. p. 1229.
38 *Supra* Oppenheim, 1996. p. 1230.

『오펜하임』은 명칭이 어떻든 문서의 내용에 따라 다르다는 점도 지적하고 있다. 예를 들면 다른 조약의 조항의 해석에 관한 합의와 같은 사소한 문제에 관한 문서에 관해서는 비준을 필요로 하지 않는 예외라고 하고 있다.[39]

위의 내용을 토대로 1905년「한국보호조약(?)」에 관해 정리해보면 아래와 같다.

첫째, 일반원칙에 비추어 보면 '비준필요설'이 정당하다고 할 수 있을 것이다.

둘째, 문서의 명칭에 비추어 보면, 대일본제국 외무성이 영문에서는 "CONVENTION"으로 선전하고, 일본어판에서는 '협약', 한국어판에서는 '조약'이라는 제목을 붙인 문서이기 때문에 비준이 필요했다.

셋째, 문서의 내용에 비추어 보면, 외교권의 박탈과 같이 국가주권의 상실에 관련된 중요한 사항에 관한 규정을 포함하고 있기 때문에 비준이 필요했다.

따라서 역사 연구에 의해 고종 황제의 서명도 비준도 없었다는 사실을 확인할 수 있었던 이상, 1905년「한국보호조약(?)」은 유효하게 체결되었다고 생각할 수 없다.

또 위에서 서술한 것처럼, 1905년「조약(?)」은 조약문으로서도 완성되어 있지 않은 미완성의 상태였던 것이어서, 일본 정부가 작성하여「일한협약」으로서 내외에 반포한 1905년「한국보호조약(?)」은 날조였다고 하지 않을 수 없다.

그럼에도 불구하고 일본 정부가 날조한 영문 조약문(제목이 있다)[40]을 여러 외국에 제시하고, 그것이 한국 황제에 의해 정식으로 비준되고 적법하게 체결된 조약이라고 여러 외국의 외교 담당자를 오신하게 한 것이라고 추정된다.[41] 이 1905년「한국보호조약(?)」강제 사건은, 실제로는 무력을 동원한 침략행위에 의한 군사점령[42]이 진행되고 있었음에도 불

---

39 *Supra* Oppenheim, 1996. p. 1230.
40 *Supra* Yi, Taijin, 2007.
41 실제로 대한제국 고종 황제의 서명도 비준도 없었다는 사실을 드러내는 원본은 서울과 토오쿄오에 있었다. 팩시밀리도 복사기도 없는 시대에 어떻게 그것을 확인했는지 흥미롭다. 일본 정부가 '날조'한 영역문(조약의 정문이 아니다)을 여러 나라 정부에 반포하며 고종 황제의 서명·비준이 있었던 듯한 언동을 반복했을 가능성은 없을까? 그러나 그것은 역사연구로서는 흥미로운 것이겠지만, 그 점에 대한 증명이 없어도 '비준필요설'을 뒷받침하는 하나의 증거인 원본의 존재가 확인되었다는 사실의 의의를 부정할 수는 없을 것이다.

구하고, 그것을 은폐하여 여러 외국으로부터의 비판을 야기하지 않는 외형을 갖추기 위해 날조(위조)된 것이라고 생각된다. 한국 황제가 보호국화를 희망하여 체결한 '합법적'인 조약이었다고 구미 열강 정부의 외교 담당자를 오신하게 하려 한 모략이었다고 평가하는 것이 합리적인 것 아닐까?

이들 전 과정을 총지휘한 것이 다름 아닌 이토오 히로부미 공작이었다.

12. 요약 및 고찰

구 조약의 효력문제에 관한 연구의 요약

(1905년 「한국보호조약(?)」은 체결되지 않았다)

1905년 「한국보호조약(?)」은 체결되지 않았다. 설령 체결되었다고 하더라도 한국 측 국가대표자 개인에 대한 강제 때문에 1905년 「조약(?)」은 절대적으로 무효였다. 대한제국 황제의 비준도 없어서 조약으로서 성립되지 않았다. 따라서 이 1905년 「조약(?)」은 원초적으로 무효라고 하지 않을 수 없다.

(1910년 「한국병합조약」과의 관계)

그 결과 1905년 「한국보호조약(?)」의 유효성을 전제로 하는 1910년 「병합조약」 유효론도 사상누각으로서 결국은 붕괴되지 않을 수 없다. 또한 1910년 「한국병합조약」도 대한제국 황제의 서명이 동반된 비준이 없었다는[43] 이유 때문에도 무효였다고 하지 않을 수 없다.

---

42   이러한 상태를 가령 '정복'이었다고 고쳐 주장한다면 별도로 그 요건이 성립되어 있었는지 여부에 관한 연구가 필요하다. 무엇보다 대일본제국 정부가 무력에 의해 한반도의 실효적 지배를 확립하고 있었다는 것을 증명할 필요가 있다. 또 대한제국을 '정복'했다는 취지의 선언을 할 필요도 있을 것이다. 그 전제로서 합법적인 보호국화 및 병합에 대해서는 그것이 무효였다고 인정한 다음 법해석을 변경한다고 국제적으로 선언할 필요도 있을 것이다. 역사적으로는 일본 정부에 의해 이들 행위가 이루어진 사실은 없다. 앞으로 그러한 선언을 할 것인가? 그러기 위해서는 커다란 역사인식의 전환이 필요하다.

〈안중근 의군 참모중장과의 관계〉

안중근 의군 참모중장의 재판에 관해, 재판소는 1905년「한국보호조약(?)」을 재판관할권의 근거로 들었다. 하지만 위 조약이 원초적 무효인 이상 재판소에게는 관할권을 확립할 수 있는 법적 근거가 없었다고 생각할 수밖에 없다. 위의 재판은 불법적인 것이었다. 불법적인 판결에 기초하는 사형집행도 불법적인 것이었다(처형은 국가에 의한 위법한 살인이었다고 평가하지 않을 수 없다).

〈일본 정부가 1905년「한국보호조약(?)」의 무효를 인정하는 것이 화해의 전제〉

만일 이러한 역사인식의 대전환을 실현할 수 있다면 일본이 식민지지배 책임을 다하는 데 있어서 최대의 장애가 제거되게 될 것이다. 한일관계뿐만 아니라 북일관계[44]도 호전되어 역사적인 화해로 나아가는 문이 열릴 것임은 의심할 바 없다.

일본 정부는 1905년「한국보호조약(?)」이 무효였다는 사실을 인정할 수 있을까? 그것은 무라야마 토미이찌 수상(1995년), 칸 나오토 수상(2010년)이 쌓아온 일본 정부의 역사인식의 전진을 기대할 수 있을 것인가의 여부에 달려 있다. 그 때문에 그 실현을 저해해 온 장애가 무엇인지를 찾고, 최대의 문제인 일본의 '침묵'을 둘러싼 상황에 관해 고찰을 심화시키는 것이 중요하다. 그 위에서 역사인식의 변혁을 통해 한일 화해의 길을 찾을 수 있기를 바란다.

---

43 李泰鎮,「韓国併合条約の実相」『韓国併合』, 市民ネットワーク編,『今,「韓国併合」を問う - 強制と暴力・植民地支配の原点』, アジェンダ・プロジェクト(3月), 2010, 4-18면.

44 李三魯,「朝鮮側李三魯団長の冒頭発言(要旨)」(1992年11月5日),『朝・日国交正常化促進・資料 第8号 - 第8回朝・日政府間可会談に関する資料』, 在日本朝鮮人総聯合会, 1992, 9-16면. 이삼로 단장은 1905년「을사 5조약」(「한국보호조약(?)」의 한국・북한 측의 일반적인 호칭)은 일본이 '날조'한 것이라고 주장하고 일본 정부에 대해 그 사실의 승인을 요구했다.

고찰

(일본의 정치 · 사회 상황)

일본에서는 2009년 8월 총선거의 결과 정권교체가 실현되어 같은 해 9월 16일에 하토야마(鳩山) 정권이 발족했다. 그 후 일본의 정계에서 '동아시아 공동체' 구상이 이야기되게 된 것은 일보 전진이었다. 그 결과 2010년 8월 칸 나오토 수상 담화가 실현되었다. 그러나 유감스럽게도 민주당 정권이 단명으로 끝났고, 2012년 12월 총선거의 결과 아베 신조오 수상이 이끄는 자민·공명 연립 보수정권(제2차)이 탄생했다. 아베 정권은 '탈 전후 레짐'을 목표로, '네트 우익'에 호응하여 극단적인 내셔널리즘을 선동함으로써 정치적 기반을 강화해갔다. 아베 정권은 리버럴한 미디어를 배격했고, 그 결과 전전 회귀라고도 생각되는 초보수화 현상이 나타나게 되었다. 정치적으로는 헌법개정 없이 집단적 자위권의 행사를 용인하는 각의결정을 축으로 삼아, 일본이 전 세계 규모의 전쟁에까지 참가할 수 있도록 하기 위한 입법을 2015년 9월 19일에 성립시켰다. 헌법의 기본인 입헌주의를 내팽개친 아베 수상은, 대다수의 헌법학자가 헌법 제9조에 위반된다고 비판하는 안보정책을 억지로 밀어붙였다.[45] 국가의 기본법인 헌법을 붕괴시키고 있는 아베 정권에게 헌법은 물론 국제법의 준수를 기대하는 것은 곤란해지고 있다. 이러한 정치상황에서는 무라야마 토미이찌 수상(1995년), 칸 나오토 수상(2010)이 쌓아온 역사인식의 전진을 기대하는 것은 극히 곤란하다.

(일본에서의 연구 · 교육 · 문화와의 관련)

문제는 이러한 정치상황을 불러온 것은 총선거에서 아베 정권을 지지한 일본인들이라는 사실이다. 일본에서는 전후 헌법에 의해 학문의 자유, 사상 · 신조의 자유가 보장되고

---

[45] 집필 시점인 2015년 7월 16일의 상황이지만, "다른 나라를 무력으로 지키는 집단적 자위권의 행사 용인을 중심으로 하는 안전보장 관련 법안은 16일 오후의 중의원 본회의에서 여당 등의 찬성 다수로 가결되었다. 민주당 등 야당 5당은 강행채결이라고 항의하면서 채택에 응하지 않았다"라고 보도되었다. 「「戰える国」衆院可決 5野党 採決応じず 安保法案参院へ」, 『東京新聞』(朝刊1面) 2015.7.17.

어린이들(다만 일본 국적을 가지는 경우에 국한되어 있지만)에게는 교육을 받을 권리가 보장되었다. 그럼에도 불구하고 이러한 사태가 발생하고 있는 것을 어떻게 생각하면 좋을까? 도대체 일본에서는 과거의 역사가 어떻게 연구되고 가르쳐져 온 것일까?

일본에서는 고대 이래의 동아시아 교류사에 관해서는 상당한 연구의 진전이 있고, 조선·한국사 연구의 진전은 현저하다.[46] 1998년 이후 일본에 의한 한국 식민지화의 과정에 관해 역사학과 국제법학의 관점에서 국제적인 공동연구가 축적되었고, 그 성과가 일본어로 된 두 권의 연구서로 출판되어 있다는 점에 대해서는, 위의「논문 1」의 "7. 맺음말"에서 언급했다. 그럼에도 불구하고 일본에서의 구 조약 문제 연구는 충분하다고는 할 수 없다. 이들 선진적인 연구를 제외하고, 일반적으로는 한국에서의 이태진 교수, 고 백충현 교수 등에 의한 중요한 연구[47]를 충분히 이해하고 그것들에 적절하게 응답하려고 하는 연구가 아직 약체의 상태라는 점을 인정하지 않을 수 없다. 일본에 의한 대한제국의 식민지지배에 관해, 특히 국제법 분야에서는 소수의 예외를 제외하면, 일본 전문가의 침묵이 계속되고 있다. 그 때문에 충분한 연구가 심화되지 못했다. 바꾸어 말하면, 일본에서의 식민지지배에 관한 역사인식은 최근까지 '보지 않고, 말하지 않고, 듣지 않는' 상태인 채로 100년의 세월이 흘렀다고 해도 좋을 것이다. 앞으로 법률가의 동향에 주목해야 한다.

1945년 9월 2일의 항복문서 조인에 이른 경위에 관한 조사를 위한 입법조치의 제안[48]이 있지만 그 사정 범위는 15년 전쟁의 진상규명에 역점이 두어져 있고, 15년 전쟁의 원인

46　일본의 대학에서는 한국의 역사학 연구의 성과를 공부할 자유도 보장되어 있다. 예를 들면 駐日本国大韓民国大使權哲賢氏公開講演会,「歴史からみた韓日交流の展開と今後の課題」, 2009.6.16. (火) http://www.nikkan100.net/koryu.html (2010.5.4. 열람)「文化理解」참조.
한국 대사의 강연회는 저자의 수업의 일환으로 류우코쿠대학에서도 개최되었다. 그 대사는 1500년에 걸친 한일역사를 알기 쉽게 개관했는데, 인터넷으로 그 강연회에 액세스할 수 있다. 게재를 쾌히 승낙해 준 그 대사에게 감사드린다. 그 외에도 많은 역사학자의 연구성과가 있지만, 여기에서는 생략한다.
47　李泰鎮, 白忠鉉 외,『国際法から見た韓日歴史問題』, 東北亜歴史財団, 2008.
http://www.historyfoundation.or.kr/DATA/BBS1/%EC%9D%BC%EC%97%AD%EB%2%88%EC%97%AD%EC%9E%90%EB%A3%8C.pdf 2015.7.27. 열람.
48　「国立国会図書館法の一部を改正する法律案」http://www.shugiin.go.jp/itdb_gian.nsf/html/gian/honbun/houan/g16401027.htm 2010.5.4. 열람.

이 된 조선의 식민지화는 직접적인 연구대상이 되어 있지 않다. 그 입법조차 실현되지 못했기 때문에 법적 기초를 가진, 패전에 이르는 공적 진상규명의 본격적인 발전은 추진되고 있지 않다. 일본의 식민지지배에 관한 역사적 연구, 특히 한일 구 조약 문제의 법적 분석 등 중요한 분야에서는, 공적인 기초에 의해 뒷받침된 연구가 '존재하지 않는다'라고 해도 과언이 아니다.

최근이 되어 문화면에서 중요한 사회현상이 일어나고 있는 점에 주목할 필요가 있다. 한국 드라마의 일본에서의 보급을 통해 풀뿌리 차원에서 '한류' 붐이 일어났다. 한국 드라마는 역사문제도 꽤 다루고 있다. 그러나 그것이 시민 레벨에서의 역사인식에 전환을 촉구하는 단계에는 이르지 못했다.

일본 측의 미디어에서는, 예를 들면 공영방송인 NHK는 식민지지배를 반성하지 않는 시바 료오타로오(司馬遼太郎)의 저작 『언덕 위의 구름(坂の上の雲)』을 TV 드라마화하여 전국에 방영하고 있다.[49] 안중근과 1905년 「한국보호조약(?)」에 관한 NHK 특집은 최근의 법적 연구 성과를 담고 있지 않다. 그에 관해서는 위에서 서술했다. 이러한 사실들에 의해 상징되는 것처럼, 일본에는 식민지지배를 긍정적으로 평가하려고 하는 크고 강한 흐름이 지금도 잔존하고 있다.

역사적 사실을 스스로 의식화할 수 없는 일본인의 정신구조가 이러한 상황의 근저에 있고, 그것이 일본의 학문, 사상, 문화, 사회의 발전을 저해하는 요소가 되고 있다. 그 근저에는 과거 100년의 한일관계를 일방적으로 정당화하고자 하는 정서와 전전부터 이어지는 강고한 내셔널리즘에 지배된 집단의식이 흐르고 있는 것 아닐까? 전전부터 이어지는 '풀뿌리 파시즘'의 흐름이 전문분야의 연구자들까지 그 영향 아래 두고 있는 듯이 보인다.

---

49 中塚明・安川寿之輔・醍醐聰, 『NHKドラマ「坂の上の雲」の歴史認識を問う－日清戦争の虚構と真実』, 高文研, 2010, 1-183면.

(100년 앞을 내다본 교육·연구·운동의 필요성)

교육제도도 법적으로 '일본인의 교육'을 목적으로 하고 있기 때문에 필연적으로 일본인으로서의 '애국심'을 강조하는 것이 되지 않을 수 없다. 오늘날에는 다수의 외국 국적 어린이도 일본의 공적 학교제도 속에서(손님으로서이기는 하지만) 교육을 받는 일이 일상적으로 발생하고 있다. 따라서 조선·한국 국적의 어린이에 대해서도 일본에 대한 '애국심'을 기르는 교육이 이루어지게 된다. 이러한 기묘한 현상이 발생하고 있는 것도, 일본의 교육법제가 세계인권선언이 요구하는 '인류'의 구성원으로서의 교육을 목표로 삼지 않고 '일본인'을 육성하는 교육을 목적으로 하고 있기 때문이다. 다문화 이해, 다문화 커뮤니케이션, 국제교육 등의 명목을 내건 교육을 위한 노력이 있다는 것은 평가해야 하지만, 그 기반에는 인류의 관점을 훨씬 능가하는 일본인 중심의 관점이 부동의 존재로 자리잡고 있다. 그러한 한계를 넘어서는 것은 극히 곤란하다. 이렇게 해서 '애국심'의 구호 아래 일본의 내셔널리즘은 확대재생산된다. 이것을 단기적으로 변혁하려고 해도 두터운 암벽에 부딪혀 튕겨나온다. 중장기적으로 50년, 100년 후를 목표로 일본만을 사랑하기를 요구하는 '애국심' 교육에 어떻게 대응할 것인가라는 문제에 대처할 필요가 있다. 그 대처를 잘못하면 100년 후까지도 문제를 끌고 가게 될 것이다.

일본의 정치는 이러한 일본의 커다란 흐름 속에 있다. 따라서 위의 「논문 1」에서 서술한 무라야마 담화, 칸 담화를 제외하고는 일본 정부의 식민지지배에 대한 반성과 사죄도 충분하게는 이루어져 있지 않다. 일상적으로 발생하는 일본 정치가의 '망언'을 문제 삼는 것만으로는 문제는 해결되지 않는다. 일본 내셔널리즘의 확대재생산에 어떻게 대응할 것인지를 심각하게 검토할 필요가 있다.

오늘날의 EU를 보면 나치 독일의 중대 인권침해 범죄에 대한 깊은 반성과 명확한 사죄가 그 기반에 있다. 그 사례와 대비하면 아직 '동아시아 공동체'의 전제조건이 갖추어져 있지 않다고 하지 않을 수 없다.

2010년 '한국병합' 100년에 맞추어 이루어진 구 조약 문제의 연구는 이러한 정체된 일본에 전환을 요구하는 계기가 될 수 있을까? 2015년에 맞이하게 되는 전후 70년, 한일 국교정상화 50년이 다시금 구 조약 문제 연구를 촉진할 것을 기대한다.

(일본 사회의 '터부'와의 관련)

구 조약의 불법성에 관한 일본에서의 연구가 전적으로 불충분한 단계에 머물러 있는 원인은 그것이 터부시되었기 때문이라고 생각한다. 1905년「한국보호조약(?)」에 중대한 관계를 가지는 안중근 의군 참모중장 재판에 관한 연구도 불충분하다. 이것도 같은 문제 때문에 일어나고 있는 현상이 아닐까?

터부는 정치, 사회, 학문 등 일본의 구석구석까지 침투해 있었다. 일본의 지식인이 구독하는 잡지『세카이(世界)』는 안중근 의군 참모중장이 처형 직전에 집필 중이었던 미완의『동양평화론』의 번역을 2009년 9월이 되어 마침내 게재했다. 앞으로 일본, 한국 및 중국의 사람들이 이것을 완성할 필요가 있다. 안중근 의군 참모중장이 뤼순감옥에서 집필한『동양평화론』은 오늘날의 EU와도 일맥상통하는 높은 수준의 평화구상이었다.

그것은 이토오 히로부미 공작이 동양평화라는 명목 아래 지도한 대일본제국의 동아시아 정책과는 완전히 다른 것이었다. 이토오 공작의 동아시아 정책은 어떤 것이었는지를 안중근 의군 참모중장의 그것과 대비하면서 되돌아보는 것은 중요하다. 이토오의 사상은 결국 1905년「한국보호조약(?)」에 의한 대한제국의 식민지화를 출발점으로 해서, 일본의 괴뢰인 만주국의 건국, 중국 등 아시아 국가들에 대한 침략, 그리고 '대동아공영권'의 설립으로 귀결되었다. 또 일본, 독일, 이탈리아로 구성된 추축국에 의한 세계 분할 계획으로 이어졌다. 그것은 요시다 쇼오인(吉田松陰)이 주창한, 일본을 맹주로 하는 아시아 지배 구상과 같은 것이었다. 그것을 정당화하려고 한 대일본제국에 의한 아시아 지배의 구상이 결국 세계대전을 야기한 것이다.

안중근 의군 참모중장의『동양평화론』은 이토오 공작의 동아시아 정책과는 질적으로 전혀 다른 것이라고 평가되어야 한다. 최근 제안되고 있는 '동아시아 공동체' 구상은『동양평화론』에 확실하게 입각한 제안일까?『동양평화론』이 요구하는 것을 관점으로 삼아 평가할 필요가 있을 것이다. 만일 일본이 1909년의 시점에 안중근 의군 참모중장의『동양평화론』의 호소에 성실하게 응답했다면, 일본의 역사는 전혀 다른 프로세스를 거쳤던 것 아닐까? 그것을 터부시하여 배척해버린 것은 일본의 실수였던 것 아닐까? 터부시는 100년 이상에 걸쳐 계속되어 그러한 반성을 하는 것을 곤란하게 만들고 있다. 그 터부를 깨고, 지금부터라도 그것을 심각하게 검토해볼 필요가 있다. 그것이 한일뿐만 아니라, 동아시아의 평화를 구상하는 작업으로 이어지게 될 것이다.

일본의 연구자, 시민, 매스 미디어 그리고 정부·국회 관계자는, 현재의 정치·사회 상황에 절망하지 말고, 한일 사이에 체결된 과거의 조약에 관한 역사연구의 성과를 용기를 가지고 솔직하게 받아들여 자신의 역사인식을 근본적으로 전환할 필요가 있다.

그러한 노력의 일환으로 특히 2010년에는 한국과 일본의 1,000명이 넘는 지식인이 "병합의 역사에 관하여 지금까지 밝혀진 사실과 왜곡 없는 인식에 입각하여 뒤돌아보면 이미 일본 측의 해석을 유지할 수 없게 되었다. 병합조약 등은 원래 불의부당한 것이었다. 그런 의미에서 당초부터 null and void였다고 하는 한국 측의 해석이 공통된 견해로 받아들여져야 할 것이다"라고 밝힌 공동성명[50]에 서명한 것은 중요한 성과였다고 평가할 수 있다(이 점에 관해서는 위의 「논문 1」의 "7. 맺음말"을 참조). 그러나 유감스럽게도 아직 일본의 법률가들 사이에서는 침묵이 대세를 이루며 이어지고 있다고 하지 않을 수 없다.

문헌 연구로부터 분명하게 된 것이지만, 1905년 당시의 일본의 국제법 학자들은 일본이 한국의 식민지지배를 시작하기 위한 법적 근거로 삼은 1905년 「한국보호조약(?)」이 무효·불법이라고 판단하기에 충분한 국제법학의 지식을 가지고 있었다.[51] 당시의 일본 정

---

50 「「韓国併合」100年 日韓知識人共同声明」, 2010.5.10. 또한 한일 지식인의 서명은, 2010년 5월 10일의 시점에는 일본 측 서명자 105명, 한국 측 서명자 109명. https://www.iwanami.co.jp/sekai/2010/07/105.html 2015.5.22. 열람. 2010년 8월 10일의 시점에는 일본 측 540명, 한국 측 599명이었다. 笹川紀勝·邊英浩監修 ; 都時煥編著, 『国際共同研究 韓国強制併合100年 - 歴史と課題』, 明石書店, 2013, 445-487면.

51 지면이 제한되어 있어서 본문에서는 생략했지만, 1905년 「한국보호조약(?)」의 비준서는 발견되지 않았다. 1905년 당시 문헌에 대한 저자의 연구에 따르면, 일본 측이 주장하는 '비준불요설'을 지지하는 학설은 전 세계적으로도 일본 국내에서도 발견되지 않으며, '비준필요설'을 지지하는 문헌은 다수 발견되었다. 戸塚悦朗, 「「韓国併合」100年の原点と国際法 - 日韓旧条約の効力問題と「批准必要説」に関する文献研究」, 『現代韓国朝鮮研究』(特集「日本と朝鮮半島の100年」), 2010, 27-37면.

부의 요인들도 국제법 학자도, 학문적인 지식으로는 그것을 숙지하고 있었음에도 불구하고, 그 지식을 현실의 한일관계에 적용하는 것을 피했다. 그 뿐만 아니라 그 후 110년이 지난 오늘날에 이르러서도 일본 측의 침묵이 계속되고 있다. 그러한 침묵을 깨는 연구·운동의 발전은 역사인식의 뒤틀림을 시정하는 데 도움이 될 뿐만 아니라, 한일·북일의 상호이해와 우호, 그리고 그 연장선상에 있는 화해의 실현에 기여할 것이다. 그것은 또 전 세계적인 탈식민지화의 흐름을 가속시킬 것이고, 나아가 앞으로 새로운 100년 후를 향해 세계의 평화구축을 위한 기초가 될 것이다. 그렇게 해서 우리들 일본의 연구자가 한국의 연구자와 함께 조금씩이라도 한일 화해의 길을 계속 걸어갈 수 있기를 염원해 마지 않는다.

【별표】

	서적명	저자	출판사	출판일
1	國際公法 第1卷	山田示九	波若活版所	1903
2	國際公法 上卷	福守恒三郎	東京修士館	1901.6
3	國際公法 下卷	福守恒三郎	下山千丈	1901.9
4	國際公法 平時	山口弘一	和仏法律学校	1900
5	國際公法	秋山雅之助	和仏法律学校	1902.3
6	國際公法	石川錦一郎	博文館	1890.4
7	國際公法	平岡定太郎	攻法会	1898.7
8	國際公法	ウィリアム・エドワード・ホール 외	博文館	1899.1
9	國際公法	三崎亀之助	英吉利法律学校	1888
10	國際公法	三崎亀之助 외	東京法学院	1892
11	國際公法	山田喜之助 외	東京法学院	1889
12	國際公法	フランツ・フォン・リスト 외	東京専門学校出版部	1902.4
13	國際公法	ウィリアム・エドワード・ホール 외	東京法学院	1899.7
14	國際公法	秋山雅之介, 高橋作衛	和仏法律学校	1903
15	國際公法	有賀長雄	東京専門学校出版部	1901
16	國際公法	倉知鉄吉	日本法律学校	1899
17	國際公法	千賀鶴太郎	京都法政大学	1903
18	國際公法	松原一雄	法政大学	1905
19	國際公法	石川錦一郎	博文館	1894.6
20	國際公法講義	パテルノストロー 외	明治法律学校講法会	1897.7
21	國際公法講義	神藤才一	明治法律学校	1898
22	國際公法講義	パテルノストロー 외	和仏法律学校	1894
23	國際公法総綱	王鴻年	王鴻年	1902.12
24	國際公法総論	三崎亀之助	東京法学院	1897

25	國際公法大意	チー・ゼー・ロウレンス 外	窪田熊蔵	1897.9
26	國際公法提要	辻治太郎	陸軍大學校	1900.5
27	國際公法摘要	チー・ゼエー・ローレンス 外	丸善	1895.11
28	國際公法論	ローレンス 外	水交社	1893
29	國際公法論	中村進午	東華堂	1897.3
30	國際公法論綱	玉置嘉門他	清水書店	1901.9
31	最近國際公法原論	松原一雄	東京法学院大学	1904.5
32	平時國際公法 平時之部	中村進午	早稲田大学出版部	1903
33	平時國際公法	高橋作衛	日本法律学校	1903.7
34	平時國際公法	中村進午	東京専門学校出版部	1902.2
35	平時國際公法	立作太郎	中央大學	大正年間
36	平時國際公法	三崎亀之助	東京法学院	1899
37	平時國際公法	中村進午他	早稲田大學出版部	
38	平時國際公法	中村進午	日本大學	
39	平時國際公法	中村進午	早稲田大學出版部	
40	リスト氏國際公法	中村進午	東京専門学校出版部	1900

(자료)

1905년 당시 국제법에 관한 일본어 문헌은 어느 정도 존재했을까? 국회도서관에서 평시 국제공법 및 국제법에 관한 문헌으로서 조약의 효력과 비준에 관해 검토할만한 전문서를 조사했다. 같은 저자의 경우는 보다 상세한(혹은 새로운) 것을 선택했고, 당시의 유력 법률학교에서 교과서로 사용된 국제공법 및 국제법 교과서를 망라적으로 조사했다. 저작에 따라 치밀함과 거칢의 차이가 있고 기재가 충분하지 않은 것도 여기저기 눈에 띄었지만, 대부분의 저작에서 '비준필요설'을 지지하는 기술(아래 21점)이 발견되었다. 다른 한편 '비준불요설'을 주창하는 저작은 한 점도 없었다. (저자 : 토쯔카 에쯔로오)

1.【石川錦一郎著,『國際公法』, 博文館, 1890】
"비준이란 일국의 주권자 혹은 국헌에 의해 그 권리를 부여받은 자가 조약 체결을 위해 임명된 전권위원이 체결한 조약안을 시인하는 것을 말한다… 전권위원의 조약안도 주권자의 비준을 거치지 않는 동안은 아직 쌍방 국가 사이에서 그 효력을 발생하지 않는 것을 통칙으로 한다."[52]

2.【豊島鉄太郎著,『國際法講義錄』, 豊島鉄太郎刊, 1891】
"위에서 서술한 '카르텔'을 제외하고는 모든 조약은 군주의 비준을 필요로 한다. 어떤 경우에는 조약의 문면상 군주의 비준을 필요로 한다는 취지를 기재하지만, 가령 그 기재가 없다고 하더라도 반드시 비준이 없으면 안 된다는 것이 국제법의 원칙이다."[53]

---

[52] 豊島鉄太郎著,『國際公法』博文館(政治学経済学法律学講習全書), 1891 (총 392면), 202-204면.
[53] 豊島鉄太郎著,『國際法講義錄』, 豊島鉄太郎刊, 1891 (총 428면), 172면.

3.【三崎亀之助述 / 美和金次郎編,『國際公法』, 東京法学院, 1892】

"국법에 의해 조약 체결의 권한을 가지는 자가 친히 체결한 경우를 제외하고 조약은 반드시 본국의 비준을 받지 않으면 안 된다. … 조약 체결의 위임을 받은 자가 체결한 조약은 반드시 공연히 비준을 받지 않으면 안 된다. 과거의 학자의 학설에 따르면 상당한 권력을 가지는 자가 그 권한 내에서 체결한 조약은 국가가 반드시 이를 준행하지 않으면 안 된다. 그리고 다시 그것의 비준을 받는 것을 요하지 않는다고 했다. 하지만 현재의 정설에 따르면 … 전권위원이 체결한 조약을 유효하게 하기 위해서는 반드시 본국의 비준을 필요로 한다는 것이 현재의 국제법이 확인하는 바이다."[54]

4.【レオン・レヴヰ著, 田盛江・山中淳貫訳,『國際法提要』, 東京専門学校, 1894】

"제155 전권공사가 체결한 조약은 그 본국 군주 혹은 국가의 비준을 거치지 않으면 안 된다. 비준이 없는 동안은 그 조약은 아직 유효한 것이 아니다."[55]

5.【チー・ゼー・ローレンス著 / 陸奥広吉訳,『國際公法摘要』, 丸善, 1895】

"비준이란 체결국의 대표권을 가지는 자 쌍방이 조인한 조약을 교환하기 전에 국가주권의 힘에 의해 승인하는 방식을 말한다. 모든 조약은 반대의 합의가 있는 경우를 제외하고 비준을 거치지 않는 동안은 아무런 효력도 가지지 않는다."[56]

6.【パレルノストロー述 / 足立峰一郎訳 / 中村藤之進記,『國際公法講義』, 明治法律学校講法会, 1897】

"비준은 조약으로 하여금 효력을 가지게 하고 집행력이 생기게 하는 것이다. 또 비준이

---

54 三崎亀之助述・美和金次郎編,『國際公法』, 東京法学院, 1892 (총 509면), 302-303면.
55 レオン・レヴヰ著, 前田盛江・山中淳貫訳,『國際法提要』, 東京専門学校【東京專門学校政治科第5回3年級講義録】, 1894 (총 296면), 119면.
56 チー・ゼー・ローレンス著, 陸奥広吉訳,『國際公法摘要』, 丸善, 1895 (총 220면), 97-98면.

없을 때는 이들 효력이 생기지 않는 것을 원칙으로 한다. … 첫째, 비준을 유보하는 것이 일반의 관습이라는 것 … 셋째, … 따라서 만일 특약으로 반대의 의사를 명시하지 않으면 비준은 반드시 유보된 것이라고 결론지을 수 있다."[57]

7. 【비준平岡定太郎著, 『國際公法』, 攻法会, 1898】

"비준이란 관계국의 대표자 쌍방이 합의에 의해 정한 조약을 관계국의 주권의 힘에 의해 승낙하는 방식을 말한다. … 이를 대표자의 뜻에만 방임할 수 없다. … 국가주권의 힘에 의해 정사(精査)하는 것이 필요하다.

비준은 중요한 것이지만 반드시 항상 비준이 필요한 것은 아니다. 즉 체결 대표자가 휴대하게 하는 전권위임장에 비준을 요하지 않는다는 취지를 명언하는 등의 방법으로 반대의 의사를 표시하거나 또는 국법에 따라 조약 체결의 대권을 가지는 자 자신이 조약을 체결하는 것과 같은 경우에는 굳이 비준을 요하지 않는다."[58]

8. 【ウィリアム・ホール著 / 立作太郎訳, 『ホール氏國際公法』, 東京法学院, 1899】

"체결된 국제조약이 유효하게 되기 위해서는, 군주 또는 기타 조약 체결 권한을 위임받은 기관에 의해 직접 체결된 경우 혹은 어떤 관직에 수반되는 위임권한 내에서 체결된 경우를 제외하고는, 국가의 최고 조약 체결 권한을 가지는 기관에 의해 명시적 또는 묵시적으로 비준되는 것이 필요하다. … 전권위원에 의해 체결된 조약은 반대의 특약이 없는 경우에는 통상 명시적인 비준을 필요로 한다."[59]

57　パレルノストロー述, 足立峰一郎訳, 中村藤之進記, 『國際公法講義』, 明治法律学校講法会, 1897 (총 659면), 517면, 520-521면.
58　平岡定太郎著, 『國際公法』, 攻法会, 1898 (총 207면), 88-89면.
59　ウィリアム・ホール著, 立作太郎訳, 『ホール氏國際公法』(原著第4版の翻訳), 東京法学院発行・有斐閣書房発売, 1899 (총 955면), 432-433면.

9. 【倉知鉄吉著, 『國際公法』, 日本法律学校, 1899】

"유효하게 체결된 조약은 나아가 그다음에 비준되는 것이 필요하다. 조약의 비준은 법률의 재가와 비슷한 점이 있다. 조약은 체결에 의해 제작되고 비준을 기다려 유효하게 성립되는 것으로 한다. … 이상 서술한 것처럼 군주 기타 조약 체결의 대권을 가지는 자가 직접 조약을 체결하는 드문 경우 외에 조약은 모두 비준을 기다려 비로소 효력이 발생하게 되므로 아직 비준되지 않은 조약은 아직 조약의 효력을 가지는 것이 아니다."[60]

10. 【今西恒太朗著, 『國際法学』, 丸善, 1899】

"… 이미 합의가 존재하고 대표자에 의해 조약이 체결되었다고 해도 일국의 주권자의 비준이 없으면 또한 조약의 효력을 발휘할 수 없는 것이므로…"[61]

11. 【中村進午著, 『リスト氏國際公法』, 東京專門学校出版部, 1900】

"전권대사에 의해 체결된 조약은 원수의 비준을 거쳐 비로소 국제법상 구속력을 발생한다. … 조약의 체결은 비준의 교환에 의해 완전하게 성립된다. … 조약은 비준에 의해 국제법상의 효력이 발생하는 것이며 일국의 헌법상 입법원소(立法原素)의 필요한 동의를 얻었는지 여부는 묻지 않는다."[62]

12. 【山口弘一述, 『國際公法 平時』, 和仏法律学校, 1900】

"조약 성립의 시기에 관해 오늘날의 실제를 보면, 조약은 조약 체결만으로 완성되는 것이 아니고 반드시 두 번째 절차인 비준이 필요하다. … 서면 조약에는 이 절차를 결여하는 일이 없다. 다만 위임장에 비준을 요하지 않는다는 취지를 규정하는 경우 혹은 전시에

60　倉知鉄吉著, 『國際公法』, 日本法律学校(日本法律学校第四期講義錄), 1899 (총 313면), 198-202면.
61　今西恒太朗著, 『國際法学』, 丸善, 1891 (총 346면), 40면.
62　中村進午著, 『リスト氏國際公法』, 東京專門学校出版部(名著綱要政法理財科), 1900 (총 172면), 83-84면.

는 근소하게 그 예외를 발견할 수 있다.

'그로티우스' 이래 과거의 학자 중에는 비준을 조약 성립의 조건이 아니라고 하는 자가 많았다. … 하지만 '빈켈슈크(ビンケルシューク)' 이래 이 학설은 일변하여 오늘날의 학자는 대개 비준을 조약 성립의 요건이라고 한다. … 나의 생각으로는 조약은 비준 교환을 한 때에 비로소 성립되고 또 그 효력이 발생하는 것이다."[63]

13. 【有賀長雄述, 『國際公法』, 東京專門學校出版部, 1901】

"조약은 과연 전권위원의 조인을 마쳤을 때 성립되는가 아니면 비준을 교환한 때에 이르러 비로소 성립되는가?

과거의 학자 중 '젠틸 그로시유스(ゼンチル, グロシユス)', '푸펜도르프'는 당시 로마법의 정신으로 이를 추측하여 조약은 전권위원의 조인으로 성립하는 것이라고 했다. …

하지만 최근에 이르러 '크레챤 본피스(クレチヤン, ボンフイス)'를 비롯하여 많은 학자들은 반대의 견해를 취해, 조약은 원수의 비준에 이르러 비로소 효력이 확정되는 것이 전 세기의 초부터 정해진 관례로서 전권위임은 단지 일반적으로 담판을 하는 데 대한 위임이라고 보아야 한다고 했다. 또 사실상 조약의 공포·집행은 비준 교환 후에 하므로 일반적으로 이때를 그 효력이 확정되는 때라고 하는 것은 자연스러운 결과이다. …

대부분의 조약에는 비준 조항을 두거나, 혹은 그것을 두지 않는 경우에도 비준을 보유하는 것이라고 해석한다. 이것은 국제법상으로 논란이 없는 것이다 (リヴィエール 下卷 72면). 만일 전적으로 비준을 생략할 뜻인 때는 특별히 이를 생략한다는 명문을 두지 않으면 안 된다."[64]

63　山口弘一述, 『國際公法 平時』, 和仏法律学校(和仏法律学校33年度第3部講義録), 1900 (총 204면), 178-179면.
64　有賀長雄述, 『國際公法』, 東京專門學校出版部(東京專門學校法律科第13回第2部講義錄), 1901 (총 587면), 453면.

14. 【玉置嘉門編 / 中村進午閱, 『國際公法論綱 学説対照』, 清水書店, 1901】

"조약은 비준이 없으면 아직 확정된 것이 될 수 없다. 그리고 비준하는 것은 국가의 권리인가 의무인가? 비준은 권리이다."[65]

15. 【フリードリヒ・フォン・マルテンス著 / 中村進午訳, 『國際法第1冊上』, 東京專門学校出版部, 1901】

"비준이 조약의 유효 및 구속력을 발생하게 하는 데 필요하다고 하는 것은 국제법 학자들이 모두 일치하는 바이다. 조약 체결의 위임을 받은 자는 우선 그 전권을 교환하고, 담판이 끝난 후 훈령에 따라 조약서에 기명한다. 하지만 아직 원수의 비준이 없는 한 그 조약은 체결국을 구속하는 것이 아니다. 비준의 권리를 가지는 자는 체결국의 주권을 가지는 자에 한한다."[66]

16. 【フランツ・フォン・リスト著 / 中村進午編, 『國際公法』, 東京專門学校出版部, 1902】

"전권대신에 의해 체결된 조약은 원수의 비준을 거치고서야 비로소 국제법상의 구속력이 발생한다."[67]

17. 【大野若三郎著 / 中村進午閱, 『國際法新論』, 有斐閣, 1903】

"그리고 이렇게 해서 의결된 조약안은 각 당사자의 최고기관에 의해 비준된다. 비준이란 즉 그 조약안을 승인하는 국가의 결정을 말한다. 원래 조약의 체결이 이 두 번째 절차를 필요로 하는 것은 그 의결사항이 중대하고 항구적인 것이어서 특히 정중한 심리에

---

65 玉置嘉門編, 中村進午閱, 『國際公法論綱 学説対照』, 清水書店, 1901, (총 366면), 140-141면.
66 フリードリヒ・フォン・マルテンス著, 中村進午訳, 『國際法第1冊上』, 東京專門学校出版部, 1901 (총 670면), 623면.
67 フランツ・フォン・リスト著, 中村進午編, 『國際公法』, 東京專門学校出版部, 1902 (총 172면), 83면.

의해 혹은 유감 없도록 한 것에 다름 아니다. 따라서 비준권은 그 성질상 절대적인 권리이다."[68]

18.【秋山雅之介著,『國際公法第1冊』, 和仏法律学校, 1903】

"전쟁 중의 진중규약(陣中規約)은 이를 체결하는 육해군 장수가 그에 대한 전권을 가진다. 그 사항은 일시적으로 필요한 것이 한하고, 또 이를 실행하는 데 신속을 요하기 때문에 그 규정은 비준을 기다리지 않고 양국을 구속한다. 또 조약을 주권자가 직접 체결하고 그 조약서에 기명 조인하는 때는 비준을 요하지 않는다. … 전권위원이 체결하고 서명 조인한 조약이 국가를 구속하는 효력을 가지기 위해서는 나아가 주권자의 비준이 필요하다. … 가령 조약의 명문에 비준을 해야 한다고 규정하지 않은 경우에도 모든 조약에는 본국 정부의 최후의 판단, 즉 비준을 필요로 하는 것으로 한다."[69]

19.【高橋作衛,『平時國際公法』, 日本法律学校, 1903】

"유효하게 조인된 조약은 다시 그다음에 비준되는 것이 필요하다. 조약의 비준은 법률의 재가와 비슷한 점이 있다. 조약은 조인에 의해 제정되고 비준을 기다려 유효하게 성립되는 것으로 한다. … 비준에는 명시적인 것과 묵시적인 것이 있다. 명시적인 비준이란 문자가 드러내는 것과 같이 비준자가 직접 비준의 의지를 발표하는 경우를 말하는 것이며, 조약의 비준은 … 그 상대가 이를 알면서 굳이 이의를 말하지 않은 것과 같은 경우에는 묵시적인 비준이 있었던 것이라고 할 수 있는 것 …"[70]

68　大野若三郎著, 中村進午閱,『國際法新論』, 有斐閣, 1903 (총 528면), 332-335면.
69　秋山雅之介著,『國際公法第1冊』, 和仏法律学校, 1903 (총 659면), 537-539면, 545면.
70　高橋作衛,『平時國際公法』, 日本法律学校, 1903 (총 1007면), 651면, 653면.

20. 【千賀鶴太朗, 『國際公法』, 京都法政大学, 1903】

"… 비준서 교환에 의해 조약은 비로소 성립되고 양국간에 구속력이 발생한다. 설령 비준서를 작성하더라도 아직 그것을 교환하지 않는 동안은 조약은 여전히 성립되지 않는다. 따라서 조약의 체결은 결코 전권위원의 서명 날인으로 완료되는 것이 아니고, 비준서 교환을 기다려 완료되는 것임을 알아야 한다."[71]

21. 【松原一雄, 『最近國際公法言論』, 東京法学院大学, 1904】

"비준도 조약 성립의 한 요건이다. 군주 기타 헌법상의 조약 체결권자의 비준이 없으면 조약은 유효하게 성립되지 않는다. 우리 제국헌법에 이르기를 천황은 제반 조약을 체결한다고 한다. 생각건대 천황은 담판 위원이 조인한 조약을 비준하는 것이다. 조약의 비준이 즉 헌법상 이른바 조약의 체결이다. 비준이 조약 성립에 필요한 것은 말할 필요도 없이 명백하다. 다만 예외가 있다. (1) 군주 스스로 조약의 담판을 하고 조인을 하는 경우, (2) 비준을 요하지 않고 유효하게 된다는 것을 담판 위원의 권한 내에서 표시하는 때 … 통속적으로 조약의 체결이라고 부르는 것은 실로 단지 조약의 조인에 지나지 않는다. 무릇 반대의 특약이 없는 한 조약은 비준을 기다려 비로소 효력이 발생하기에 이른다는 것은 오늘날에는 의심할 바 없다고 하더라도

1. 과거의 학설에 따르면, 즉 그로티우스, 푸펜도르프, 바텔 등은 위임에 관한 로마법의 원칙에 의해 연역하여 담판위원이 그 권한의 범위를 넘어서지 않는 이상은 그 조인한 조약은 체결 당사자를 구속하는 것이라고 하고(Vatel…) 근세의 학자도 이에 찬동하는 자가 없지 않다(예를 들면 크류벨[クリューベル], 필모어 등). 그렇지만 국제조약과 사법상의 계약을 동일시하는 것은 잘못이며 양자는 그 성질이 크게 다르고, 또 국가의 중대하고 복잡한 이해관계를 담판위원의 한차례 결정에 위임하고 비준을 기다리지 않고 당연히 그 효력이 발생

---

71 千賀鶴太朗, 『國際公法』, 京都法政大学(京都法政大学第1期2学年講義録), 1903 (총 755면), 343-344면.

하게 하여 국가를 구속하는 것이라고 하는 것은 극히 위험하다고 하지 않을 수 없다.

그래서

2. 새로운 주의가 생겼다. 이것은 바인켈쇼크(バインケルショーク)가 명료하게 주장하는 것으로서, 그 대강은 군주의 비준은 조약에 효력을 부여하는 데 필요하지만 극히 예외적인 경우로서 비준을 기다리지 않고 조약의 효력이 발생한다는 취지의 훈령을 부여한 경우에는 그러하지 아니하다라는 것이다. 이 주의는 근세에 일반적인 관례가 되어 반대의 훈령이 없는 한 담판위원의 권한이 아무리 커도 조약에는 명시적인 비준이 필요하다고 하기에 이르렀다(마르텐스, 홀, 슈말쯔, 오르톨란, 카르보 등)[72].

---

72 松原一雄, 『最近國際公法言論』, 東京法學院大學, 1904 (총 114면), 294-297면.

역사인식과 한일 '화해'의 길 (4)

『국제법잡지』는
1905년 「한국보호조약(?)」에 대해
어떻게 준비했는가

역사인식과 한일 '화해'의 길(1)
- 안중근 동양평화론 연구는 일본을 고립으로부터 구해낼 것인가? -
머리말
1. '침묵'을 깬 '100년 네트워크'의 공헌
2. 2010년까지의 주된 연구 성과
3. 최근 5년간 연구의 동향
4. 안중근 재판에 관한 법적 연구의 경위와 배경
5. 일본 정부는 안중근을 '테러리스트'라고 비난
6. 일본 정부의 식민지지배에 관한 역사인식과 사죄의 현상(現狀)
7. 맺음말

역사인식과 한일 '화해'의 길(2)
- 식민지지배 책임과 1905년「한국보호조약(?)」-
8. 일본의 식민지지배 책임이란?
9. 1905년「한국보호조약(?)」은 원초적으로 무효
10. 1905년「한국보호조약(?)」에는 황제의 서명이 필요했는가?

역사인식과 한일 '화해'의 길(3)
- 문헌 연구를 통해 1905년「한국보호조약(?)」의 무효성을 묻는다 -
11. 1905년 당시 국제법 해석학의 문헌 연구
12. 요약 및 고찰

역사인식과 한일 '화해'의 길(4)
-『국제법잡지』는 1905년「한국보호조약(?)」에 대해 어떻게 준비했는가 -
13. 2015년 아베 수상 담화
14.『국제법잡지』는 1905년「한국보호조약(?)」을 어떻게 준비했는가?
15. 일본 외교의 실패

역사인식과 한일 '화해'의 길(5)
- 1905년「한국보호조약(?)」의 효력 문제와 1963년 유엔 총회 결의에 관해 -
16. 유엔 창설과 제국주의시대의 세계사적 전환
17. 1963년 ILC 보고서와 1905년「한국보호조약(?)」
18. 1963년 유엔 총회 결의

역사인식과 한일 '화해'의 길(6)
- '위안부' 문제에 관한 한일 외교장관 합의로부터 판문점 남북 정상회담까지 -
19. '위안부' 문제에 관한 한일 외교장관 합의의 실패로부터 무엇을 배워야 하는가?
20. 판문점 남북 정상회담이 새로운 시대를 열 것인가?

역사인식과 한일 '화해'의 길(7)
- 미로에서 벗어나기 위한 열쇠 -
머리말
21. '동양평화' : 대립하는 두 개의 비전
22. ILC 보고서(1963년)과 유엔 인권위원회(1993년)
23. 어디에서 미로를 헤맨 것일까?
24. 한일 화해의 길은 찾게 될까?

13. 2015년 아베 수상 담화

(아베 담화의 개요)

패전 70년에 해당하는 2015년 8월 15일의 전날, 아베 신조오 수상은 각의결정을 거쳐 「내각총리대신 담화」(자료 1)¹를 공표했다. 아베 수상은 과거의 수상 담화를 계승한다고 했지만, 과거의 수상 담화에 비해 상당히 장문이다. 식민지지배, 사변, 침략 등의 키워드도 군데군데 섞여 있어서 역사인식으로서 평가할만하다고 보는 사람들도 있었을지 모른다.

하지만, 과거의 수상 담화와 비교하면 현저한 이질성이 드러나게 된다. 지금까지는 수상 자신의 사죄가 있었던 데 대해 아베 수상 자신의 사죄의 말이 없다는 것을 알게 될 것이다. '침략'에 관해 일반론으로 시종한 점에 대해 아베 담화 작성에 관한 지식인 회의 '21세기 구상 간담회'에서 좌장 대리를 맡은 키타오카 신이찌(北岡伸一) 국제대학 학장은 "(수상이) 1인칭으로 말하기를 바랬다"라고 불만을 내비쳤다고 한다.²

그것 이상으로 문제인 것은 장래의 세대는 사죄하지 않는다고 한 것이다. 코오노 요오헤이(河野洋平) 전 중의원 의장은 오오사카시에서 강연을 하며, "가해자가 '(사죄는) 이제 이것으로 끝이다'라고 말해서는 어떤 설명을 붙여도 피해자로부터 납득한다는 응답을 받을 수 없다"라고 강조했다.³

그리고 평화연구로 저명한 요한 갈퉁(Johan Galttung)의 '적극적 평화주의'⁴와 동일한 용어를 사용하면서도 아베 담화는 완전히 정반대의 주장을 하고 있다. 말이 의미를 가지지 않는 시대가 오고 있다. 정부가 헌법을 옹호하지 않으면 안 되는 의무를 진다는 것을 의미하는 입헌주의의 원리를 수상 자신이 팽개치고, 헌법 제9조가 요구하는 '평화주의'를 파괴

---

1 「内閣総理大臣談話」, 2015.8.14. http://www.kantei.go.jp/jp/97_abe/discource/20150814danwa.html
2 「戦後70年安倍首相談話」「侵略は「一人称」避け一般論」, 『東京新聞』(朝刊7面), 2015.9.7.
3 『東京新聞』(朝刊2面), 2015.8.28.
4 「「平和学」の第1人者ガルトゥング博士来日」「本来の積極的平和は、貧困・差別・のない世界」, 『東京新聞』(朝刊1面), 2015.8.20.

하고, '안보법안'이라는 이름의 '전쟁법안'의 입법을 강행하겠다는 결의를 표명한 것이다.

확고한 역사인식이 있고서 비로소 마음으로부터의 사죄라는 심정이 생겨난다. 그런데 아무리 식민지지배, 사변, 침략전쟁이라는 용어를 군데군데 섞어 놓았어도 아베 담화로부터는 사죄의 심정을 읽어낼 수 없다. 과거의 수상이 사죄했다는 사실을 언급하고서 계승한다고 말하는 것만으로는 아베 수상 자신의 사죄의 심정이 전해져오지 않는다.[5] "기만"이라는 비판[6]도 거기에서 생겨나는 것일 터이다.

(아베 담화에서 빠진 것 ; 한국 식민지화에 대한 인식)

아베 담화의 결정적인 결함으로 지적해야 하는 것은 일본의 식민지지배에 관한 역사인식의 명백한 결여이다.[7] 구체적으로는 2010년 8월 10일 칸 나오토 수상 담화가 제시한 역사인식과 사죄는 계승되어 있는가라는 의문이 든다.

아베 담화는 "우리나라는 지난 대전(大戰)에서의 행동에 대해 반복해서 통절한 반성과 마음으로부터의 사죄(お詫び)의 뜻을 표명해왔습니다. 그 생각을 실제 행동으로 드러내기 위해 인도네시아, 필리핀을 비롯한 동남아시아 국가들, 대만, 한국, 중국 등 이웃인 아시아의 사람들이 걸어 온 고난의 역사를 마음에 새기며, 전후 일관되게 그 평화와 번영을 위해 진력해왔습니다"라고 하고 있다.

"우리나라는 … 반복해서 통절한 반성과 마음으로부터의 사죄(お詫び)의 뜻을 표명해

---

5 本多勝一, 「「戦後70年」の安倍首相談話」, 『週刊金曜日』 1053, 2015.8.28, 9면.
6 田中利幸, 「欺瞞に満ちた安倍首相の「戦後70年談話」」, 『週刊金曜日』 1052, 2015.8.21, 12-13면.
7 ① 田中利幸, 위의 글. ② 저자는 2015년 11월 20일 서울 시립 역사박물관에서 개최된 「을사조약 110주년 국제학술회의 : 1905년 '보호조약', 그 세계사적 조명」 (기획 : 한국역사연구원, 원장 이태진[서울대학교 명예교수], 지원 : 동북아역사재단)에 초대 받아, 8명의 발표자 중 한 사람으로서 「1905년 「한국보호조약(?)」의 효력 문제와 1964년 유엔 총회의 결의에 관해 - F. D. 루즈벨트의 꿈과 일본」이라는 제목의 강연을 했다. 그때의 종합토론에서 토론자의 한 사람이었던 미야지마 히로시 교수(성균관대학교 동아시아학술원)로부터 누구도 아베 수상 담화가 한국의 식민지지배에 관한 역사인식(러일전쟁을 미화하는)에 대해 언급하지 않았다는 점에 관해 비판적으로 지적하는 토론이 있었다. 앞으로 연구할 필요가 있는 중요한 관점이라고 생각하기 때문에 여기에 특별히 적어두고자 한다.

왔습니다"라고 할 때의 대상은 "지난 대전에서의 행동"일 뿐이어서, 과거의 일본 정부에 의한 사죄의 대상인 알맹이가 특정되어 있지 않다. 이것으로는 "통절한 반성과 마음으로부터의 사죄(お詫び)"를 계승한다고 해도, 그것이 어느 수상의 사죄를 가리키는 것인지는 명확하지 않다.

"지난 대전"이라고 하고 있으니, 1941년 12월 8일의 진주만 기습공격(및 말레이지아반도 기습상륙작전) 이후 제2차 세계대전에 관한 일본의 행동이 대상이 되어 있는 것은 틀림 없다. 1931년 만주사변 이후의 15년 전쟁에 대한 일본의 행동에 관한 과거 정부의 사죄는 포함되어 있는 것일까? 그것이 포함되어 있다고 해도 "인도네시아, 필리핀을 비롯한 동남아시아 국가들, 대만, 한국, 중국 등 이웃인 아시아의 사람들이 걸어 온 고난의 역사"에 대해서는, "마음에 새기"는 것으로 충분하다는 것일까?

그것만으로는 1905년 11월 17일의 「한국보호조약(?)」 강제 체결 사건 이후의 한국 식민지화에 관한 일본의 행동은 아베 수상의 반성과 사죄의 대상에는 포함되어 있지 않다고 읽을 수밖에 없다. 국제조약에 관해서는 부전조약, 만주사변과 국제연맹에 의한 대일 비판 등을 명기하고 있다. 그러나 그 이전의 관습국제법도, 1899년 제1회 헤이그 평화회의가 기울인 국제분쟁의 평화적 해결을 위한 노력도, 육전법규도 아베 담화는 언급하고 있지 않다.

한국의 식민지화 프로세스의 역사, 특히 한일 구 조약의 효력 문제에 관한 법적 평가의 대상이 되는 역사적인 사실에 관해서는 아베 담화에서는 전혀 언급되어 있지 않다. 역사적인 시계열을 보면, 아베 담화의 첫머리는 러일전쟁으로부터 시작되어 있기 때문에 시기적으로는 이 사건 당시를 포함하고 있다고도 읽을 수 있을까?

그러나 "러일전쟁은 식민지지배 아래에 있던 많은 아시아・아프리카인들에게 용기를 주었습니다"라는 역사인식이 드러나 있는 것을 보면, 그렇게 읽는 데는 무리가 있다. 러일전쟁의 와중에 발생한 이 1905년 「한국보호조약(?)」 강제 사건은, 1910년 「한국병합조약」과 함께 한국 사람들의 뜻에 반한 것이었기 때문에, 한국 사람들에게 용기를 주었다고는 할 수 없다. 그렇게 보면, 한국의 식민지화에 관한 반성도 사죄도 아베 담화에는 포함되어 있지 않다고 읽을 수밖에 없을 것이다.

따라서 2015년 아베 신조오 수상 담화는 2010년 칸 나오토 수상 담화는 계승하지 않는다고 표명한 것으로 해석해야 하는 것 아닐까? 아베 담화는 만주사변에 이르는 식민지지배에 관한 역사인식을 결여하고 있다. 칸 수상 담화를 계승하고 있다면, 일본이 한국에 대한 무력행사를 배경으로 해서 한국 사람들의 "뜻에 반하여" 한국을 식민지화한 것을 부정할 수는 없다. 결국 아베 수상 담화가 2010년 칸 수상 담화를 무시함으로써 일본 정부의 역사인식은 크게 후퇴했다고 하지 않을 수 없다.

아베 담화의 결함은 각의결정을 한 보수연립정권의 정치가의 책임에 귀속시켜야 한다. 그러나 그 근본원인은 일본 사회에도 있다. 구체적으로는 이와 같은 내각을 만든 일본 사람들의 정치책임뿐만 아니라, 국제법 학자 등 법학 연구자의 한국 식민지화에 대한 침묵이 이어지고 있는 사태의 문제성을 물을 필요가 있다. 그 침묵이야말로 일본 사회에서 이 분야의 논의가 전혀 심화되지 않는 상황을 심각하게 만들어 왔기 때문이다.

14. 『국제법잡지』는 1905년 「한국보호조약(?)」을 어떻게 준비했는가?

(국제법학회의 성립과 『국제법잡지』의 간행)

『국제법잡지』는 어떤 과정을 거쳐 간행되게 되었을까? 메이지 초기의 토오쿄오제국대학에서는 문학부에서 법학 연구도 하고 있었다. 토오쿄오제국대학 교수가 중심이 된 연구자가 모이는 학회로 국가학회가 있었고, 그 학회가 발간한 『국가학회잡지』는 법학연구 발표의 장이기도 했다.

토오쿄오제국대학에 법과대학이 설치된 후 그 연구자가 중심이 되어 1897년(메이지 30년) 3월에 국제법학회를 설립하여 국제법 연구를 추진했다.[8] 그 5년 후인 1902년(메이지 35년) 2월에는 국제법학회가 『국제법잡지』를 발행하게 되었고, 그것을 계기로 연구는 크게 발전했다. 위 잡지의 편집위원에는 토오쿄오제국대학 교수를 중심으로 하는 일본의 지도적인 국제법 연구자뿐만 아니라, 육해군 관계자 및 외무성 관계자도 포함되어 있었다. 참고로 열거해보면 아래와 같다.[9] 토미즈 히론도(戶水寬人, 토오쿄오법과대학 로마법 교수), 타카하시 사쿠에(高橋作衛, 토오쿄오법과대학 국제공법 교수), 야마다 사부로오(山田三良, 토오쿄오법과대학 국제사법 교수), 마쯔나미 니이찌로오(松波仁一郞, 토오쿄오법과대학 상법 교수), 테라오 토오루(寺尾亨, 토오쿄오법과대학 국제공법 교수), 아리가 나가오(有賀長雄, 육군대학교 국제법 교수), 나카무라 신고(中村進午, 학습원[學習院] 국제법 교수), 후쿠오카 히데이(福岡秀猪, 토오쿄오 외무어학교[外務語學校] 국제법 교수), 쿠라찌 테쯔키찌(倉知鐵吉, 외무서기관, 법학사), 야마카와 타다오(山川端夫, 해군참사관, 법학사), 카후쿠 토요지(加福豊次, 사법관시보, 법학사, 간사), 나가오카 하루카즈(長岡春一, 외무참사관, 법학사, 간사). 이렇게 보면 이 논문에서 소개하는 연구자의 다수가 포함되어 있다는 것을 알 수 있다.

(왜 『국제법잡지』에 주목했는가?)

위에서 기술한 것처럼, 현재의 아베 정권이 대표하는 일본 정부에는 한국의 식민지지배에 관한 역사인식이 결여되어 있다. 그것을 허용하고 있는 주된 요인은 일본의 국제법학자의 침묵이라고 생각된다. 그 원점을 탐구하고자 1905년 당시의 『국제법잡지』를 참조하여 일본 국제법학의 초기의 상황을 되돌아보았다. 일본의 국제법학회를 지도한 국제법학자들이 아래에 서술하는 것처럼 위 잡지를 통해 한국 식민지화의 프로세스에 적극적이고도 중요한 역할을 했다는 것이 명백해졌다.

우선 1905년 「한국보호조약(?)」 강제 사건 발생 이전의 일본 국제법 학자가 조약법에 대해 어떤 인식을 가지고 있었는지에 관해 연구하는 것으로부터 시작할 필요가 있다. 지금까지의 일본 정부의 입장은, 이미 서술한 것처럼, 일관되게 '비준불요설'을 취하면서, 한

8　국제법학회의 설립 경과・취지・회칙 등에 관해서는, 그 학회의 「發刊の辭」, 『國際法雜誌』 1, 1902, 1-6면에 상세하게 적혀 있다.
9　위의 글, 5-6면.

일 구 조약은 모두 합법적으로 체결되었고 당시에는 유효하게 실시되었다고 하는 것이다 (「논문 1」). 하지만 지금까지도 이 점에 관해서는 일본의 국제법 학자는 전체적으로 침묵해 왔다. 그것은 왜일까?

1905년 이전의 일본 국제법 학자의 조약법에 관한 인식이 '비준불요설'을 지지하고 있었는가라는 관점에서 이루어진 연구는 최근까지 거의 없었다. 저자가 그 당시의 국제법 교과서를 망라적으로 연구한 결과, 일본 정부의 일관된 입장인 '비준불요설'과는 완전히 반대로 조약은 원칙적으로 비준이 없으면 효력을 발생하지 않는다는 입장, 즉 '비준필요설'에 일치하고 있었다는 사실이 밝혀졌다. 그것은 이미 보고했다(「논문 3」). 한일 구 조약의 효력을 연구하기 위해 필요하고도 충분한 국제법 지식이 이미 1905년에는 매우 풍부하게 일본 사회에 축적되어 있었던 것이다.

(일본의 국제법 학자는 제국주의 정책을 창도했다)

당시 일본의 국제법 학자는 상아탑에 틀어박혀 있지 않았다. 일본의 지도적인 국제법 학자들은 군인이나 정치가보다도 호전적인 사상을 가지고 있었다. 전쟁을 창도하고 일본의 제국주의적 침략정책을 추진하려고 했다는 사실이 『국제법잡지』에 대한 연구를 통해 밝혀졌다.

다만 토오쿄오제국대학 법과대학의 테라오 토오루 교수(국제법)는, "국제법이라고 칭하며 국가 사회를 지배하는 법률이 있다고 하는 이상, 이 법률의 힘에 의해 오늘날 국제사회에서 빈번하게 행하여지는 폭력수단의 가장 극렬한, 가장 해악이 많은 전쟁이나 기타 모든 부정한 행동은 모두 다 이를 배척하지 않으면 안 된다. … 이 목적을 달성하기 위해서는 국제법의 힘에 의하는 수밖에 없다. …"라고 했다.[10] 그러나 그 당시 일본의 국제법 학자가 이 원칙적인 평화사상을 실천하여 평화적인 수단으로 전쟁을 방지하려고 노력했다고

---

10 寺尾亨,「論説 : 国際法研究の必要性」,『國際法雜誌』1, 1902, 2-3면.

는 생각되지 않는다. 러일전쟁을 정부에 제언하여 큰 정치문제를 불러일으킨 '7박사 의견서 사건'[11]의 7박사에는 테라오 토오루도 이름을 올리고 있었다. 이 사건에 의해 상징되는 것처럼, 토오쿄오제국대학 등의 국제법 학자들이 미디어를 통해 전쟁을 창도한 사실을 상기해야 한다.

『국제법잡지』(제3권 제1호)는 그 첫머리에 게재된 「회보」[12]에서, "일러전쟁 개전 전에 진퇴를 걸고 지론을 주장함으로써 국시를 결정하게 하고 그 결과 이들 회원들로 하여금 지금 큰 공을 세운 위치를 얻게 한 개전론자인 이른바 7박사 토미즈(戶水) 군, 토미이(富井) 군 등이 대부분 우리 회원이라는 사실도 이를 특필하지 않을 수 없다"라고 러일 개전의 주도자를 찬미하고 있다.

한국의 식민지화 프로세스에서는 청일전쟁 및 러일전쟁을 중요한 역사적 사건으로 들 수 있다. 지금의 입장에서 보면 놀랄만한 일이지만, 이들 전쟁에 즈음하여 국제법 학자는 솔선해서 전선에 종군했다는 사실을 『국제법잡지』(제3권 제1호)가 보고하고 있다.[13] 위 잡지는 외교정책상으로도 전쟁을 수단으로 사용하고, 그러한 전쟁에 국제법 학자가 적극적으로 참가할 것을 창도했다. 학자는 정부·군과 일체가 되어 제국주의정책을 추진하고 있었던 것으로 보인다.

불평등조약 개정 문제를 안고 있던 일본은 국제법을 준수할 의지와 능력이 있다는 것을 대외적으로 드러낼 필요가 있었다. 그 때문에 국제법 연구자는 정부·일본군이 국제법 위반 문제를 일으키지 않도록 그 전문지식을 전쟁에 유용하게 썼다고 볼 수도 있다. 전후

11 '7박사'란 1903년 6월 10일 수상과 외상에게 대러시아 개전을 촉구하는 건의서를 제출한, 주로 토오쿄오제국대학 법과대학 교수를 중심으로 한 7인의 박사(토미즈 히론도[戶水寬人], 테라오 토오루[寺尾亨], 카나이 노보루[金井延], 타카하시 사쿠에[高橋作衛], 토미이 마사아키라[富井政章], 오노즈카 키헤이지[小野塚喜平次], 나카무라 신고[中村進午])를 가리킨다. 朴羊信,「「七博士」と日露開戦論」,『北大法学論集』48-5, 1998, 1-34면. http://eprints.lib.hokudai.ac.jp/dspace/handle/2115/15741 2016.1.5. 열람.
12 「會報」,『國際法雜誌』3-1, 1904, 2면.
13 러일전쟁이 발발하자, 뒤에서 서술하는 것처럼, 아리가 나가오는 만주총독부 고문(전장에 있음)으로 또 기타 다수의 국제법 학자가 각 방면의 군사령부 법률고문(전장에 있음)으로 전장에서 활약했다. 「會報」,『國際法雜誌』3-1, 1-2면.

에는 일본이 국제법을 성실하게 준수하여 전쟁을 수행했다고 구미 열강 여러 나라들에게 설명하는 일도 국제법 학자의 역할이었다는 것도 이해할 수 있다.[14]

국제법은 제국주의 열강 여러 나라들의 관계를 규율하는 법으로서 유럽을 중심으로 발달해왔기 때문에, 당시의 국제법 학자가 제국주의적 사상을 농후하게 가지고 있었다는 것은 의심할 여지가 없다. 그러나 세계는 1905년보다 훨씬 이전부터 크게 전환하기 시작했다. 제국주의적인 폭력을 비판하고 평화를 구하는 지식인에 의한 연구도 이미 18세기 말 무렵부터 대두하고 있었다. 예를 들면, 이마뉴엘 칸트(Immanuel Kant)는 18세기의 독일인으로서 1795년(71세)에 『영구 평화를 위해』(Zum ewigen Frieden)을 집필했고, 1804년에 노쇠해져서 81세로 사망했다.[15] 마키노 에이지 편, 『동아시아의 칸트 철학 : 일한중대(日韓中台)에서의 영향 작용사』[16]는, 칸트의 사상은 막부 말부터 일본에도 영향을 주었고, 일본뿐만 아니라 한국 · 중국 · 대만의 지식인에게 수용되었다는 사실을 제시하고 있다.

19세기 말에는 시민에 의한 평화운동도 활발해졌다. 알프레드 노벨(Alfred Bernhard Nobel)은 1896년에 사망했는데, 그 1년 전에 노벨 평화상 창설을 유언했다. 베르타 폰 주트너(Bertha von Suttner)는 1889년에 반전소설『무기를 버리자』(Die Waffen nieder!)을 발표하는 등 국제적인 평화운동에 공헌했기에 1905년 12월에 여성으로서는 최초로 노벨 평화상 수상자가 되었다.[17]

여러 열강들은 글로벌한 다국간 평화외교의 노력을 시작했다. 구체적으로는 1899년에 제1회 헤이그 평화회의를 개최하여 국제분쟁을 전쟁에 호소하여 해결하는 것이 아니라 국제법과 국제중재절차 등 평화적인 수단으로 해결하기 위해 협의를 했고, 1906년에는 제

---

14 위의「發刊の辭」, 2-3면. 有賀長雄,『日清戰役國際法論』, 陸軍大學校, 1896. 有賀長雄,『日露陸戰国際法論』, 東京偕行社, 1911. 이 두 책은 프랑스어로 출판되었고, 1912년 5월 12일에 제2회 은사상(恩賜賞)을 수상했다.

15 牧野英二,「東洋平和と永遠平和 - 安重根とイマヌエル・カントの理想」(2009년 10월 26일과 27일에 한국 서울시에서 개최된 국제학술회의(안중근 · 하얼빈학회 [한중 공동] 주최).
http://www.hosei.ac.jp/bungaku/museum/html/kiyo/60/articles/Makino037.pdf 2016.1.5. 열람

16 牧野英二編,『東アジアのカント哲学 : 日韓中台における影響作用史』, 法政大学出版局, 2015.

17 小松電機産業株式会社,『ベルタ・フォン・ズットナー』, 人間自然科学研究所, 2014, 14-19면.

2회 회의를 개최하기로 예정되어 있었다(나중에 1907년으로 연기되었다). 한국도 일본도 이 회의에 초대되어 있었다. 바로 그때 이 세계적 경향을 거슬러 일본의 국제법 학자는 이웃나라를 식민지로 만드는 것을 목표로 제국주의적인 전쟁을 창도하고 있었다는 사실에 주목할 필요가 있을 것이다.

그러면 일본의 국제법 학자는 아시아 국가들에 대해서도 국제법을 준수하려고 한 것일까? 아래에서 살펴보는 것처럼, 대한제국에 대한 일본의 중대한 국제법 위반이 있었음에도, 그들은 국제법 준수를 위해 활약하기는커녕 침묵해버렸다. 국제법을 숙지하고 있었음에도 불구하고, 이 침묵은 100년 이상이나 되는 오랜 기간 동안 이어져 현재에 이르러 있다.

〈『국제법잡지』가 내세운 한국보호국화정책〉

무력에 의한 식민지지배를 추진한 일본 정부의 정책과 국제법 학자의 활동이 표리일체의 관계에 있었다는 점에도 주목할 필요가 있다. 일본의 국제법 학자는 약소국을 식민지지배하기 위한 구체적인 방법에 관한 비교법적 연구를 추진하고 있었다. 특히 한국 보호국화에 관한 연구를 추진하고 있었다. 아래의 사실은 일본의 국제법 학자가 약소국의 식민지지배를 활동목표의 하나로 삼아 국제법 연구를 추진하고 있었다는 사실을 증명하기에 충분할 것이다.

『국제법잡지』(제3권 제1호, 1905년 1월 발행, 1-5면)는 논설의 첫머리에 「조선의 처분」이라는 제목의 토미즈 히론도의 논문("메이지 37년[1904년] 9월 27일에 이 글을 썼다"라고 말미에 나온다)을 게재했다. 토미즈 히론도는 토오쿄오제국대학 법과대학 교수로서 로마법을 담당하고 있었다. 토미즈는 1903년에 러일 개전을 요구하는 위의 「7박사 의견서」 사건을 주도한 것으로도 유명하다.

토미즈의 논설은 이집트(埃及)에 대한 영국의 정책을 연구하여 아래와 같이 네거티브하게 정리하고 있다(상세한 내용은 생략). "위에서 서술한 것을 요약하면, 이집트는 터키(土耳古)의 속국이기 때문에 영국은 다소 우려하는 점이 있어서 그것을 진정한 영토로 하지 않고 단지 군사적 점령을 하고 크로머(Cromer) 백작으로 하여금 내정에 간섭하게 했다. 그렇지만 사법사무는 영국인이 전적으로 장악한 것은 아니다. 또 이집트는 인구가 조밀한 나라여서 영국인이 이주하기에 적합하지 않다."

영국의 이집트 정책을 모방하여 일본인 고문을 파견하기만 한 일본 정부의 조선정책을 비판하고, 아래와 같이 일본의 영토로 만들 때까지의 과도적인 정책으로서 보호국화하고 식민을 추진해야 한다고 하며, 조선에 대해 "단호한 조치"를 취해야 한다고 역설하고 있다.

"이것(저자 주 : 조선)을 피보호국으로 해도 열국의 반대가 없을 것이며 … 또 일본인이 앞으로 조선에 이주할 필요가 있을 뿐만 아니라 거기에 이주하는 것은 극히 편리하기 때문에, 일본이 영국의 이집트에 대한 정책을 배우는 것은 득책이 아니다. 오히려 조선을 진정한 영토로 만드는 것이 득책이다. 그리고 그 첫걸음으로서 일시 조선을 피보호국으로 하는 것도 또한 가능하다. 올해 8월 22일의 협약은 사실상 조선을 피보호국으로 하는 형적을 갖추는 점이 없지 않지만 그 형적은 지금 여전히 미약하다는 혐의가 없지 않고, 이것은 오히려 조선을 피보호국으로 하는 준비라고 해석하는 편이 적당하다. 다만 고문관을 두는 일은 영국의 이집트에 대한 정책을 배운 것으로 타당하다. … 따라서 나는 우리 정부가 한 걸음 더 나아가 조선에 대해 단호한 조치에 나설 것을 희망한다."

한국을 보호국화하는 정책을 추진한 것은 토미즈만이 아니었다.

『국제법잡지』의 같은 호에 토미즈의 논설에 이어서 타카하시 사쿠에의 논설이 게재되었다.[18] 타카하시 사쿠에는 토오쿄오제국대학 법과대학 교수로서 국제법을 담당하고 있었다. 타카하시는 『국제법잡지』의 편집위원 중 중심적인 학자였을 뿐만 아니라, 토미즈와 함께 러일전쟁 개전을 요구한 위의 「7박사 의견서」의 창도자 중 한 사람이기도 했다.

타카하시는 "로렌스 박사(영국 케임브리지대학 및 그리니치 해군대학 교수)의 최신 저서 『극

18　高橋作衛, 「朝鮮の地位に關する英國學者の意見」, 『國際法雜誌』 3-1, 1904, 6-10면.

동의 전쟁과 중립』 안에 있는 조선론"을 소개하고 있다. 그 상세한 내용은 타카하시의 논설에 맡기고 그 일단을 간략하게 소개해보기로 한다.

소개글의 첫머리는 "조선이 강대한 적국의 손에 떨어지느냐 마느냐는 일본의 사활이 걸린 문제이다. …"라고 시작하고 있다. 그리고 아래와 같이 이어지고 있다. "… 과거 10년간 일러 양국은 조선에 세력을 부식하기 위해 큰 경쟁을 했다. 조선이 약소하고 부패하여 자국을 방위하기에 부족해서 그 이웃나라에 의해 교체적으로 지배되어 왔다. 조선은 실로 스스로 독립할 수 없다. 그렇다면 실제 문제는 일러 어느 쪽이 과연 조선을 지배할 것인가이다. 그리고 그 조선을 지배하는 것은 조선을 위해 하는 것이 아니라 일러 각자의 이익을 위해 하는 것임은 말할 것도 없다. 일본은 실로 일청전쟁 중에 조선을 지배했다. 일본은 지금 또 조선을 지배하고 있다. 올해 2월 27일의 조약은 실로 조선에 보호권을 확정한 것이다. 만일 일본이 이번 전쟁에 승리하면 일본은 당연히 조선을 계속 보호국으로 삼을 것이다. …"

이러한 제국주의적인 국제관계에 관한 영국 학자의 냉철한 관찰을 소개한 타카하시 사쿠에는 "… 제3국이 보아 당연히 일본이 주장할 수 있는 권리·이익이 되는 것을 망설이고 주저하여 거두지 않을 때는 비겁하고 지둔(遲鈍)하다는 비난을 면하지 못할 것이다. …"라고까지 서술하여 조선의 보호국화정책을 열심히 추진했다.

그 후의 일본 정부의 조선정책은 거의 토미즈, 타카하시 두 교수의 제안대로 흘러갔다. 두 교수의 논문이 발행되고 3개월 후, 정부는 1905년 4월 8일의 각의결정 「한국보호권 확립의 건」에서 "한국에 대한 시설은 기정의 방침과 계획에 기초하여 보호의 실권을 장악하는 견지에서 점차 추진하여 … 제국은 모름지기 이번에 한 걸음을 더 나아가 한국에 대한 보호권을 확립하여 당해 국가의 대외관계를 전부 우리의 손 안에 넣지 않으면 안 된다. 그리고 그렇게 하기 위해서는 한국 정부와 아래와 같은 취지의 보호조약을 체결하는 것이 필요하다"라며 4개 항목의 방침을 정했다(자료 2).[19]

〈『국제법잡지』에 게재된「보호조약의 실례」연구〉

그러면 한국을 보호국화하기 위한 정책을 국제법적인 관점에서 구체적으로 어떻게 추진할 것인가? 그 방법론에 관해서도 국제법 학자는『국제법잡지』를 활용하여 구체적인 방침을 제안했다. 열강에 의한 보호조약의 실례를 수집하여 그것을 모델로 할 것을 은연 중에 정부에 권유하는 정보를 게재한 것이다.

위의「한국보호권 확립의 건」각의결정으로부터 1개월 후인 5월 18일에는 타찌 사쿠타로오가 강국이 약소국을 보호국화한 국제 실행에 관한 연구를『국제법잡지』에 공표했다.[20] 당시 토오쿄오제국대학 법과대학 교수에 막 취임한 신진기예의 국제법 학자 타찌 사쿠타로오가 한국 식민지화의 첫걸음으로서 보호국화에 대한 법적 방법을 연구하고, 또 수집한 프랑스의 보호조약 사례를 후지이 미노루(藤井實)[21]에게 번역하게 하여 실었다.

「논문 3」에서 서술한 것처럼, 타찌 사쿠타로오는 타카하시 사쿠에보다 뒤에 토오쿄오제국대학에서 국제법을 가르쳤다.[22] 그 이전인 1899년에 위의「논문 3」의『홀 씨 국제공법』을 번역출판했다. 따라서 홀의 학설('비준필요설')을 계승하고 있었다는 것이 이상한 일은 아니다. 토오쿄오제국대학에서의 국제법 강의에서 '비준필요설'을 주창한 것도 당연한 일이다. 타찌 사쿠타로오의 토오쿄오제국대학 강의록이 등사판 인쇄물로 남아 있는데, 거기에는 "… 비준이 필요한 일반적인 조약에서는"이라는 한정이 붙어 있기는 하지만 "조인은 비준을 조건으로 하여 조건부로 조약을 성립시키는 것으로서 조약의 구속력을 확정하는 것은 비준을 기다리지 않으면 안 되는" 것을 원칙으로 한다고 되어 있다.

---

19 「韓國保護權確立の件」(1905.4.8.),『日本外交年表竝主要文書』上卷, 外務省, 233-234면. (東京大學東洋文化硏究所田中明彦硏究室, データベース「世界と日本」-『世界と日本』日本政治・國際關係データベース) http://www.ioc.u-tokyo.ac.jp/~worldjpn/documents/texts/pw/19050408.O1J.html
20 立作太郞校・藤井實訳,「保護條約の實例」,『國際法雜誌』3-8, 1905, 17-51면.
21 1902년에 토오쿄오제국대학 법과대학에 진학했고, 이 번역을 1905년에 발표한 뒤, 1906년에 요시다 시게루(吉田茂)와 동기로 외무성에 들어갔다. 保阪正康,『100メートルに命を賭けた男たち』, 朝日新聞社, 1984.
22 1904년 4월에 토오쿄오제국대학 법과대학 교수에 취임(『日本近現代人物履歷事典』, 315면), 외교사를 가르쳤다. 이듬해인 1905년부터 국제법도 가르쳤다(『国史大辞典』9, 188면).

타찌 사쿠타로오는 비교법적인 연구방법에 의해 당시 제국주의 강국에 의한 보호조약의 실행사례를 조사하고, 그것에 의해 보호조약에 관한 당시의 국제법 실천의 경향을 밝히려고 했다. 특히 당시 보호조약이라는 형식을 이용하여 제국주의적인 식민지지배를 추진한 서구 열강 중 하나였던 프랑스의 실행에 착안하고 있다. 이 연구가 공표된 때는 바로 일본 정부가 한국의 보호국화를 준비하고 있던 시기이다. 한국에 대한 식민지지배를 실현하려 하고 있던 일본 정부에게 국제법상의 모델을 제공하려고 한 것이라고 생각된다. 그 연구성과는 『국제법잡지』를 통해 당시의 일본 국제법 학자뿐만 아니라, 정부·군 관계자에게도 널리 공유되었다고 생각된다.

구체적으로는 「보호국의 실례」에는 「프랑스-튀니지 담보조약(佛國チュニス間擔保條約)」(1881.5.12. 체결), 「프랑스-튀니지 보호조약(佛國チュニス間保護條約)」(1883.6.8. 체결), 「프랑스-베트남 보호조약(佛國安南間保護條約)」(1884.6.6. 체결), 「프랑스-캄보디아 조약(佛蘭西柬埔寨間條約)」(1884.6.17. 체결), 「프랑스-마다가스칼 조약(佛蘭西マダガスカル間條約)」(1995.12.17. 체결), 이렇게 5개의 조약이 언급되어 있다. 말미에는 각 조약의 프랑스어 조약문이 첨부되어 있고, 그 전문이 일본어로 번역되어 있다. 저자는 편의상 이들 5개 조약에 번호를 붙여 표로 작성했다(표 1). 일람해보면 알기 쉬울 것이다.

〈표 1〉
『국제법잡지』 제3권 제8호의 타찌 사쿠타로오 교(校)·후지이 미노루 역, 「보호조약의 실례」에서 다루어진 조약 사례

	조약명	체결일
①	「프랑스-튀니지 담보조약(佛國チュニス間擔保條約)」	1881.5.12.
②	「프랑스-튀니지 보호조약(佛國チュニス間保護條約)」	1883.6.8.
③	「프랑스-베트남 보호조약(佛國安南間保護條約)」	1884.6.6.
④	「프랑스-캄보디아 조약(佛蘭西柬埔寨間條約)」	1884.6.17.
⑤	「프랑스-마다가스칼 조약(佛蘭西マダガスカル間條約)」	1885.12.17.

〈'비준필요설'을 지지한 「보호조약의 실례」 연구〉

흥미 깊은 것은 타찌 사쿠타로오의 비교법 연구의 내용이다. 프랑스의 국제실행의 실례를 이 「보호조약의 실례」 연구를 근거로 분석해보면, 타찌의 이 실례 연구가 '비준필요설'을 지지하고 있었다는 사실이 밝혀진다.

독자들은 「보호조약의 실례」 연구의 결과가 한국의 고 백충현 교수의 학설과 일치한다는 점에 주목해주기 바란다. 한국 서울대학교에서 국제법을 가르친 고 백충현 교수는 1905년 「한국보호조약(?)」 및 1910년 「한국병합조약」을 포함하여, "일본이 … 한국의 주권을 단계적으로 강탈한 5개의 조약"에 관해, "이들 모든 조약의 내용은 국가의 주권 제한에 직접 관련된 사안이다"라고 하고, "당연히 조약 체결을 위한 전권위임장 및 비준 절차의 모든 요건을 갖추어야 했다"라고 주장하여, '비준필요설'[23]을 주창했다(「논문 2」). 이 점에서 타찌의 연구 성과(그리고 백 교수의 학설)는 '비준불요설'을 취하는 운노 교수 등 현재의 일본 측 논자의 학설과 대립되었던 것이다.

1899년(메이지 32년)에 일본어로 출판된 영국의 국제법 권위자인 윌리엄 에드워드 홀의 『홀 씨 국제공법』도 조약의 체결에 관한 비준의 필요성에 대해 "조약을 유효하게 하기 위해서는 국가의 최고 조약체결 권한을 가지는 기관에 의해 … 비준되는 것이 필요하다"라고 '비준필요설'을 주장했다는[24] 사실도 이미 서술했다(「논문 3」).

이들 저작이 들고 있는 조약의 체결을 유효하게 하는 최저한의 요건은, 첫째 전권위임장의 존재, 둘째 전권대표의 조약문 서명(단 서명자가 조약 체결권자인 예외적인 경우를 제외), 셋째 서명 후 조약 체결권자에 의한 비준의 3개 항목이다. 그래서 이들 3개 항목에 초점을

---

23 白忠鉉, 「日本の韓国併合に対する国際法的考察」, 笹川紀勝・李泰鎭編著, 『国際共同研究 韓国併合と現代 - 歴史と国際法からの再検討』, 明石書店, 2008, 389면.

24 ウィリアム・ホール著 / 立作太郎訳, 『ホール氏国際公法』(原著 第4版 翻訳), 東京法学院発行・有斐閣書房発売, 1899, 433면. 그리고 비준을 필요로 하지 않는 예외로서는 "군주 또는" 기타 "조약 체결의 원한"을 가진 "기관에 의해 직접 체결된 경우"가 제시되어 있다. 1905년 「한국보호조약(?)」은 고종 황제가 체결한 것은 아니며, 고종 황제 이외에 그와 동등한 조약체결 권한을 가진 기관은 없었기 때문에 예외에는 해당하지 않는다.

맞추어 「보호조약의 실례」에서 다루어진 5개의 조약을 분석해보기로 한다.

「프랑스-튀니지 담보조약」

「프랑스-튀니지 담보조약」은 1881년 5월 12일에 캐슬 사이드에서 체결되었다. 조약의 제목은 담보조약이지만 내용은 보호조약으로 되어 있다. 조약문에는 전권위임장의 존부에 관해서는 적혀 있지 않지만 조약문 전문에는 "프랑스공화국 대통령은 제너럴 브레알(M. le general Breart)을 전권위원에 임명했고 그 위원이 튀니지의 베이(Mohamedes Sadog Bey) 전하와 협정한 조관은 아래와 같다"라고 되어 있기 때문에 전권위임장(또는 그 이전의 전권위원 임명)의 존재를 추정할 수 있다. 말미에 서명자로 모하메드 사독 베이(튀니지 측 조약 체결권자)의 날인 및 제너럴 브레알(프랑스 측 전권위원)의 서명이 있다. 제10조에는 "이 조약은 프랑스공화국 정부가 비준하며 비준서는 가능한 한 단기간 안에 튀니지의 베이 전하에게 교부되어야 한다"라고 되어 있다.

「프랑스-튀니지 보호조약」

「프랑스-튀니지 보호조약」은 1883년 6월 8일에 마르사에서 체결되었다. 조약의 제목에 적힌대로 보호조약이다. 조약문 전문에는 "프랑스공화국 대통령은 전권위원으로 튀니지국 주재 공사 … 캄봉(Cambon) 씨를 전권위원으로 임명하고 정식의 적당한 형식을 갖춘 전권위임장을 교부한 후 튀니지의 베이 전하와 아래의 조관들을 약정했다"라고 되어 있다. 따라서 전권위임장은 존재했다. 말미에 서명자로 모하메드 사독 베이(튀니지 측 조약 체결권자)의 날인 및 캄봉(프랑스 측 전권위원)의 서명이 있다. 제5조에는 "이 조약은 프랑스공화국 정부가 비준하며 그 비준서는 가능한 한 단기간 안에 튀니지의 베이 전하에게 교부되어야 한다"라고 되어 있다.

「프랑스-베트남 보호조약」

「프랑스-베트남 보호조약」은 1884년 6월 6일에 휴에(順化)에서 체결되었다. 조약의 제목에 적힌대로 보호조약이다. 조약문 전문에는 "프랑스공화국 대통령은 청국 황제의 조정에 파견된 특명전권공사 … 파트노토르(M. Patenotre) 씨를 베트남 국왕 폐하는 내무대신 … 반통(Nguyen Vantong) 각하 … 를 전권위원에 임명했다. 그리하여 전권위원은 상호 정식 전권위임장을 교환한 후 아래의 조관을 결정했다"라고 되어 있다. 말미에 서명자로 반통 외 2명(베트남 측 전권위원) 및 파트노토르(프랑스 측 전권위원)의 서명이 있다. 제18조에는 "이 조약은 프랑스 정부 및 베트남 국왕 폐하의 인가를 거쳐야 하며 그 비준은 가능한 한 신속하게 교환되어야 하는 것으로 한다"라고 되어 있다.

(「프랑스-캄보디아 조약」)

「프랑스-캄보디아 조약」은 1884년 6월 17일에 프놈펜에서 체결되었다. 조약의 제목에는 적혀있지 않지만 그 내용(예를 들면 제1조의 "보호의 실행")은 보호조약이다. 전문에는 전권위임장에 관한 기재가 없지만, 캄보디아 측은 노르돔(Norodom) 제1세 폐하(국왕인 조약 체결권자)와 "전권을 가지고 프랑스공화국 정부의 이름으로 처리하는 하노이의 지나(支那) 태수(太守) 샤를 톰슨(Charles Thomson) 씨가 아래의 협약을 체결했다"라고 되어 있다. 프랑스 측 전권위원의 경우 전권위임장(또는 그 이전의 전권위원 임명)의 존재를 추정할 수 있다. 말미에 서명자로 노르돔(캄보디아 측 조약 체결권자) 및 샤를 톰슨(프랑스 측 전권위원)의 서명이 있다. 제10조에는 "이 조약은 프랑스공화국 정부의 비준을 거쳐야 하며 그 비준서는 가능한 한 단기간 안에 캄보디아 국왕 폐하에게 교부되어야 하는 것으로 한다"라고 되어 있다.

(「프랑스-마다가스칼 조약」)

「프랑스-마다가스칼 조약」은 1885년 12월 17일에 타마타브만 안에 정박하고 있던 '나이아드'호의 함상에서 체결되었다. 조약의 제목에는 적혀 있지 않지만 그 내용(예를 들면 제1조의 내용, 즉 프랑스가 "일체의 대외관계에서 마다가스칼을 대표한다", "마다가스칼인은 프랑스의 보호 아래 둔다")은 보호조약이다. 조약문 전문에는 "프랑스공화국은 … 및 특명전권공사

살바토르 파트리모니오(Salvator Patrimonio) 씨를 마다가스칼 여왕 폐하의 정부는 … 위르그비(Willougby) 장군을 전권위원에 임명했다. 전권위원은 각자 그 정식 전권위임장을 교환한 후 … 아래의 조관들에 대해 협정했다"라고 되어 있다. 말미에 서명자로 위르그비(마다가스칼 측 전권공사) 및 파트리모니오(프랑스 측 전권공사) 외 1명의 서명이 있다. 제19조에는 "이 조약은 앞으로 3개월의 기한 안에 혹은 가능하면 보다 빨리 비준하는 것으로 한다"라고 되어 있다.

(표 2)

	프랑스 전권위임장	조약 체결권자 서명	상대국 전권위임장	비준
①	브레알 장군(전권 추정)	튀니지 베이 전하		프랑스 비준
②	캄봉 공사	튀니지 베이 전하		프랑스 비준
③	파트노토르 공사		반통 각하 외 2명	프랑스·베트남 비준
④	톰슨 태수(전권 추정)	캄보디아 노르돔 국왕		프랑스 비준
⑤	파트리모니오 공사 외		위르그비 공사	프랑스·마다가스칼 비준

저자는 이 결과를 표로 정리해보았다(표2). 그 결과가 '비준필요설'을 지지하고 있다는 것은 일목요연하다.

첫째, 전권위임장이 교부되었다는 사실이 조약에 명기되어 있는 것은 ②③⑤이고 ①④에는 명기되어 있지 않다. 후자의 경우는 전권위임장이 교부되었음에도 기록되지 않았거나, 혹은 그 이전에 전권위원에게 전권이 부여되어 있었다고 추정할 수 있다.

둘째, ①②④의 경우는 조약 체결권자가 서명했다. 그 경우에 그 나라의 전권위임장 교부는 없다. 또 그 국가의 비준도 없다.

셋째, 전권위임장을 교부받았거나 전권이 추정되는 경우로서 전권대표가 서명한 경우에는 그 나라의 비준이 반드시 필요했다.

따라서 1905년 당시의 국제법 학설의 정설과 당시의 국가실행은 일치하고 있었다. 5개의 사례로 제시되어 있는 당시의 국가실행에 따르면, 국왕이나 황제 등 조약 체결권자가 조약에 서명한 경우에는 비준이 필요 없지만, 전권대표가 서명한 경우에는 그 국가의 비준은 반드시 필요했던 것이다.

(지도적 국제법 학자의 조약 비준 제도에 대한 인식)

1905년 당시 일본 국제법 학자의 조약 비준제도에 대한 인식이 어떤 것이었는지를 연구하는 과정에서 『국제법잡지』 제4권 제2호에 상징적인 기사(자료 3)[25]가 실려 있다는 사실을 발견했다.

기사는 법학박사 테라오 토오루(寺尾亨)의 구술 필기이다. 구술자인 테라오 토오루는 토오쿄오제국대학 법과대학 초대 국제법 교수이며, 국제법학회를 창설한 중심인물의 한 사람이었다. 국제법잡지 창간에 즈음하여 「국제법 연구의 필요」라는 권두논설[26] (강연)을 담당했다. 이와 같이 테라오 토오루는 1905년 당시 일본 국제법 학자의 정점에 있던 지도적인 학자였다. 그 구술이 국제법학회가 발행하는 『국제법잡지』(제4권 제2호)의 머리기사로 게재되었기 때문에 중요하다고 보아야 한다. 이 구술은 그 당시 일본 국제법 학자의 정설적인 인식('비준필요설')을 단적으로 드러내고 있다고 생각해도 좋을 것이다.

말미에 "10월 13일 구술"(1905년 10월 13일)이라고 적혀 있다. 1905년 「한국보호조약(?)」의 강제 체결 사건은 11월 17일에 발생했기 때문에 그 약 1개월 전의 일이다. 구술의 출판일은 "10월 18일 발행"으로 되어 있다. 그날은 이토오가 한국에 출장(11월 2일부터 12월 8일)가기 직전이며, 따라서 이토오를 포함하여 일본 정부·외무성이 그것을 검토할 시간은 충분히 있었다. 한국 보호조약 체결에 맞추려고 이 기사를 출판했을 가능성도 있다. 이 기사는 그만큼 타임리하게 출판되었다. 테라오 토오루뿐만 아니라 국제법학회(『국제법잡지』 편집

---

25 寺尾亨, 「條約批准問答」, 『國際法雜誌』 4-2, 1905, 1-3면.
26 寺尾亨述, 「國際法研究の必要」, 『國際法雜誌』 1, 1902, 19-25면.

자)가 일본의 일반 국제법 연구자는 물론 외교 담당자에게도 이 통설적인 인식의 공유를 구했다고 추정할 수 있을 것이다.

(「조약 비준 문답」에는 무엇이 적혀 있는가?)

귀중한 자료이므로 전문을 이 논문의 말미에 (자료 3)으로 게재한다. 이것을 숙독하면 이해할 수 있을 것이지만, 문어체로 적혀 있고 전문용어가 많기 때문에 법률가가 아닌 일반 독자에게는 상당히 난해할지도 모른다. 그래서 아래 두 개의 문답의 대략적인 내용을 저자의 이해를 섞어서 알기 쉽게 해설해보기로 한다.

문 : 조약에 비준을 필요로 하는 이유는 무엇인가?

답은 대략 아래와 같다.

사법(私法) (저자 주기 : 민법이 전형적인 예이다. 공법인 국제법과는 다르다)의 사례를 먼저 들어 생각해보면 사법상으로는 계약의 당사자가 대리인을 내세워 계약을 체결하는 경우에는 계약은 그대로(저자 주기 : 사후적인 추인 없이) 유효하게 성립되어 당사자를 구속하게 된다. 이것은 과거부터 오늘날까지 변하지 않은 사법상의 원칙이다. 다만 대리인이 계약 당사자 본인으로부터 부여받은 권한을 넘어서 마음대로 계약을 체결한 경우는 그와 달라서 계약을 나중에 인정할지 말지 추인의 문제가 발생한다.

그것과 비교하여 국제법의 경우는 어떤가 생각해보면, 국가로부터 조약 체결을 위해 전권을 위임받은 전권위원이 체결한 계약은 나중에 국가에 의한 비준이 없어도 유효하게 체결된 것이 될까?

고대의 국제법에서는 전권위원이 위임권한을 넘어 제멋대로 된 내용의 조약을 체결한 경우가 아니면 나중에 비준을 거부할 수 없었다. 따라서 고대의 비준 거부의 사례는 위임권한을 넘어 조약이 체결되었다고 하는 것을 이유로 하는 경우가 많았다. 그렇지만 실제로는 국가의 내부에서 발생한 것이기 때문에 확인할 방법이 없는 경우가 많다.

그러나 근세의 법리에서는, 조약은 국가를 구속할 뿐만 아니라 국민의 희비에 관한 중대한 사항을 정하기 때문에, 조약의 중요성은 개인의 이익에 관한 사법상의 계약과 비교할 수 없을 정도로 크다. 따라서 비준을 조약 성립의 하나의 요건으로 하고 있다. 비준이 조약 성립의 하나의 요건이기 때문에 비준을 거부하는 것은 국가의 권리이다. 권리이기 때문에 전권위원이 권한을 넘어 조약을 체결한 경우뿐만 아니라, 국가의 존망흥폐와 관련된 경우는 물론이고 국민의 희비에 관한 중대한 이유가 있는 경우에는 비준을 거부해도 상관없다. 단지 거부하거나 하지 않는 것은 국가적인 이해득실을 고려하여 결정할 뿐이다.

문 : 군주국의 군주가 임명한 전권대표가 그 훈령에 따라 체결한 조약에 대해, 나중에 같은 군주가 비준을 거부하는 것은 모순이 아닌가?

답은 대략 아래와 같다.

모순이 아니다.

군주가 자신이 임명한 전권위원에게 훈령을 주는 것은 일국의 정부의 수장의 자격으로 그 정부의 행위에 인가를 부여하는 행위이다. 이와는 달리 군주가 조약을 비준하거나 하지 않는 행위는 일국의 원수로서의 자격으로 국가를 구속하게 되는 대외행위에 대해 마지막으로 결정하는 행위이다. 따라서 같은 사람이 하는 행위여도 그 자격이 다른 것이다.

(중략)

비준의 제도가 존재하는 이상 군주의 훈령에 따라 조약이 체결되었는지 여부에 상관없이, 전권위원이 체결한 조약에 대한 비준의 자유는 군주의 권한으로서 존재한다고 하지 않을 수 없다.(10월 13일 구술)

(「조약 비준 문답」을 통해 어떤 이야기를 할 수 있는가?)

법학박사 테라오 토오루의 1905년 10월 13일 구술을 필기한 상징적인 기사(『국제법잡지』 제4권 제2호)를 해설했다. 그 요점을 정리해보면 아래의 네 가지 점이 부각된다.

① 근세의 법리에서는 비준은 조약 성립의 하나의 요건이다.

② 비준을 거부하는 것은 국가의 권리이다.

③ 국가의 존망흥폐와 관련된 경우는 물론 국민의 희비에 관한 중대한 이유가 있는 경우에는 비준하는 것을 거부해도 상관없다.

④ 비준제도가 존재하는 이상, 군주의 훈령에 따라 조약이 체결되었는지 여부에 상관없이, 전권위원이 체결한 조약에 대한 비준의 자유는 군주의 권한으로서 존재한다고 하지 않을 수 없다.

이것들이 모두 다 '비준필요설'을 기초로 구술되어 있다는 것은 명확하다.

이와 같은『국제법잡지』에 나타난 국제법 학자의 인식은 1905년 이전의 일본 국제법 학자의 조약법에 관한 인식이었던 '비준필요설'을 대표하고 있었다고 생각해도 좋을 것이다. 당시의 일본 국제법학회의 지도적인 입장에 있던 테라오 토오루는 한국을 보호국화하기 위해 한국에 파견되는 이토오 히로부미 특파대사 이하의 외교사절단과 일본 정부에 대해『국제법잡지』를 통해 국제법상의 법리에 관해 거듭 확인을 했다고 생각해도 좋을 것이다. 구체적으로는 한국을 보호국으로 만들기 위한 조약의 체결에는 한국의 전권대표의 서명뿐만 아니라 고종 황제의 비준이 필수라는 사실을 공개된 잡지를 통해 가르친 것이다.

(한국보호권 확립 실행에 관한 각의결정)

테라오 토오루의 위의 구술「조약 비준 문답」이 발행된 때(10월 18일)로부터 대략 10일 후인 1905년 10월 27일에「한국보호권 확립 실행에 관한 각의결정」(자료 4)[27]이 이루어졌다.

첫째, 이 각의결정을 보면 당시의 일본을 둘러싼 국제정치정세에 관한 인식과 한국의 보호국화에 대한 결의뿐만 아니라, 그 구체적인 방법에 관한 정책을 확정했다는 사실을

---

27 몇 편의 논문에서 각의결정의 제목이 다르고 부정확한 것이 발견된다. 잘못 적으면 검색에 실패하기 때문에 주의가 필요하다. 중요하기 때문에 (자료 4)로 전문을 게재한다. 인터넷에서 아래의 데이터베이스를 활용했으나, 글자를 읽을 수 없는 부분은 원전에 따라 수정했다.「韓國保護權確立實行에 關한 閣議決定(韓国保護権確立実行に関する閣議決定」1905.10.27,『日本外交年表竝主要文書』上卷, 外務省, 250-251면 (東京大学東洋文化研究所 田中明彦研究室, データベース『世界と日本』- 日本政治・国際関係データベース).
http://www.ioc.u-tokyo.ac.jp/~worldjpn/documents/texts/pw/19051027.O1J.html 2016.1.3. 열람.

읽어낼 수 있다.

둘째, 각의결정의 구체적 방책의 첫머리에 "1. 대체로 별지와 같은 조약을 한국 정부와 체결하여 그 나라의 외교관계를 전적으로 우리의 수중에 넣을 것"이라고 되어 있는 것이 중요하다. 일본 정부가 위에서 기술한 국제법 학자의 연구에 기초한 조언대로 조약 체결에 의한 보호국화의 방침을 제1차적으로 지향했다는 사실은 의심의 여지가 없다. 한국의 주권과 독립을 상실하게 만드는 합의를 하는 이상 정부 간의 행정적인 협정을 체결하는 등 약식으로 끝낸다는 방침이 아니었다는 것은 분명하다. 따라서 (고종 황제가 스스로 조약문에 서명하지 않는다면) 일상적인 외교사무의 처리와는 달리, 한국 측의 전권대표에도 고종 황제로부터 전권위임장이 주어지는 것이 필요했을 터이고, 전권대표에 의한 서명 후에 고종 황제의 비준도 필요했다. 또 "4. 조약 체결의 전권은 하야시(林)공사에게 위임할 것"이라고 되어 있다. 따라서 하야시 공사에게는 전권위임장이 주어져 있었던 것이 아닐까?

셋째, 각의결정을 읽어보면 보호국화에 관해서는 한국 측의 의사를 전혀 무시하고 있다는 사실을 알 수 있다. 일본의 정책을 일방적으로 강요한다는 방침이었던 것이다. 따라서 군을 동원한 가운데 일본의 정책을 강요할 방침이라는 내용도 적혀 있었다. "6. 하세가와(長谷川) 사령관에 대해 하야시 공사에게 필요한 원조를 하여 본건의 만족스러운 성공을 기해야 한다는 취지의 명령을 발할 것." "7. 경성 주둔의 목적으로 수송 중인 제국군대를 가급적 본건 착수 이전에 모두 입경하게 할 것"이라고 되어 있었다.

일방적으로 보호국화를 한국에 통고하고 열강에 대해 선언한다는 것인데, 이것은 군사적인 점령에 의한 정복의 방법을 취한다는 것을 시사하고 있다. 그러나 이 경우에는 국제적인 불평·비판·간섭을 불러올 우려가 있다. 그래서 일본 정부는 가능한 한 조약 체결의 방법을 취하는 것이 바람직하다고 생각하고 있었다고 생각된다.

15. 일본 외교의 실패

(고종 황제의 비준 획득에 실패한 이토오 히로부미의 강압 외교)

1905년 11월 17일에 이토오 히로부미 특파대사는 계획대로 군을 동원하여 대한제국 고종 황제 및 그 각료 개인을 강제하면서까지 1905년「한국보호조약(?)」의 체결을 강요했다. 하지만 그럼에도 불구하고 실제로는 잘 되지 않았다. 이토오가 지휘한 일본군의 강압 아래 제목도 없는 조약문의 초안 원본에 어떻게 해서든 한국 외부대신의 서명을 강제하고 일본군 헌병이 가져온 인장을 날인하여 형식을 갖추려 했다. 하지만, 서두른 탓에 제목이 정해지지 않았던 것이리라. 조약문 초안 원본에는 제목이 없는 채로 첫 행이 공백으로 남았기 때문에,「조약(?)」은 형식적으로도 미완성으로 끝나버렸다.

미완성·무효의「조약(?)」이라도 일본은 이것을 최대한 정치적으로 이용하여 한국의 식민지화를 서둘렀다. 겨우 6일 후인 11일 23일의 관보 호외[28] 첫머리에 실린 카쯔라 타로오(桂太郎) 외부대신 명의의 같은 날짜「외무성 고시 제6호」를 통해 "이번 달 17일 한국 주찰 제국 특명전권공사와 한국 외부대신이 아래의 협약에 조인했다"라는 설명과 함께 그 조문이 고시되었다. 이 고시문을 통해 알 수 있는 것처럼, 일본 정부는 이「조약(?)」에는 '협약'이라는 제목이 붙어 있는 듯이 암시하고 있지만, "아래의 협약"이라고 했을 뿐「일한협약」이라는 제목은 제시되어 있지 않다.

그 후의 일이지만, 일본 정부가 제멋대로 명명한「일한협약」이라는 제목의「조약(?)」이 체결된 듯한 형태를 갖추어 외무성이 조약집을 공간했고, 일본의 연구자도 그것을 믿어왔다는 사실에 대해서는 이미 서술했다(「논문 3」). 하지만 일본 정부는 지금도「일한협약」이라는 제목이 적힌 1905년 11월 17일자「조약(?)」원본의 존재를 증명하지 못하고 있다. 따라서 1905년 11월 17일자의「일한협약」이라고 부르는「조약(?)」은 존재하지 않는다고 판단할

---

28 『官報号外』, 1905.11.23. (国立国会図書館デジタルコレクション - 官報). http://dl.ndl.go.jp/#kanpo 2016.1.6. 열람.

수밖에 없다.

또 같은 관보 호외에 의해 내각총리대신 겸 외무대신 백작 카쯔라 타로오는 "짐은 한국에 통감부 및 이사청을 두는 건을 재가하여 이에 그것을 교부하게 한다"라고 시작되는 11월 22일자 칙령을 공포했다. 일본 정부는 존재하지 않는 「조약(?)」을 실시하여 통감부를 한국에 설치한 것이다.

결국 대한제국 측의 저항이 강해서 이 조약 초안에는 고종 황제의 서명은 받지 못했다. 물론 고종 황제의 비준도 실현되지 않았다. 이들 역사적 사실관계에 관해서는 지금까지 일본·한국·북한 역사가의 연구 결과로 대체로 밝혀져 있어서, 일본 정부 측에서도 다툴 방도가 없다(「논문 1」, 「논문 2」, 「논문 3」).

따라서 1905년 당시의 일본 국제법 학자의 일치된 정설이었던 '비준필요설'에 비추어, 이 1905년 11월 17일자 「일한협약」은 존재하지 않고(조약문 조문 초안 원본이 존재한다고 하더라도 정식 조약문 원본이 존재하는 것이 되지는 않는다), 게다가 비준이 없었다는 점에서도 미완성의 조약문서로서 그 효력이 발생하지 않았다고 판단할 수밖에 없다.

하지만 이토오가 조약 체결에 실패한 경우에는 일방적으로 보호국화를 선언한다는 위의 각의결정의 방침에는 따르지 않고, 1905년 11월 17일 「일한협약」이라는 명칭의 「한국보호조약(?)」이 체결되었다고 하는 허구를 내외에 공표했다는 사실은 위에서 기술한대로다. 이 이토오의 허구 외교는 그 후 100년이 지나서도 정정되지 않았다. 아래에서 지금까지 계속되고 있는 이토오의 허구 외교의 기초를 만든 일본인 학자·고급관료에 관해 서술해보기로 한다.

(아리가 나가오[有賀長雄]의 변절)

육군대학교 국제법 교수였던 아리가 나가오는 당시 유력한 국제법 학자였다. 아리가는 1913년 3월부터 중화민국 위안스카이(袁世凱) 대총통의 법률고문에 임명될 정도로[29] 국제적으로도 법학 권위자로서 명성이 높았다. 일본인으로는 최초로 노벨 평화상 후보에 올랐다[30]는 일화도 있다.

아리가는 1901년 토오쿄오전문학교의 강의록으로 출판한 저서 『국제공법』에서 아래와 같이 '비준필요설'을 취하고 있었다(「논문 3」). 이 학설은 아래와 같이 당시의 다른 국제법 학자와 같은 것이었다. "조약은 원수의 비준에 이르러 비로소 효력이 확정되는 것이 전 세기의 초부터 정해진 관례로서 전권위임은 단지 일반적으로 담판을 하는 데 대한 위임이라고 보아야 한다고 할 수 있고, 또 사실상 조약의 공포 · 집행은 비준 교환 후에 하므로 일반적으로 이때를 그 효력이 확정되는 때라고 하는 것은 자연스러운 결과이다"[31]라고 아리가는 1901년 단계에는 서술했다.

하지만, 이토오가 1905년 11월 17일 「보호조약(?)」을 강제 체결하면서 고종 황제의 서명도 비준도 확보하지 못한 일이 있고 난 다음에 아리가는 변절했다. 학설을 뒤집어버린 것이다. 아리가 나가오는 이토오에 의해 이 「보호조약(?)」의 실시 담당자의 한사람으로 임명되어[32] 무리해서라도 이 「조약(?)」을 정당화하지 않을 수 없는 입장에 몰린 것일 것이다. 1906년에 간행된 저서 『보호국론』[33]에서는 학설을 급변시켰다. 견강부회라고 비판하지 않을 수 없다.

아리가는 한일 양국 사이의 보호관계는 "(메이지) 38년 11월 17일의 일한협약에 이르러 비로소 일정한 형태를 갖춘 것이 되어, … 일한 보호관계의 많은 문제를 결정하기 위해 유일한 표준으로 삼아야 하는 것 …"이라고 했다.

29 李廷江,「民国初期における日本人顧問 : 袁世凱と法律顧問有賀長雄」,『国際政治』115, 1997, 180-201면.
30 베른대학(University of Bern)의 법학교수 V. H. 힐티(Hilty)에 의해 1909년에 노미네이트되었다. http://www.nobelprize.org/nomination/archive/show.php?id=679 2016.1.7. 열람.
31 有賀長雄述,『國際公法』, 東京專門學校出版部(東京專門學校法律科 第13回 第2部 講義錄), 1901 (총587면), 444-445면, 453면.
32 1905년 12월 20일「統監府及理事廳官制」가 칙령으로 발포되었고, 다음날인 21일에 이토오가 초대 통감에 임명되었다. 위의「관제」의 초안은 이토오의 명령에 따라 쯔즈키 케에로쿠(都筑馨六)의 책임 아래 이찌키 키토쿠로오(一木喜徳郎) · 아리가 나가오(有賀長雄) 등에 의해 편성되었다. 松本重敏(代表),『都筑馨六傳』, 馨光会, 1926, 194-195면.
33 有賀長雄,『保護國論』, 早稲田大學出版部藏版, 1906, 200-209면. 国立国会図書館デジタルコレクション에서. http://dl.ndl.go.jp/search/ 2015.12.18. 열람.

아리가는 같은 책 제3장의 제목을 "일한보호조약"이라고 하고 있다. 그 내용을 검토하면 모순으로 가득 차 있다는 것을 알 수 있다. 그 때문에 아리가의 주장은 법학적인 설득력을 결여하고 있다.

첫째, "일한보호조약"이라고 하고 있으니 아리가의 학설의 원칙으로 돌아가 조약 체결에는 비준이 필요했다고 할 필요가 있었다. 그런데, 아리가 자신은 "이 조약은 … 쌍방으로부터 특히 전권위원을 파견하여 협정을 조인한 다음 양국 군주의 비준을 거친 정식조약이 아니다"라고 전권위임장도 비준도 없어서 "정식조약"이 아니라는 사실을 인정하고 있다. 그렇다면, 비준이 없는 이 조약은 무효라고 해야 했을 터이다(위의 1901년의 아리가의 학설을 참조).

나아가, "외국 사이의 같은 종류의 보호조약은 대개 정식조약의 체재를 취한다 …"라고 하고 있어서, 비교법적으로는 "정식조약"으로서의 비준이 필요했다는 것을 인정하고 있다.

그럼에도 불구하고, 결국 비준이 없는 약식합의라도 괜찮다는 주장을 하고 있다. 이 점이 최대의 모순이며 아리가의『국제공법』과『보호국론』은 서로 모순되고 있다. 함께 읽으면 아리가의 학설은 '지리멸렬'이라고 평가하지 않을 수 없다. 결국『보호국론』은 잘못이라고 평가해야 한다.

둘째, 아리가는 이「일한조약」이라는 명칭을「일한협약」이라고 하고 있다. 하지만 최근의 조약 원본 연구에 따르면,「일한협약」이라는 타이틀을 가진 조약의 원본은 존재하지 않는다는 사실이 확인되었다. 즉 1905년 11월 17일에 체결된「일한협약」은 실재하지 않는 환상의 문서인 것이다. 이 점(「논문 3」)에 대해서는 아리가는 한마디의 언급도 하지 않고 있다.

셋째, 아리가는 "이 조약은 한국 외무대신과 일본 공사가 그 평상시의 직권으로 조인한 까닭에 동문 통첩(同文通牒)의 형식을 취하는 것이다"라고 하여, 양국 정부(주권자이고 조약 체결권자인 황제와 천황이 아니다) 사이에 체결된 행정적인 합의에 지나지 않는다는 사실을 인정하고 있다. 그렇다면, 이러한 행정에 의한 합의로 한국 정부의 외교권한을 일본 정부에 넘겨 한국을 보호국화하고 그 독립과 주권을 빼앗는 것이 법적으로 가능했다고 말하고 싶은 것일까?

　　저자가 볼 때 있을 수 없는 일이다. 국왕이 가지는 국가주권을 정식조약을 체결하지 않고 주권자가 아니라 행정관인 신하가 제멋대로 다른 나라에 넘기는 것이 가능하다고는 법적으로는 도저히 생각할 수 없다. 소유자인 주인의 영지를 피사용인인 집사가(특히 대리권한이 주어져 있지 않음에도) "그 평상시의 직권으로" 타인에게 양도하는 것이 가능할까? 어떤 나라라도 외무대신이 "그 평사시의 직권"으로 그런 터무니없는 권한을 부여받고 있을 리가 없는 것이다. 만일 그것이 가능하다면 외무대신이 "그 평상시의 직권"에 기초하여 국가(주권·영토·국민)을 다른 나라에 양도하는 조약(예를 들면 병합조약)을 체결할 권한이 있다는 결과에조차 이르게 된다. 완전히 반대로 생각하면 알기 쉽다. 일본의 외무대신은 평상시의 권한으로 일본을 다른 나라의 보호국으로 만드는 조약, 혹은 일본의 통치권을 다른 나라에 양도하는 조약을 체결할 권한을 가지고 있는 것일까? 아리가는 이 근본적인 문제를 전혀 논의하지 않고 있다. 이 점을 고려하면, 가령 외교권을 양도하는 행정적 합의는 권한 밖의 행정협정이기 때문에 효력을 발생할 수 없다. 보호국 관계를 설정하는 국가간 합의는 국제법상으로는 외교주권을 가지고 있고 또 조약 체결권자였던 고종 황제(일본 측은 천황)으로부터 전권위임장에 의해 권한을 부여받은 한국 대표가 정식조약을 체결하고, 그 다음에 고종 황제의 서명날인이 있는 비준서를 교환하고 나서 비로소 그 효력이 발생하게 될 터이다.

　　넷째, 아리가가 프란시스 레이(Francis Rey)의 일본 정부 비판에 관해 저서에서 상세하게 반론하고 있다는 사실에 주목하고자 한다.[34] 아리가는 이 점이 조약의 효력을 논하는 데 커다란 약점이라는 점을 숙지하고 있었기 때문에야말로 상술한 것이리라. 아리가와 일본 정부가 끊임없이 진화하려 노력했음에도 이 비판은 오랫동안 구미의 학계에서 계속적

34　위의 책, 203-209면.

으로 연구되었고, 나중에 1963년 유엔 국제법위원회의 총회 보고서에서도 받아들여지게 되었다. 그것을 발견하지 않았다면, 저자가 이 문제를 연구하는 일도 없었을 것이다.

아리가는 레이의 비판을 아래와 같이 요약하고 있다. "1906년 2월의『국제공법일반잡지』에 파리 법과대학 강사 레이 씨의 이름으로「조선국의 국제적 지위」라는 제목의 논문이 실렸는데, 런던 타임즈 1월 13일자 기사에 기초하여 이르기를, 최근의 보도를 보니 '지난 11월의 보호조약은 일본과 같은 문명국에 있어서는 안 되는 정신적·육체적 강제를 조선 정부에게 가하여 얻은 것이다. 즉 일본 전권 이토오 후(候)와 하야시 공사를 호위하는 일본군으로 조선 국왕과 그 대신을 강압한 가운데 조약에 조인하게 한 것이다. 내각 대신들이 2일간 저항한 후에 어쩔 수 없이 서명했다. 한국 황제는 여러 나라에 주재하는 외교관, 특히 워싱턴 주차(駐箚) 공사에게 훈령을 내려 자신이 받은 강제에 대해 열심히 항의하게 했다'라고 … 하지만 나는 이에 일한보호조약이 유효임을 증명하기 위해 이 사실을 사실로서 다툴 필요가 없다. 설사 한걸음 양보하여 사실은 확실히 런던 타임즈의 기사와 같다고 하더라도 역시 보호조약의 효력에 아무런 영향을 미치지 않는다"라며 그 이유를 아래와 같이 들고 있다.

아리가의 주장의 골자는 일본의 한국에 대한 강제는 "사정의 강제"이지 "육체의 강제"가 아니라는 것이다.[35] 그리고 사정의 강제의 경우에는 자유의사에 따르기 때문에 한국 외부대신에게는 조약 체결의 의사가 있었다는 이유로 일한조약은 유효였다고 하는 것이다.

특히 비교 대조하는 사례로 영국에 의한 튀니지 보호조약 강제의 사례 등을 들어 상세하게 설명하고 있다. 튀니지 보호조약의 경우의 강제는 한국보호조약의 강제의 "10배의 강제력으로 조인하게 한 것이다"라고 하고 있다. "어느 쪽이나 모두 외세가 부득이하게 몰려와 강국에게 정복당할 지경이 되어 주권의 전부를 잃는 것보다는 오히려 그 피보호국이

---

35 1963년 ILC의 유엔 총회 제출 보고서에서는 국가에 대한 강제와 국가의 대표자 개인에 대한 강제로 나누어 후자에 의해 체결된 조약은 절대적 무효라고 하고 있다.

되는 것을 채택한 것이다 … 이와 같은 경우는 그 사정의 면으로 말하면 강제이지만 그 채택의 면으로 말하면 자유의사의 작용이기 때문에 이것을 법률상 무효라고 할 수 없다"라고 하고 있다.

결론적으로는 "요컨대 오늘날의 국제법에서는 사정의 강제와 육체의 강제를 구별하여, 조약 체결권자의 일신상에 위해를 가하겠다고 공갈하여 조인하게 한 조약은 무효이지만, 사정에 몰려 어쩔 수 없이 조인한 조약은 무효로 하지 않는다. … 누구라도 한국 대신에게 다가가 조인하지 않는 자는 구금하고 살육하겠다고 협박했다는 사실을 듣지 못했다"라고 서술하고 있다. 상세한 내용은 아리가의 위의 저서를 참조해주기 바란다.

이러한 아리가의 주장은 그 후 100년이라는 오랜 세월 동안 일본 정부의 입장의 핵심으로서 생명을 이어왔다. 그러나 첫째, 아리가의 주장을 숙독해도 여전히 한국 외부대신이 자유의사로 서명했다고는 생각되지 않는다. 둘째, 1905년 11월 17일자 「일한협약」이라는 이름의 「한국보호조약(?)」이 유효하게 체결되어 존재했다는 것에 관한 입증책임은 일본 정부에게 있다. 위에서 적은 모순과 의문 모두에 대해 일본 정부 측의 입증이 성공한 것으로는 보이지 않는다.

아리가 나가오는 유능한 관리로서 일본의 정책을 정당화하기 위해 편의적으로 법률지식을 활용하는 직무에 매우 열심이었다. 그러나 주어진 직무에 충실하는 것을 우선시한 때문에, 법의 지배에 따라 법을 존중하고, 법학자로서 자신의 학설의 일관성과 인간으로서의 인테그리티를 견지한다고 하는 보다 높은 차원의 사명은 포기한 것이다.

〈쯔즈키 케이로쿠[都筑馨六]의 미출판 유고와 불복의 고백〉

1905년 당시 일본 정부의 고급관료였던 쯔즈키 케이로쿠는 한일관계의 역사에 깊이 관련된 중요인물이다. 그 경력은 『쯔즈키 케이로쿠 전(都筑馨六傳)』[36] 권말의 연보에 상세

---

36 松本重敏(代表), 위의 책 권말의 「都筑馨六年譜」, 1-37면.

하게 적혀 있다. 초대 의장을 지낸 이토오 히로부미가 세 번째로 추밀원의장이 된 1903년 7월, 쯔즈키는 추밀원 서기관장(고등관 1등)에 발탁되어 이토오 히로부미 의장의 오른팔로 활약했다. 이토오 히로부미는 1905년 11월 2일부터 12월 8일까지 특파대사로 한국에 파견되었다. 쯔즈키는 그때 수석 보좌원으로서 이토오를 수행했기 때문에 1905년 11월 17일 「한국보호조약(?)」 강제 체결 사건의 전모를 잘 아는 입장이었다. 사건 후에는 이토오에 의해 그 「보호조약(?)」의 실시를 위한 최고위 실무담당자로 임명되었기 때문에, 아래와 같은 사건의 중심인물이 되어 버렸다.

이런 일화가 있다. 강성은 교수(조선대학, 역사학)는 2005년에 포괄적인 연구서인 『1905년 한국보호조약과 식민지지배 책임』[37]을 공간하여 아래와 같은 획기적인 연구를 발표했다. 이토오 히로부미는 1905년 「보호조약(?)」의 '체결' 직후에 천황에게 방한의 전말에 관해 보고문서를 제출했다. 지금까지 많은 연구자는 공간된 자료인 「이토오 특파대사 어친한 봉정 시말(伊藤特派大使御親翰奉呈始末)」[38]에 의거하여 고종 황제가 「조약(?)」 체결에 동의했다고 생각하고 있었다. 하지만 강 교수는 이토오 히로부미가 메이지 천황에게 제출한 복명서[39]의 기초과정을 연구하여 쯔즈키가 보좌원으로서 기초한 복명서 '초안' 원안의 원본을 국립국회도서관 소장의 「쯔즈키 케이로쿠 관계문서」[40]에서 찾아냈다. 그리고 거기에는 고종 황제가 그 「조약(?)」 체결에 동의하지 않았다고 하는 역사적 사실을 쯔즈키가 인식하고 있었다는 사실을 드러내는 기재(말소되어 있지만)가 있다는 것을 발견했다.[41]

저자는 강 교수의 연구성과(문서의 사진이 게재되어 있지 않다)를 인용하여 강연을 하기 위해서는 원자료를 직접 확인할 필요가 있다고 생각하여, 2012년 3월 7일에 국립국회도서관

---

37 康成銀, 『1905年韓国保護条約と植民地支配責任 - 歴史学と国際法学との対話』, 創史社, 2005.
38 「伊藤特派大使御親翰奉呈始末」 (外務省, 『日本外交文書』, 38-1, 497면)의 「韓國奉使復命書」(1905년 12월 8일자. 이토오 히로부미 작성) 중 「奉使記事摘要」 부분.
39 위의 글.
40 国立国会図書館憲政資料室都筑馨六関係文書. 문서 목록은 pdf로 입수할 수 있다. http://rnavi.ndl.go.jp/kensei/entry/tsudukikeiroku.php 2016.1.6. 열람.
41 康成銀, 위의 책, 99-100면.

에서 원자료를 찾아보았다. 거기에서 쯔즈키의 초안 모필 원본을 확인한 다음 검증하고, 문제의 '초안'이 진정한 문서임을 확신하여 사진촬영 후 공표했다.[42]

그리고 쯔즈키의 유고의 문제인데, 만년[43]이 되어 집필한 유고라고도 할 수 있는 「조약의 효력에 관해」라는 제목의 원고 원본이 국립국회도서관 소장의 「쯔즈키 케이로쿠 관계 문서」 속에 남아 있다는 사실이 밝혀졌다. 유고는 400자 원고지로 7매(7매째는 4행)의 펜으로 쓴 손글씨 원고이다. 전기에는 출판되었다고 되어 있다.[44] 쯔즈키는 출판을 의도하고 있었을 것이고, 전기 편찬자도 출판되었다고 오인한 것이 아닐까? 그러나 이 제목으로 출판된 간행물은 발견할 수 없었다.[45] 실제로는 원고로만 되어 있었고, 웬일인지 출판되지 않았다. 만일 출판하면 애써 '잠재운 아이를 깨우는' 결과가 될지 모른다고 출판사가 두려워한 것인지도 모른다. 상황으로는 추인할 수밖에 없지만, 미디어도 침묵을 계속하는 길을 선택한 것이 아닐까?

저자는 펜네임 "타누키다니산 거사(狸谷山 居士)"라고 되어 있지만, 쯔즈키 케이로쿠가 집필한 것은 틀림없다.[46] 쯔즈키는 1905년 「한국보호조약(?)」 강제 체결 사건에 직접 관련된 인물로 내부 사정을 누구보다 잘 알고 있었다. 그런 만큼 「조약의 효력에 관해」라는 제목은 강한 관심을 끌기에 충분하다.

---

42 戶塚悅朗, 「100年の沈黙と安重根義軍參謀中將の遺墨 - コミュニケーション回復のための國際法・多國間國際機構の役割」, 李洙任・八幡耕一編, 『龍谷大學アフラシア多文化社會研究センター研究シリーズ』 2, 龍谷大學アフラシア多文化社會研究センター國內ワークショップ・「韓國倂合」100年市民ネットワーク共催、植民地支配と紛爭解決に向けての對話 - 東アジアの相互理解のために』, 龍谷大學アフラシア多文化社會研究センター, 2013.3.25, 67-82면.

43 松本重敏(代表), 위의 책 권말의 「都筑馨六年譜」에 따르면, 쯔즈키는 1923년 7월 5일에 63세로 사망했는데, 「條約の效力について」는 같은 해 1월에 완성되었다.

44 松本重敏(代表), 위의 책 권말의 「著書及論文目錄」에는, 「條約の效力について」는 1923년 1월에 "『中外商業新報』所載"로 출판되었다고 되어 있다. 거기에는 펜네임에 관해서는 언급이 없다.

45 사이타마(埼玉) 현립 쿠마타니(熊谷)도서관에 의뢰하여 『中外商業新報』(『日本經濟新聞』의 전신)의 마이크로 필름을 조사한 결과, 1922년 1-2월, 1922년 11월-1923년 4월, 1923년 1월에 이 제목으로는 게재되어 있지 않다고 한다. 위 도서관의 조사 협력에 대해 감사드린다.

46 원고의 원본이 國立國會圖書館憲政資料室都筑馨六關係文書에 보존되어 있을 뿐만 아니라, 위의 『都筑馨六傳』에 "출판되었다"라고 되어 있다는 사실로부터 추인할 수 있다.

쯔즈키는 「조약의 효력에 관해」의 첫머리에서 중대한 주제에 관해 서술하고 있다. "조약은 재가를 거쳐 공포하지 않으면 효력을 발생하지 않는다는 논의가 있지만 나는 그것에 불복한다"라고 하고 있다.

여기에서 '재가'[47](를 거쳐 공포한다)라는 것은 천황이 조약에 구속되는 것을 최종적으로 확인하여 일반에 공개하는, 즉 비준하는 법적 행위를 말한다고 생각된다. 국제법에 관한 문헌 연구에서는 1905년 당시의 상당수의 교과서가 조약의 비준을 법률의 재가와 같다고 설명하고 있었다(「논문 3」). 쯔즈키가 사용한 '재가'는 비준을 의미한다고 이해해도 좋은 것이 아닐까? 솔직하게 '비준'이라는 용어를 사용하지 않고 '재가'라고 한 것은, 1905년 「한국보호조약(?)」 강제 체결 사건을 상기시키지 않기 위해 고의로 애매한 일반론을 서술한 것 아닐까? 요컨대 쯔즈키에게는 후술하는 결론('비준불요설'의 결론)을 이끌어내는 것이 중요했다고 생각된다.

"논의가 있다"라고 되어 있지만, 조약이 효력을 가지기 위해서는 비준이 필요하다는 데는 1905년 당시 이론이 없었다. "조약은 재가를 거쳐 공포하지 않으면 그 효력이 발생하지 않는다"라는 국제법 해석이 '비준필요설'인데, 그것은 압도적 다수의 학자가 채용하고 있었던, 관습국제법의 해석으로서는 통설 이상의 정설이었다. 1905년 「한국보호조약(?)」에는 비준이 필요했다는 점에 관해서는 공개석상에서는 논의하는 자는 없이 침묵이 지켜졌을 것이다. 하지만 이 「조약(?)」을 강제 체결하게 한 때에 쯔즈키 케이로쿠는 이토오 히로부미를 보좌하는 최상위 고급관료의 위치에 있었다. 그런만큼 비공개 석상에서는 쯔즈키 케이로쿠가 정식의 조약 체결에 실패한 책임을 엄하게 비판받았을 것이다. 그때에는 '비준필요설'이 법리라는 점을 지적받아 "논의"되었다고 추정할 수 있다. 그렇다면 정설에 대해 "불복"을 주창하지 않을 수 없는 상황이 있었다는 것은 상상하기 어렵지 않다. 만년

---

47 "메이지 헌법 아래에서 천황이 의회가 의결한 법률안·예산안을 승인하는 행위. 이것에 의해 법률안·예산안은 확정적으로 성립되었다. 칙재."『デジタル大辞泉』(小学館) (Goo辞書. http://dictionary.goo.ne.jp/jn/84593/meaning/m0u/) 2015.12.16. 열람.

이 되어 과거를 되돌아보며 오랜 세월 품고 있던 고민을 솔직하게 고백한 것이라고 볼 수 있지 않을까? 그런 가운데 이 문제에 관해 자기의 입장을 정당화하기 위해 '비준필요설'에 대항하는 글을 남기고 싶다고 생각한 것 아닐까?

쯔즈키의 「조약의 효력에 관해」의 결론은 아래와 같은 것이었다. 즉, "앞에서 논의한 취지를 요약하면 … 재가는 필요하지만 매□ 친재의 행위를 요한다고는 생각되지 않는다. 오히려 보통의 경우에는 주권자의 전권위탁자가 조인한 것에 의해 효력이 발생한다고 인정하는 것이 온당하다고 생각한다"라는 것이다. 원칙적으로 비준이 필요하다고 하는 정설('비준필요설')의 원칙과 예외를 뒤바꾸어, 원칙적으로 비준은 필요하지 않다고 하는 설('비준불요설')이 "온당하다고 생각한다"라고 주장하고 있다.

그리고 그 후 일본 정부는 쯔즈키 케이로쿠가 유고에서 주장한 이 입장(원칙와 예외를 뒤바꾸어 버리는 '비준불요설')을 근거로 국제법을 개변하려고 하는 외교정책을 오늘날까지 취해오게 되었다고 추측할 수 있다.

(자료 1)

2015년 8월 14일 내각총리대신 담화 [각의결정][48]

    종전 70년을 맞아 지난 대전에 이른 과정, 전후의 경과, 20세기라는 시대를 우리는 차분하게 되돌아보고, 그 역사의 교훈 속에서 미래로 나아가기 위한 지혜를 배우지 않으면 안 된다고 생각합니다.

    100년 이상 이전의 세계에서는, 서양 국가들을 중심으로 한 여러 나라의 광대한 식민지가 확장되고 있었습니다. 압도적인 기술 우위를 배경으로 한 식민지지배의 파도는 19세기에 아시아에도 밀려왔습니다. 그 위기감이 일본에게 근대화의 원동력이 되었던 것은 틀림이 없습니다. 아시아에서 최초로 입헌정치를 수립하고, 독립을 지켜냈습니다. 일러전쟁은 식민지지배 아래에 있던 많은 아시아·아프리카인들에게 용기를 주었습니다.

    전 세계를 끌어들인 제1차 세계대전을 거쳐, 민족자결의 움직임이 확산되어, 그때까지의 식민지화에 브레이크가 걸렸습니다. 이 전쟁은 1,000만 명이나 되는 전사자를 낸 비참한 전쟁이었습니다. 사람들은 '평화'를 강하게 염원하여, 국제연맹을 창설하고 부전조약을 만들어냈습니다. 전쟁 자체를 위법화하는 새로운 국제사회의 조류가 생겨났습니다.

    당초에는 일본도 보조를 맞추었습니다. 그러나 세계공황이 발생하여, 구미 여러 나라들이 식민지 경제를 포함한 경제 블럭화를 추진하자, 일본 경제는 커다란 타격을 입었습니다. 그런 가운데 일본은 고립감을 심화시켜 외교적·경제적인 곤란을 힘의 행사로 해결하려고 시도했습니다. 국내의 정치 시스템은 그것을 제어하지 못했다. 이렇게 해서 일본은 세계의 대세에서 멀어져 갔습니다.

    만주사변, 그리고 국제연맹 탈퇴. 일본은 서서히 국제사회가 장절한 희생 위에 구축하고자 한 '새로운 국제질서'에 대한 '도전자'가 되어 갔습니다. 방향을 그르쳐 전쟁의 길로

---

48 http://www.kantei.go.jp/jp/97_abe/discource/20150814danwa.html.

나아갔습니다.

그리고 70년 전. 일본은 패전했습니다.

(중략)

아무런 죄도 없는 사람들에게 헤아릴 수 없는 손해와 고통을 우리나라가 주었다는 사실. 역사란 실로 돌이킬 수 없는 가열찬 것입니다. 한 사람 한 사람에게 각자의 인생이 있고 꿈이 있고 사랑하는 가족이 있었다. 이 당연한 사실을 생각할 때, 지금 다시금 할 말을 잃고 단지 단장의 염을 금할 수 없습니다.

이런 존엄한 희생 위에 현재의 평화가 있다. 이것이 전후 일본의 원점입니다.

두 번 다시 전쟁의 참화를 반복해서는 안 됩니다.

사변, 침략, 전쟁. 어떤 무력의 위하나 행사도 국제분쟁을 해결하는 수단으로서는 이제 두 번 다시 사용해서는 안 됩니다. 식민지지배로부터 영원히 결별하고, 모든 민족의 자결권이 존중되는 세계로 만들지 않으면 안 된다.

(중략)

이러한 역대 내각의 입장은 앞으로도 흔들림이 없는 것입니다.

(후략)

내각총리대신 아베 신조오

(자료 2)

[문서명]　한국보호권 확립의 건(韓國保護權確立ノ件)[49]
[연월일]　1905년 4월 8일
[출전]　　『日本外交年表竝主要文書』上卷, 外務省, 233-234면.
[전문]

　　메이지 38년 4월 8일 각의결정
　　메이지 38년 4월 8일 재결
　　　각 대신 화압(花押)

　한국에 대한 시설은 기정의 방침과 계획에 기초하여 보호의 실권을 장악하는 견지에서 점차 추진하여, 당해 국가의 국방과 재정의 실권을 우리 손에 넣고 동시에 당해 국가의 외교를 우리의 감독 아래 두고 또 조약체결권을 제한할 수 있었다고 생각하는데, 전자에 관해서는 앞으로 더욱 더 기득의 지위를 공고하게 하여 당초의 목적을 관철해야 하고, 후자에 관해서도 역시 말할 것도 없이 장래의 보호권 확립을 향해 큰 걸음을 내디뎠음을 의심하지 않는다. 하지만 그 후 한국의 외교는 동양의 화근이 숨어 있는 곳이 되어 있어서, 장래의 분규 재발의 계기를 없앰으로써 제국의 자위를 완전하게 하기 위해서는 제국은 모름지기 이번에 한 걸음 더 나아가 한국에 대한 보호권을 확립하여 당해 국가의 대외관계를 전부 우리의 손 안에 넣지 않으면 안 된다. 그리고 그렇게 하기 위해서는 한국 정부와 아래와 같은 취지의 보호조약을 체결하는 것이 필요하다.

---

[49]　「韓國保護權確立ノ件」, 東京大学東洋文化研究所 田中明彦研究室, データベース『世界と日本』- 日本政治・国際関係データベース. http://www.ioc.u-tokyo.ac.jp/~worldjpn/documents/texts/pw/19050408.O1J.html

1. 한국의 대외관계는 전적으로 제국이 이를 담임하고 재외 한국 신민은 제국의 보호 아래에 귀속시킬 것.
　2. 한국은 직접 외국과 조약을 체결할 수 없게 할 것.
　3. 한국과 여러 외국 사이의 조약의 실행은 제국이 그 책임을 질 것.
　4. 제국은 한국에 주차관을 두고 당해 국가 시정의 감독 및 제국 신민 보호의 임무를 맡게 할 것.

　이렇게 해서 비로소 장래에 한국의 대외관계로 인해 또 다시 국제적 분규가 유발되고 나아가 동양의 평화가 교란될 우려를 근절할 수 있을 것이라고 믿는다. 다만 보호권의 확립은 그것으로써 곧바로 한국과 여러 외국 사이에 존재하는 조약을 폐지하는 효과를 가지지 않는다. 따라서 치외법권 및 협정세율에 관해서는 여러 외국은 여전히 종전의 지위를 보유하는데 이에 대해서는 선후책이 없지 않다. 즉 치외법권에 관해서는 제국은 적절한 특정 시기에 적당한 사법제도를 한국에 시행함으로써 외국인들에 대한 법권을 장악하는 것으로 하고, 또 세율에 관해서는 장래 제국과 여러 외국 사이의 조약 개정의 시기를 기다려 필요한 협정을 하는 것이 득책이라고 믿는다. 또한 보호권 확립과 함께 제국은 주차관을 파견하여 한국에 대해 제국을 대표하게 하고, 여러 외국의 사신은 모두 철수해야 한다는 것은 말할 필요도 없다.

　보호권 확립의 결과는 상술한 바와 같다. 그것이 제국 자위의 목적을 관철함에 있어서 실로 적절하고도 긴요한 조치임을 믿는다. 하지만 그 실행 시기 여하에 대해서는 신중한 고려를 필요로 한다. 생각건대 개전 이래 제국과 한국 사이에 맺어진 협약은 모두 다 한국과 여러 외국 사이의 조약상의 관계에 직접적인 영향을 미치지 않는 범위에 한정된 것이지만, 보호권의 확립은 그 관계를 일변시켜 예를 들면 여러 외국에서는 공사 철수 등 직접 우리의 보호권을 승인하는 조치를 취하지 않을 수 없게 됨으로써, 그 실행에 관해서는 깊이 여러 외국의 태도 여하를 고려하여 가능한 한 관계 없는 자들에게 지장을 초래하지 않는 수단을 강구한 가운데 적당한 시기에 이를 단행하는 것이 득책이라고 생각한다.

(자료 3)

조약 비준 문답[50]

법학박사 테라오 토오루

문 : 조약에 비준을 필요로 하는 이유는 무엇인가?

답 : 사법상으로는 당사자가 대리인을 내세워 계약을 체결하는 경우에는 그 대리인이 위임권한을 초월한 때가 아니면 후일 그것에 대한 추인 없이 곧바로 당사자 본인을 구속하는 것처럼, 국제법상으로도 전권위원이 체결한 조약은 그 위임권한을 넘지 않은 이상은 별도로 비준의 절차가 필요 없이 곧바로 효력을 발생한다. 이것은 생각건대 고대 국제법학자의 소신으로서, 과거에는 전권위원이 위임권을 벗어나 조약을 체결한 경우가 아니면 굳이 그 비준을 거부할 것이 아니라고 했다. 따라서 고래의 많은 실례에 비추어보아도 조약 거부의 이유는 많은 경우 전권위원의 월권이었다. 생각건대 전권위원에 대한 정부의 훈령은 한 나라의 국내의 일로서 밖으로 드러나지 않는 경우가 많기 때문에 그 실제는 전권위원이 정부의 훈령을 잘 받든 경우라고 하더라도 그것을 월권이라고 습관적으로 말하는 것이 구태여 어려운 일이 아니기 때문이다. 그러나 근세의 법리에서는, 조약은 국가를 구속하고 국민의 희비에 관한 중대한 사항을 규정하는 것으로서 그 중요한 정도가 개인의 사익에 관한 보통의 계약과 비교할 바가 아니어서, 비준을 조약 성립의 하나의 요건으로 삼기에 이르렀다. 비준을 조약 성립의 하나의 요건으로 삼는 이상 그 거부는 국가의 권리이다. 오로지 전권위원의 월권의 경우에 한하지 않고, 국가의 존망흥폐의 경우는 물론이고 국민의 희비에 관한 중대한 이유가 있는 경우에는, 비준을 거부하더라도 굳이 지장이 없다. 단지 비준을 하거나 하지 않는 것은 국가의 이해득실의 교량(較量) 여하에 달려 있을

50 　寺尾亨,「條約批准問答」,『國際法雜誌』 4-2, 1905, 1-3면.

뿐이다.

문 : 군주국의 군주가 자신이 내린 훈령에 따라 체결한 조약에 대해 나중에 그 비준을 거부하는 것은 모순이 아닌가?

답 : 그렇지 않다. 군주가 그 전권위원에게 훈령을 내리는 것은 한 나라 정부의 수장의 자격으로 그 정부의 행위에 인가를 부여하는 행위이다. 이와 달리 군주가 조약에 비준을 부여하거나 하지 않는 것은 한 나라의 원수로서의 자격으로 국가를 구속할 대외행위에 대해 마지막 결정을 하는 행위이다. 따라서 그 사람은 같더라도 그 자격이 다른 것이다. 또한 이를 헌법상의 예에 비추어보면 한층 그 의미가 명료하게 된다. 한 나라의 군주는 그 정부가 의회에 제출하는 법률안을 재가하면서, 그럼에도 불구하고 후일 그것이 법률이 되어 발표되기 이전에 다시 그것의 재가 · 불재가의 대권을 가지고 있지 않은가. 또 군주는 조약을 체결하게 하는 위원에게 전권을 위임하지만, 만일 그 전권이라는 문자를 글자 그대로 해석해서 그에 상응하는 실권이 있다고 하면 위원의 일체의 행위는 곧 군주의 행위가 되어, 이른바 위원이 권한을 벗어나는 등의 문제가 발생할 이유가 없을 것이다. 하지만 그 전권위원이 체결한 조약에 대해서 비준하는 제도가 존재하는 이상은, 그 내용이 훈령에 적합한지 여부와 상관 없이 비준의 자유는 여전히 군주의 손에 있는 것이라고 하지 않으면 안 된다.

(10월 13일 구술)

(자료 4)

[문서명] 한국 보호권 확립 실행에 관한 각의결정(韓國保護權確立實行に關する閣議決定)[51]
[연월일] 1905년 10월 27일
[출전] 『日本外交年表竝主要文書』上卷, 外務省, 250-251면.
[전문]

1905년 10월 27일 각의결정
1905년 10월 27일 재가

한국에 대해 우리의 보호권을 확립하는 것은 이미 조의(廟議)가 결정한 것이지만, 그 실행은 지금이 최적의 시기라고 판단한다. 왜냐하면 그에 대해 영미 양국은 이미 동의를 했을 뿐만 아니라 그 이외의 여러 나라도 역시 일한 양국의 특수한 관계와 전쟁의 결과를 고려하고, 최근에 발표된 일영동맹 및 일로강화조약의 명문에 비추어, 한국이 일본의 보호국이 되는 것은 피할 수 없는 결과임을 묵인하고, 특히 이번의 강화에서 우리나라가 한 양보는 여러 나라가 인정하여 일대 영단이라고 하는 바이며, 따라서 또 여러 나라는 일본이 그만큼 양보하여 평화의 국면을 만들어낸 이상, 그 거두어들인 권리와 이익은 어디까지나 확실하게 지키며 활용할 결심임을 믿고 있을 것이기 때문이다. 따라서 아래와 같은 방법과 순서로 이번에 그것을 결행함으로써 우리의 소망의 관철을 기해야 할 것이다.

---

[51] 「韓國保護權確立實行に關する閣議決定」, 東京大学東洋文化研究所 田中明彦研究室, データベース『世界と日本』- 日本政治・国際関係データベース. http://www.ioc.u-tokyo.ac.jp/~worldjpn/documents/texts/pw/19051027.O1J.html

1. 대체로 별지와 같은 조약을 한국 정부와 체결하여 그 나라의 외교관계를 전적으로 우리의 손 안에 넣을 것.

  2. 조약이 성립된 때에는 발표 전에 영미는 물론 불독 정부에도 내밀하게 통첩하여 문의하고, 발표와 동시에 공연하게 하나의 선언을 하여 제국이 한국에 대해 보호권을 확립하기에 이른 이유를 말하고, 아울러 한국과 여러 나라 사이의 조약을 유지하고 한국에서의 여러 나라의 상공업상의 이익을 손상시키지 않는다는 취지의 성명을 할 것.

  3. 실행의 시기는 11월 초순으로 할 것.

  4. 조약 체결의 전권은 하야시 공사에게 위임할 것.

  5. 특히 칙사를 파견하여 한국 황제에게 어친한(御親翰)을 보낼 것.

  6. 하세가와 사령관에 대해 하야시 공사에게 필요한 원조를 함으로써 본건의 만족스러운 성공을 기한다는 취지의 명령을 발할 것.

  7. 경성 주둔의 목적으로 수송 중인 제국 군대를 가능한 한 본건 착수 이전에 모두 입경시킬 것.

  8. 착수했으나 도저히 한국 정부의 동의를 얻을 가망이 없을 때는, 최후의 수단으로 한편으로 한국에 대해 보호권을 확립한다는 취지를 통고하여 여러 나라에 대해 제국 정부가 위의 조치로 나아가지 않을 수 없는 이유를 설명하고, 아울러 한국과 여러 나라 사이의 조약을 유지하고 한국에서의 여러 나라의 상공업상의 이익을 손상시키지 않는다는 취지를 선언할 것.

  (별지)

  일본국 정부와 한국 정부는 두 제국을 결합하는 이해 공통의 주의를 공고하게 하기를 희망하여, 이 목적으로 아래의 조관을 약정함.

제1조 일본국 정부는 토오쿄오에 있는 외무성을 통해 앞으로 한국의 외국에 대한 관계 및 사무를 전적으로 스스로 감리·지휘하고, 일본국의 외교대표자 및 영사는 외국에 있는 한국의 신민 및 이익을 보호함.

제2조 일본국 정부는 한국과 다른 국가 사이에 현존하는 조약의 실행을 완전하게 하는 임무를 담당하고, 한국 정부는 앞으로 일본국 정부의 중개에 의하지 않고서 국제적 성질을 가지는 일체의 조약이나 약속을 하지 않을 것을 약속함.

제3조 일본국 정부는 그 대표자로서 한국 황제 폐하의 아래에 1명의 통감('레지던트 제너럴')을 둠. 통감은 경성에 주재하고 친히 한국 황제 폐하에게 내알할 권리를 가짐. 일본국 정부는 또 한국의 각 개항장 및 기타 일본국 정부가 필요하다고 인정하는 곳에 이사관('레지던트')을 둘 권리를 가짐. 이사관은 통감의 지휘 아래 종래 재한국 일본 영사에게 속하던 일체의 직권을 집행하고, 아울러 이 협약의 조관을 완전히 실행하기 위해 필요한 일체의 사무를 장리함.

제4조 일본국과 한국 사이에 현존하는 조약 및 약속은 이 협약의 조관에 저촉되지 않는 한 모두 그 효력을 계속하는 것으로 함.

위의 내용을 증거로 하여 아래의 사람들은 각각 본국 정부로부터 상당한 위임을 받아 이 협약에 기명·조인함.

역사인식과 한일 '화해'의 길 (5)
1905년 「한국보호조약(?)」의 효력 문제와 1963년 유엔 총회 결의에 관해*

역사인식과 한일 '화해'의 길(1)
- 안중근 동양평화론 연구는 일본을 고립으로부터 구해낼 것인가? -
머리말
1. '침묵'을 깬 '100년 네트워크'의 공헌
2. 2010년까지의 주된 연구 성과
3. 최근 5년간 연구의 동향
4. 안중근 재판에 관한 법적 연구의 경위와 배경
5. 일본 정부는 안중근을 '테러리스트'라고 비난
6. 일본 정부의 식민지지배에 관한 역사인식과 사죄의 현상(現狀)
7. 맺음말

역사인식과 한일 '화해'의 길(2)
- 식민지지배 책임과 1905년 「한국보호조약(?)」 -
8. 일본의 식민지지배 책임이란?
9. 1905년 「한국보호조약(?)」은 원초적으로 무효
10. 1905년 「한국보호조약(?)」에는 황제의 서명이 필요했는가?

역사인식과 한일 '화해'의 길(3)
- 문헌 연구를 통해 1905년 「한국보호조약(?)」의 무효성을 묻는다 -
11. 1905년 당시 국제법 해석학의 문헌 연구
12. 요약 및 고찰

역사인식과 한일 '화해'의 길(4)
- 「국제법잡지」는 1905년 「한국보호조약(?)」에 대해 어떻게 준비했는가 -
13. 2015년 아베 수상 담화
14. 「국제법잡지」는 1905년 「한국보호조약(?)」을 어떻게 준비했는가?
15. 일본 외교의 실패

역사인식과 한일 '화해'의 길(5)
- 1905년 「한국보호조약(?)」의 효력 문제와 1963년 유엔 총회 결의에 관해 -
16. 유엔 창설과 제국주의시대의 세계사적 전환
17. 1963년 ILC 보고서와 1905년 「한국보호조약(?)」
18. 1963년 유엔 총회 결의

역사인식과 한일 '화해'의 길(6)
- '위안부' 문제에 관한 한일 외교장관 합의로부터 판문점 남북 정상회담까지 -
19. '위안부' 문제에 관한 한일 외교장관 합의의 실패로부터 무엇을 배워야 하는가?
20. 판문점 남북 정상회담이 새로운 시대를 열 것인가?

역사인식과 한일 '화해'의 길(7)
- 미로에서 벗어나기 위한 열쇠 -
머리말
21. '동양평화' : 대립하는 두 개의 비전
22. ILC 보고서(1963년)과 유엔 인권위원회(1993년)
23. 어디에서 미로를 헤맨 것일까?
24. 한일 화해의 길은 찾게 될까?

머리말

이른바 1905년「한국보호조약(?)」[1]은 통칭이다. 그 공식명은 일본 정부에 따르면「일한협약」이라는「조약(?)」이며, 1905년 11월 17일에 대일본제국과 대한제국 사이에 체결되었다고 한다. 바꾸어 말하면, 일본 정부 측은「일한협약(?)」(이른바 1905년「한국보호조약(?)」)이라는「조약(?)」이 1905년 11월 17일에 체결되었다고 하며, 지금까지 110년간이나 되는 오랜 세월에 걸쳐 그 합법적인 성립 및 그 유효한 존속(한국의 건국까지)을 주장해왔다.[2]

첫째, 그것이 합법적으로 성립되었고 또 유효하게 존속했다고 하는 법적 사실에 대해서는 일본 정부 측에 입증책임이 있다. 하지만, 최근의 연구에 따르면, 일본 정부는 이 1905년 11월 17일「조약(?)」의 원본의 존재를 증명할 수 없다는 사실이 밝혀졌다.[3] 1905년 11월 17일「일한협약」의 조약 원본은 어디에도 존재하지 않았고, 지금도 존재하지 않는다는 충격적인 최신의 발견[4]을 무시할 수는 없다. 조약은 서면에 의해 체결되지 않으면 안 되기 때문에, 이 최신의 연구성과를 맑은 눈으로 직시하면 우리 연구자들은 1905년 11월 17일「일한협약(?)」은 존재하지 않았다는 법적 (부재의) 사실을 승인하지 않을 수 없는 것이다.

둘째, 이 1905년「한국보호조약(?)」의 법률상의 무효원인은 그것에 그치지 않는다. 이

---

* 이 논문은 2015년 11월 20일(금)에 한국의 서울에서 개최된「을사조약 110주년 국제학술회의 : 1905년 '보호조약', 그 세계사적 조명」(기획 : 한국역사연구원, 원장 이태진[서울대학교 명예교수], 지원 : 동북아역사재단)에 제출한 저자의 발표문이다.
1 이 조약은 실은 존재하지 않는 것이기 때문에 이 논문에서는 "(?)"를 뒤에 붙인다.
2 한일 구 조약에 관한 일본 정부의 입장에 관해서는 아래의 내용이 참고가 된다. 식민지지배 및 침략을 사죄한 전후 50년「무라야마 담화」(1995)에 관해, 무라야마 수상은 국회 답변에서 1910년「한국병합조약」은 부당했지만 합법이었다고 말했다. 한국병합 100년에 해당하는 2010년에 칸 나오토 수상은 일본이 무력을 배경으로 한국의 사람들의 뜻에 반하여 나라와 문화를 빼앗았다는 사실을 인정하고 반성과 사죄의 뜻을 밝혔다. 그러한 칸 수상의 담화는 일본 정부의 식민지지배에 관한 역사인식을 한걸음 전진시켰다. 칸 나오토 수상은 국회에서의 답변에서 1910년 병합조약의 효력에 관해서는 아무런 언급도 하지 않았지만, 종래의 일본 정부의 법적 입장을 변경하지는 않았다고 발언했다.
3 戸塚悦朗,「歴史認識と日韓の「和解」への道(その3)」,『龍谷法学』48-3, 2016.
4 한국 정부 보존문서에 관해서는 이태진 명예교수의 연구가 있고, 일본 정부의 보존문서에 관해서는 저자의 연구가 있다.

1905년「한국보호조약(?)」이 유효하게 체결되었다고 주장하기 위해서 지금까지 일본 측 학자가 법적 근거로 삼아 온 것은 조약 체결에 관한 '비준불요설'이었다. 하지만 이것은 1905년 당시의 국제실행에 관한 연구에 의해서는 뒷받침되지 않고, 오히려 반대의 사실이 밝혀졌다.[5] 그 뿐만 아니라, 이것도 괄목할만한 사실인데, 저자의 당시의 관습국제법에 관한 문헌 연구에 따르면, 당시 일본의 국제법 연구자는 모두 '비준필요설'을 취하고 있었다는 사실이 밝혀진 것이다.[6]

셋째, 그 이외에도 중요한 무효원인이 있다. 1905년「한국보호조약(?)」은, 한국 황제·정부 각료 개인에 대한 강제 때문에 절대적 무효인 조약이었다고 하는 놀라운 기재가 담겨 있는 유엔 보고서를 저자가 '발견'한 것은 1992년 가을의 일이었다.[7] 이태진 서울대학교 명예교수의 요망에 따라 이 논문에서는 이 점에 관해 세계사적인 관점에서 보고해보기로 한다.

16. 유엔 창설과 제국주의시대의 세계사적 전환

(F.D.R.의 꿈과 1942년「연합국 선언」)

1905년「한국보호조약(?)」의 강제 체결로부터 36년 후의 일이었다. F. D. 루즈벨트 대통령(F.D.R.)은 1941년 12월 8일(미국 시간) 미국 의회 연설에서 대일 선전포고를 제안하여 압도적 다수의 찬성으로 승인을 받았다. 전날(미국시간으로 12월 7일) 일본군의 기습공격으로 미국령 하와이의 진주만 미국 해군기지가 괴멸적 타격을 받았기 때문에 F.D.R.은 그날을 "Day of infamy"(오욕의 날)라고 이름 붙였다. 연설은 짧았지만 설득력이 있어서 고립주

5　戸塚悦朗,「歴史認識と日韓の「和解」への道(その2)」,『龍谷法学』48-2, 2015.
6　戸塚悦朗,「歴史認識と日韓の「和解」への道(その3)」,『龍谷法学』48-3, 2016 ; 戸塚悦朗,「歴史認識と日韓の「和解」への道(その4)」,『龍谷法学』48-4, 2016.
7　戸塚悦朗,「歴史認識と日韓の「和解」への道(その2)」,『龍谷法学』48-2, 2015.

의를 취하고 있던 미국 의회의 자세를 일변시켰고, 그 결과 의회는 대일 선전포고를 결의했다.

일본·독일·이탈리아 추축국은 그 전해인 1940년에 3국 군사동맹을 체결했기 때문에, 독일과 이탈리아는 12월 11일 미국에 선전포고를 했다. 이렇게 해서 전 세계가 제2차 세계대전에 말려들게 되었다.

일독이 추축국의 군사동맹은 전쟁에 의한 세계의 제국주의적 재편을 목적으로 하고 있었다. 그것이 실현되면 나치즘과 파시즘이 세계인류를 지배하게 될 터였다. 독일인도 일본인도 인종적 우월의식을 당연한 것으로 생각했고, 그 때문에 스스로 패권을 확립하여 세계를 분할 지배할 자격이 있다며 세계대전을 정당화하고 있었다. 나치 독일은 정신장애인, 유대인 등 마이노리티에 대한 증오를 부추겨 엄청난 수의 약자를 말살하는 정책을 추진하면서 유럽 여러 나라에 대한 군사적 침략을 추진하고 있었다. 다른 한편 일본의 군과 정부는 '자위'라는 미명 아래 조선·한반도를 비롯하여 중국 등 아시아 여러 나라에 대한 영토적 야심을 노골적으로 드러내면서 독일보다 앞서서 제국주의적인 침략을 진행하고 있었다. 일본은 조선·한국인, 중국인, 기타 아시아인들을 백인으로부터 '해방'시켜 '평화'를 확립한다며 그 과정을 정당화하려고 했지만, '해방'은커녕 실제로는 엄청난 수의 아시아인들을 살육하고 차별했다. 다수의 아시아 여성을 일본 군인을 위한 성노예로 삼은 일도 잊어서는 안 된다.

이에 대해 F.D.R.은 대조적인 전후 세계의 재추축에 대한 꿈을 품고 있었다. 전 해인 1941년 벽두에 미국 의회에 대한 교서에서 공표한 '네 가지 자유'(four freedoms)를 전 세계에 널리 보장하는 전후 세계의 실현을 전쟁목적으로 삼으려고 생각한 것이다. 그것을 한마디로 '휴먼 라이쯔'[8](Human Rights)라는 새로운 단어(가치관)로 표현했다. F.D.R.이 구상한 휴먼 라이쯔의 권리주체는 모든 인간으로, 모든 여성과 모든 인종을 포함할 가능성을

---

8   일본어로 '인권'이라고 번역하면 뒤에서 서술하는 것처럼 의미가 애매하게 될 위험이 있기 때문에 이 논문에서는 가능한 한 '휴먼 라이쯔'라고 기술한다.

예감하게 했다. 휴먼 라이쯔라는 단어는 휴먼 비잉(human being)으로부터 나왔다고 생각되기 때문이다. 이 단어의 선택은, 일본의 헌법학자들이 이해하고 있던 '인권'의 담당자가 실은 모든 '남자'(men)에 지나지 않았던 것[9]과 대비하면, 질적으로 전혀 다른 새로운 사상을 만들어내는 단서가 된 것이다.

　　F.D.R. 미국 대통령은 처칠 영국 수상과 합의한 1941년 8월 14일 「대서양 헌장」을 기본적인 전후정책(항구적인 평화기구의 창설 등)으로 삼는 동시에, 위와 같은 의미에서의 휴먼 라이쯔를 1942년 1월 1일의 「연합국 선언」[10]의 핵심으로 자리매김하여 숭고한 전쟁목적을 중심으로 추축국에 대항하는 '대연합'을 결성하려고 했다. F.D.R.은 '연합국'(United Nations라고 이름 붙였다)을 만들어낸 것이다. 그날 밤 워싱턴 DC의 화이트 하우스에서 연합국의 중심이 된 미영소중 4개국 대표가 F.D.R.이 기초한 선언문에 서명했고, 다음날인 2일에 기타 22개국이 서명했다.[11] 1945년 3월까지 서명한 연합국(UN)은 47개국으로 계속 늘어났다.[12]

9　　高木八尺・末延三次・宮沢俊義編, 『人権宣言集』, 岩波文庫, 1957. 戸塚悦朗, 『ILOとジェンダー』, 日本評論社, 2006, 31-36면.

10　The Declaration by United Nations of January 1, 1942의 전문(前文)은 아래와 같은 문언을 포함하고 있다. "Being convinced that complete victory over their enemies is essential to defend life, liberty, independence and religious freedom, and to preserve human rights and justice in their own lands as well as in other lands, …." 아래는 저자의 일본어 번역이다. "적에 대한 완전한 승리야말로 생명, 자유, 독립 및 종교의 자유를 보호하고 또 휴먼 라이쯔(human rights)와 정의를 자국과 기타 영역에서 보전하기 위해 필수라는 사실을 확신하여 …" http://www.unmultimedia.org/searchers/yearbook/page.jsp?volume=1946-47&page=36 2015.10.20. 열람.

11　저자는 「外国籍の子どもの教育への権利と教育法制(その4) : 国際人権法の観点から教育基本法「改正」問題を振り返る」(『龍谷法学』 43-4, 2011, 197-231면)이라는 제목의 논문에서, 1942년 1월 1일에 연합국 26개국에 의한 「연합국선언」 서명을 위한 국제회의가 워싱턴 디시에서 개최되었다고 적었다. 그러나 2014년에 FDR Presidential Library에서 F.D.R.의 당시의 일정을 조사한 결과, 그 국제회의에 출석한 기록은 발견되지 않았다. 따라서 1942년 1월 1일에 26개국에 의한 국제회의가 개최된 사실은 없다고 판단할 수 있다. 이 점은 저자의 판단(선언 채택을 위해서는 국제회의가 개최되었음에 틀림없다고 하는 추정)에 잘못이 있었다. 잘못을 인정하고 정정하고자 한다. 「연합국선언」의 서명은 25개국의 대표가 1월 1일과 2일에 잇달아 화이트 하우스에 초대되어 F.D.R.이 기초한 선언문에 서명하는 방식으로 이루어졌다.

12　http://www.fdrlibrary.marist.edu/daybyday/daylog/january-1st-1942/에서 검색. 또한 저자는 2014년에 FDR Presidential Library(4079 Albany Post Road, Hyde Park, NY 12538)에서 F.D.R.가 손글씨로 수정하면서 작성한 「연합국선언」 초안 원고의 원본을 직접 보고서 확인했다. 최근에는 UN 웹사이트에 그 선언문 원본의 서명이 게재되게 되었다. http://www.un.org/en/sections/history/1942-declaration-united-nations/ 2015.10.20. 열람.

이렇게 해서 F.D.R.의 호소에 응하여 연합국은 「대서양 헌장」을 공통의 계획과 목적으로 삼고, "적에 대한 완전한 승리야말로 생명, 자유, 독립 및 신앙의 자유를 지키고, 또 휴먼 라이쯔(human rights)와 정의를 자국 및 다른 지역에서 보전하기 위해 필수적이라는 사실을 확신하며", 추축국에 대해 승리할 때까지 단독으로 강화하지 않고 모든 자원, 군사력과 경제력을 사용하여 최후까지 협력할 것을 약속한 것이다.

〈국제연합[UN]의 창설〉

이렇게 해서 만들어진 연합국(UN)은 세계평화의 유지에 실패한 국제연맹(LN)을 대신하는 새로운 국제평화기구의 창설 주체가 되었다. 1942년의 「연합국 선언」 이후 연합국(UN)은 휴먼 라이쯔라는 숭고한 이념을 내걸고 추축국과 싸워 승리한 것이다. 그러나 연합국(UN)을 지도한 F. D. 루즈벨트 대통령은 전쟁의 종결을 보지 못한 채 1945년 4월 12일 사망하여 트루먼 부통령이 미국 대통령에 취임했다.

샌프란시스코 평화기구 창설대회는 독일의 항복(5월 7일) 직전인 같은 해 4월 25일부터 2개월간에 걸쳐 전후 세계의 평화기구의 바람직한 모습, 휴먼 라이쯔의 실현 방법 등에 관해 토의했다. 이 회의는 연합국 50개국이 참가한 역사상 최초의 대규모 국제회의였고, 수천 명에 이르는 많은 관계자가 거기에 참가했다.

이 샌프란시스코 회의 동안 일본 정부·군은 다수의 오키나와(沖縄) 주민의 생명을 희생시키면서 연합국(UN)의 여러 나라를 적국으로 삼아 격전을 계속했다.

1945년 6월 25일 샌프란시스코 UN 창설회의 전체회의에 출석한 50개국의 정부 대표는 Charter of the United Nations[13](문자 그대로는 「연합국 헌장」이지만, 일본 외무성은 왠지 「국제연합 헌장」이라고 번역해왔다)를 기립투표하여 만장일치로 채택했다.[14] 다음 날인 1945년 6

---

13 https://treaties.un.org/doc/publication/ctc/uncharter.pdf 2015.10.11. 열람.
14 http://www.unmultimedia.org/searchers/yearbook/page.jsp?volume=1946-47&page=68&searchType =advanced 2015.10.20. 열람.

월 26일, 50개국 정부 대표의 UN헌장 서명식이 개최되었다. 침략에 대해 오랜 기간 싸워 왔다는 이유로 중국 정부가 처음으로 서명하는 영예를 부여받았다.[15]

국제관계를 규정하는 기본조약으로서의 UN헌장은 그 전문에서 "기본적 인권(휴먼 라이쯔)와 인간의 존엄 및 가치와 남녀 및 대소 각국의 동일한 권리에 관한 신념을 다시금 확인하고", 무력행사의 원칙적 금지 등 국제관계의 주요 원칙과 그 주요기관 및 절차를 정했다.

휴먼 라이쯔는 UN헌장 전문뿐만 아니라, 제1조(유엔의 목적), 제13조(총회의 임무), 제55조(경제적 사회적 국제협력), 제62조(경제사회이사회의 임무), 제68조(휴먼 라이쯔의 신장을 위한 위원회의 설치), 제76조(신탁통치제도의 목적)에 규정되었다. 이렇게 해서 휴먼 라이쯔는 국제적인 관심사가 되었다. 각국 정부는 휴먼 라이쯔의 침해에 대한 국제적인 비판을 전전과 같이 '내정간섭'으로 물리칠 수 없게 되었다.

일본 정부는 1945년 8월 14일「포츠담 선언」을 수락하고, 다음날인 15일에 천황 자신이 '옥음(玉音)방송'으로 패전의 사실을 전국에 공표했다. 미국은 그 직전(8월 8일)에 UN헌장을 비준했고, 1945년 10월 24일에 소련이 비준함으로써 헌장이 발효되었다.[16] 최초 멤버는 마지막에 참가한 폴란드를 포함한 51개국이었다.

(UN과 추축국)

UN의 적은 추축국이었다. 1942년 1월 1일의 UN선언을 통해 F.D.R.이 내걸었던 꿈은 추축국을 포함한 세계 여러 나라들이 UN이라는 평화기구가 정하는 국제질서(국제법)와 휴먼 라이쯔를 실현하는 세계를 구축하는 것이었다. UN헌장이 채택되고 UN이 확립되었지만, 추축국의 UN 가입은 곧바로 허용되지는 않았다. 헌장의 규정에 의해 안전보장이사

---

15 위의 사이트.
16 http://www.unmultimedia.org/searchers/yearbook/page.jsp?volume=1946-47&page=69&searchType=advanced 2015.10.20. 열람.

회와 총회의 승인이 없으면 UN의 멤버가 될 수 없는 구조로 되어 있었기 때문에, 추축국도 분단국가도 유엔 가입은 곤란했다.

주요 추축국인 일독이 3국의 경우를 살펴보자. 이탈리아가 가입 허락을 받은 것은 1955년 12월 14일이었다.[17] 일본의 유엔 가입은 다음 해인 1956년 12월 18일이었다.[18] 분단되어 있던 동서독의 동시 가입은 냉전 때문에 더욱 지체되어 1973년 9월 18일에야 이루어졌다.[19]

(ILC에 대한 일본 정부의 적극적인 자세)

UN은 헌장에서 정해진 다수의 기구를 창설했다. 이 논문에서는 국제법위원회(ILC)와 휴먼 라이쯔 위원회(CHR)에 초점을 맞추어 제국주의시대와 결별하려는 전환기의 세계를 간략하게 살펴보기로 한다.

헌장 제13조 제1항(a)에 기초하여 "국제법의 점진적 발달과 법전화"를 위해 총회 아래에 ILC가 창설되었다. ILC는 국제연맹(LN) 시대에 시작된 관습국제법의 법전화 활동을 이어받았다. ILC 규정은 1947년 11월 21일의 총회 결의 174(II)에 의해 정해졌다.[20] ILC는 이 결의에 의해 정해진대로 1949년 6월 9일에 제1회 위원회를 개최했다.

일본은 「샌프란시스코 강화조약」(1951년 9월 8일 체결, 1952년 4월 28일 발효)에 의해 독립국으로서 국제사회에 복귀하여 1956년 12월 18일에 UN 가입을 이루었다. 일본 정부는 왠지 ILC에 강한 관심을 표시하여 UN 가입 이듬해인 1957년에는 적극적으로 전문가 위원을 보냈다.[21]

---

17   http://www.un.org/en/members/#i 2015.10.19. 열람.
18   위의 사이트.
19   위의 사이트.
20   Statute of the International Law Commission 1947 : Adoptd by the General Assembly in resolution 174 (II) of 21 November 1947, as amended by resolutions 485 (V) of 12 December 1950, 984 (X) of 3 December 1955, 985 (X) of 3 December 1955 and 36/39 of 18 November 1981.
21   예를 들면, 요코타 키사부로오(横田喜三郎 ; ILC 위원 재임은 1957-1960)는 토오쿄오대학 교수(국제법), 최고재

(휴먼 라이쯔에 대한 독일의 적극적인 자세)

　일본 정부는, 유엔헌장과 보편적 휴먼 라이쯔 선언(Universal Declaration of Human Rights : UDHR)이 보장한 휴먼 라이쯔를 일본 국내에서 실현할 계기가 몇 번이나 있었지만, 매번 그 호기를 놓쳐버렸다. 일본은 UDHR을 진지하게 실현하려는 노력을 거의 기울이지 않은 것이다.

　이 점은 서독과 대비하면 알기 쉽다. 1973년까지 유엔에 가입조차 하지 못하는 핸디캡을 안고 있었음에도 불구하고, 서독은 일찍부터 휴먼 라이쯔와 UDHR을 실현하는 데 적극적이었다. 1950년에 UDHR의 주된 규정을 도입하여 제정된 유럽 휴먼 라이쯔 시스템[22]은 유럽 휴먼 라이쯔 재판소를 가지고 있다. 그 점에서 당시에는 UDHR과 정치적 기관인 커미션 온 휴먼 라이쯔(Commission on Human Rights : CHR) 밖에 없었던 유엔 휴먼 라이쯔 시스템보다 실시 절차와 기관의 면에서 훨씬 나은 상태였다.[23] 일본과 마찬가지로 추축국이었던 서독은 제2차 세계대전 이후 일찌감치 유럽평의회(Council of Europe, 1949년 5월 5일 창설)에 가입했고, 1952년에는 유럽 휴먼 라이쯔 조약을 비준했다.[24] 서독을 포함한 그 가입국은 유럽 휴먼 라이쯔 조약에 의한 휴먼 라이쯔의 보장 규정(UDHR의 주된 규정을 도입하고 있었다)을 통해 UDHR의 주요한 내용을 국내적으로 실시하기 위해 일찍부터 적극적으로 노력한 것이다.

　하지만, 일본에 사는 사람들(일본인도 외국인도 무국적자도)은 지역 휴먼 라이쯔 기구가 없었던 아시아에 있었기에 유엔 휴먼 라이쯔 시스템에 의거할 수밖에 없다. 유엔 휴먼 라

　　판소 소장을 역임. 쯔루오카 센진(鶴岡千仞 ; ILC 위원 재임은 1961-1981)은 외무성 유엔국장, 스웨덴 대사, 유엔 대사 등을 역임. http://legal.un.org/ilc/guide/annex2.shtml 2015.10.12. 열람.
22　1950년 11월 4일「로마조약」채택은「세계인권선언」채택으로부터 겨우 2년 후였다.
23　General information on the court. http://www.echr.coe.int/ECHR/EN/Header/The+Court/Introduction/Information+documents/ visited on 21st November 2010.
24　Convention: Signature 4 November 1950; Ratification 5 December 1952. The European Court of Human Rights Country Fact Sheets 1959-2009, Council of Europe, p. 33. http://www.echr.coe.int/NR/rdonlyres/C2E5DFA6-B53C-42D2-8512-034BD3C889B0/0/FICHEPARPAYS_EN.pdf visited on 26th September 2010.

이쯔 기구의 발달은 착실하게 진척되어 왔지만 유럽과 비교하면 그 속도는 결코 빠른 것이 아니었다.

〈휴먼 라이쯔에 대한 일본의 소극적인 자세〉

헌장 제62조 제2항은 경제사회이사회의 권한으로서 "이사회는 모든 자를 위한 휴먼 라이쯔와 기본적 자유의 존중 및 준수를 조장하기 위해 권고를 할 수 있다"라고 규정하고 있다. 제68조에서는 휴먼 라이쯔의 신장을 위한 위원회를 설치한다고 규정하고 있다. 이 권한을 행사하는 헌장상의 기관으로서 경제사회이사회 아래에 CHR이 창설된 것은 1946년 6월이었다. 미국 뉴욕주의 레이크 석세스의 임시 UN본부에서 CHR 제1회 회기가 개최된 것은 1947년 1월이었다. 18개국의 위원으로 구성된 CHR의 초대 회장에는 여성으로서 최초로 미국 정부 대표에 임명된 엘리너 루즈벨트(고 F.D.R.의 부인)가 선출되었다. CHR의 최초의 임무는 휴먼 라이쯔 장전을 기초하는 것이었다.

CHR은 단기간에 UDHR 초안을 기초했다. 이것을 토대로 유엔 총회는 1948년 12월 10일에 UDHR를 채택했다. 엘리너 루즈벨트가 남긴 이 역사적인 성과는 글렌던(Glendon) 교수의 명저[25]에 상세하게 보고되어 있다.

세계인권선언의 기초와 채택의 과정은 다른 국제인권문서와 비교하면 단기간이었다. 그러나 토의는 CHR, 경제사회이사회, 총회 제3위원회, 총회 전체회의 각 단계에서 각각 방대한 논의를 거칠 필요가 있었다. 그 각 단계에서의 논의는 쉽지 않았다. 예를 들면 각 조문의 문언 하나 하나에 대한 논의에 결론을 내어 조문을 확정하는 것이 매우 어려워, 총회 제3위원회만도 80회(소위원회는 셀 수 없을 정도로 여러 번) 이상의 회의를 개최했고, 170개에 가까운 수정안에 대해 협의했다고 한다.[26]

---

25 Mary Ann Glendon, *A World Made new, Eleanor Roosevelt and The Universal Declaration of Human Rights*, Random House, 2002.
26 *Ibid.*, pp. 161-162.

그 사이에 각국 정부의 유엔 대표단뿐만 아니라 본국 정부도 발언이나 투표에 관한 태도 결정을 위해 빈번한 국내적 검토를 거듭했을 것이다. 각국 정부도 그 고문인 학자도 NGO도 휴먼 라이쯔에 집중된 깊은 논의를 거듭했을 것으로 추측할 수 있다. 하지만 일본은 UN의 멤버가 아니었기 때문에 하나 하나의 조문과 문언에 대한 그러한 중요한 논의가 이루어진 기초 단계에 전혀 관여할 수 없었다. 일본 국내에서는 정부도 학자도 시민도 이들 과정에 관여하지 않았기 때문에 휴먼 라이쯔의 개념에 관해 전혀 논의하지 않았다. 아마도 UN 회의의 심의 상황에 관한 지식조차 거의 없었던 것 아닐까? 이것이 일본과 일본인이 UDHR에 대해 무관심한 태도를 취하기에 이른 커다란 원인이 되기도 했다.

이렇게 해서 휴먼 라이쯔의 내용이 30조로 된 UDHR이라는 UN 선언에 의해 처음으로 구체화됨으로써 F.D.R.의 꿈이 그 모습을 드러낸 것이다.

그 전문의 첫 문장은 "인류사회의 모든 구성원의"로 시작되어 인류가 유엔의 구성원임을 인정하고 있다. 지금까지의 이른바 '인권선언'의 대부분이 실은 '남성권 선언'이었던[27] 데 대해 UDHR에서는 여성이 휴먼 라이쯔의 주체라는 점이 명기되었다. 나아가 각국의 헌법(예를 들면 「일본국헌법」 참조)에서는 국민에게만 권리가 인정되었던[28] 데 대해 외국인이라도 인종에 상관없이 태어나면서부터 보유하는 휴먼 라이쯔의 권리주체라는 점이 자명하게 되었다. 그 내용이 중요할 뿐만 아니라, 절차적으로는 국제법에 의해 휴먼 라이쯔를 전 세계 어디에서라도 실현하려고 하고 있다는 점이 획기적인 새로움을 상징하고 있다. 그렌든 교수가 위의 책에서 "A World Made new"라고 한 것처럼, 그 이후의 세계는 새로운 존재가 된 것이다.

CHR에 대해서는 아래에서 서술하는 것처럼 일본 정부는 완전히 무관심했다. 위에서 적은 것과 같은 ILC에 대한 적극적인 자세와 비교하면 매우 대조적이었다.

---

[27] 예를 들면, 高木八尺, 末延三次, 宮沢俊義編, 『人権宣言集』, 岩波文庫, 1957; 戸塚悦朗, 『ILOとジェンダー』, 日本評論社, 2006.
[28] 일본의 사례는, 戸塚悦朗, 『日本の教育は間違っている』, アジェンダプロジェクト, 2013.

일본 정부는 휴먼 라이쯔에 관한 UN의 활동에는 극히 소극적이어서 UN 가입으로부터 25년 후인 1981년까지 UN헌장상의 휴먼 라이쯔 기관인 CHR의 멤버가 되기 위한 노력조차 하지 않았다.[29] 일본 정부는 그때까지 휴먼 라이쯔 조약의 기초 과정에도 전적으로 무관심했기 때문에 입후보하지 않았던 것이라고 생각된다.[30]

(CHR에 대한 일본의 인권문제의 제기)

무엇이 일본 정부의 정책을 바꾼 것일까?

그 직전에 식민지지배의 피해자인 재일 한국·조선인의 휴먼 라이쯔 문제는 중대한 휴먼 라이쯔 침해라는 이유로 CHR의 비밀절차(1503 절차)에 의한 심의의 대상이 되었고 일본 정부가 비밀회의에 호출된 일이 있었다고 한다.[31] 결과적으로 보면 일본 정부는 경제사회이사회 중에서 CHR에 입후보하면 가장 높은 점수로 당선될 수 있을 정도의 정치력을 가지고 있었음에도 그때까지는 입후보하지 않았다. 하지만 CHR의 멤버가 아니었기 때문에 사전에 정보를 얻을 수 없어서 그 문제에 대해 조기에 방어할 수 없었다. 그 때문에 일본 정부는 CHR의 비밀회의에서 휴먼 라이쯔 침해국으로서 심의대상이 되어 버렸다. 그래서 일본 정부는 비판을 받는 사태를 불러오지 않도록 방어하기 위해 필요한 사전 정보가 없었다는 것을 '반성'한 것 아닐까? 입후보의 동기는 장래에 휴먼 라이쯔 침해문제 때문에 CHR에서 비판받지 않도록 방어하기 위해서였던 것 아닐까? 휴먼 라이쯔를 옹호하기 위한 UN의 주요기관인 CHR이 일본의 식민지지배의 피해자를 위해 실효적으로 기능했고, 그것이 일본의 정책전환의 단서가 된 것이다. 이것은 당시의 UN을 중심으로 하는 세계가 제국주

---

29   일본은 1981년 5월 8일 유엔 CHR에 아시아 그룹으로부터 입후보하여 최고득표(48표)로 당선되었다. 外務省 홈페이지 - "日本編1981年". http://www.mofa.go.jp/mofaj/gaiko/bluebook/1982/s57-nenpyou-2.htm 2010.9.26. 열람.

30   戸塚悦朗, 위의 글, 2011.

31   戸塚悦朗, 「これからの日本と国際人権法(8) 条約によらない国連人権手続[4] 日本ではどのように活用されたか(ケーススタディー)」, 『法学セミナー』 45-1, 2000. 이때 재일 조선·한국인의 권리는 커다란 진전을 보였지만, 1503절차의 비밀성 때문에 그 이유는 널리 알려지지 않았다.

의시대로부터의 전환기에 있었다는 사실을 상징적으로 보여주고 있다.

저자는 제2 토오쿄오변호사회 인권옹호위원회³²를 중심으로 정신병자의 휴먼 라이쯔 침해에 관한 실태조사 활동을 하면서 변호사회만으로는 대응할 수 없을 정도로 문제가 크다는 사실을 알게 되었다. 법 개정을 실현하기에는 운동의 힘이 부족했다. UN 경제사회이사회는 비정부조직(NGO)을 자문기관으로 인정했고, CHR 등 그 아래에 있는 여러 기관에 참가하는 것을 인정하고 있다. 그것을 알게 된 저자는 이 문제를 유엔에 호소하려고 유엔의 NOG였던 국제인권연맹(International League for Human Rights : ILHR)에 지원을 요청했다. 그 결과 1984년 8월에 CHR의 하부기관인 차별방지 소수자보호 소위원회에 참가할 수 있었다. 이 ILHR의 UN 활동이 일본 및 국제적인 매스 미디어로부터 주목을 받아 국제법률가위원회(International Commission of Jurists : ICJ), 세계정신보건연맹(World Federation for Mental health : WFMH), 장애자 인터내셔널(Disabled Peoples' International : DPI) 등 유력한 유엔 NGO의 지원을 얻을 수 있었다. 그 이후 4년간에 걸쳐 그 소위원회에 참가하여 그 문제에 대해 호소한 결과, 1987년 9월에「정신보건법」의 개정이 실현되었다. UN 기관의 결의도 보고서도 없었음에도 불구하고, 이 유엔 휴먼 라이쯔 활동은 NGO에 의한 휴먼 라이쯔를 위한 국제적 활동의 성공사례로서 평가되고 있다.³³

저자는 그 후에도 일본에 관련된 휴먼 라이쯔의 중대침해 문제를 UN에 계속 제기했다. 그것을 '반일 활동'이라고 오해하는 사람들도 있었다. 그러나 저자의 의도는 일본을 휴먼 라이쯔를 존중하는 보다 나은 국가로 개혁하려는 것이며, 말하자면 넓은 의미의 '내셔널리즘'에 따라 움직인 것이다.

---

32 저자는 제2 토오쿄오 변호사회의 역대 인권담당이사, 특히 하야마 미즈키(葉山水樹) 부회장의 협력을 얻어, 제2 토오쿄오 변호사회 인권옹호위원회 부위원장 · 정신의료와 인권 부회장을 역임했다.

33 ① 戶塚悅朗·廣田伊蘇夫共編,『精神醫療と人權(1)「收容所列島日本」』, 亞紀書房, 1984. ② 戶塚悅朗,『精神醫療と人權(2)「人權後進國日本」』, 亞紀書房, 1985. ③ 戶塚悅朗,『精神醫療と人權(3)「人間性回復への道」』, 亞紀書房, 1985. ④ 戶塚悅朗,「國際社會における人權活動」, 宮崎繁樹編,『現代國際人權の課題』, 三省堂, 1988, 112-158면.

누구로부터도 의뢰받은 것은 아니고 자주적인 활동이었지만, 저자는 1992년 2월 17일에 CHR에 출석해서 유엔과 협의할 자격을 가지는 유엔 NGO인 국제교육개발(International Educational Development : IED)을 대표하여 이른바 일본군'위안부'를 '성노예'라고 지적하고 일본 정부에 보상을 요구하고 유엔에 대해 조정 등의 액션을 취하도록 요청했다.[34]

(CHR 심의에서 ILC 보고서로)

이에 대해 UN의 기관들이 여성 피해자가 당한 휴먼 라이쯔의 중대한 침해를 인정하고 성실한 행동을 지속적으로 취하고 있다는 것은 널리 알려진 사실이다. 상세한 내용은 저자의 다른 보고에 맡기기로 한다.[35] 이것은 다름 아니라 UN의 관계자와 NGO 뿐만 아니라 전 세계의 사람들이 식민지지배 아래에 있었던 여성의 운명을 깊이 이해했기 때문에 실현된 것이었다. 남북한 분단이라는 비극의 원인(遠因)은 일본의 식민지지배였다. 그 통일은 실현되지 않았지만, 냉전의 종결과 함께 1991년에 대한민국과 조선민주주의인민공화국의 UN 동시 가입이 실현되었다.[36] 제국주의시대의 식민지지배 아래에서 일본군'위안부'로서 개인의 존엄과 명예를 훼손당한 다수의 여성 피해자가 정의를 요구하며 목소리를 높이기 시작했을 때 그녀들을 대변할 수 있는 정부가 UN에 등장한 것이다. 남북 양 정부의 대표가 CHR에서 공식적으로 발언할 수 있게 된 것이 이 문제에 관해 CHR이 이례적인 노력을 계속하는 데 큰 기여를 했다.

문제는 일본 정부가 식민지지배에 대한 충분한 역사인식을 가지지 못하여 당연히 해야 할 반성을 하지 않았기 때문에, 지금도 이 문제에 대한 국가의 책임을 피해자 측에 의해 받아들여질 수 있는 명확한 형태로 인정하기에 이르지 못한 데 있다.

이것과 관련해서 일본 정부가 일본군'위안부' 동원의 법적 근거를 분명하게 하지 않았

34　戸塚悦朗,「軍事的性奴隷制と国連人権委員会」,『季刊戦争責任研究』84, 2015년 夏季号, 12-29면.
35　戸塚悦朗,『普及版 日本が知らない戦争責任 - 日本軍「慰安婦」問題の真の解決へ向けて』, 現代人文社, 2008; 戸塚悦朗,『ILOとジェンダー - 性差別のない社会へ』, 日本評論社, 2006.
36　http://www.un.org/en/members/#i 2015.10.20. 열람.

다는 점에 주목해야 한다. 1992년 당시 저자는 일본군'위안부' 동원의 근거법을 조사했지만 아무것도 발견할 수 없었다. 조선·한반도로부터 동원된 여성들의 증언 청취가 진척되어 피해자의 호소는 일찍부터 알 수 있었다. 그러나 그 동원이 어떤 법적 근거에 의해 이루어졌는지를 누구도 발견할 수 없었던 것이다. 그 때문에 저자는 일본에 의한 한국 식민지화의 근거법규인 1905년「한국보호조약(?)」(및 1910년「한국병합조약」)의 효력 문제를 연구하게 되었다. 그 조사로 시작해서 1963년 ILC의 유엔 총회 보고서를 발견하기에 이른 것이다.

이렇게 해서 유엔 CHR의 휴먼 라이쯔 활동과 ICL의 조약법 연구가 연결되었다. 한일관계를 이해하기 위해서는 그 경위에 주목할 필요가 있다고 생각한다.

17. 1963년 ILC 보고서와 1905년「한국보호조약(?)」

(1963년 ILC 보고서의 '발견')

1992년 가을에 저자는 런던대학 객원연구원[37] 자격으로 연구 중이었다. 어떤 경우에 조약이 무효가 되는지에 관해 런던대학 고등법학연구원(Institute of Advanced Legal Studies : IALS) 등의 도서관에 소장된 문헌자료를 조사했다. 우연히 찾아낸 문제의 자료는 국제법위원회(ILC)가 1963년의 유엔 총회에 제출한 것이었다. 저자는 1963년 ILC 보고서 중 1905년「한국보호조약(?)」과 직접 관련된 부분에 관해서는 몇 차례 보고했다.[38] 그러나 그것이

---

37 1988년 2월 런던대학 객원연구원(정신의학원·사법정신의학과 소속, 1989년 9월까지). 1990년 10월 런던대학 객원연구원(LSE 법학부 소속, 1991년 9월까지). 1991년 10월 런던대학 객원연구원(정신의학원·사법정신의학과 소속, 1995년 11월까지).

38 戸塚悦朗,「統監府設置100年と乙巳保護条約の不法性 – 1963年国連国際法委員会報告書をめぐって」,『龍谷法学』39-1, 2006, 15-42면. 저자가 일본에 알려져 있지 않았던 이 연구 결과를 학술지에 게재할 때까지 14년이라는 긴 시간이 걸렸다. "곧바로 실명으로 공표하는 경우에는 생명·신체에 대한 위해를 당할 가능성이 있기 때문에 위험을 피할 필요가 있다"라고 신뢰할만한 친구·지인으로부터 조언을 들었기 때문이다.

생겨난 배경에 관해서도, 그것을 받아들여 1963년 유엔 총회가 결의를 채택하기까지의 경과에 대해서도, 이태진 명예교수의 요청을 받을 때까지는 충분한 연구를 하지 않았다.

그 보고서를 '발견'하고서 충격을 받은 것은, 국가의 대표자 개인에 대한 강제·협박에 의해 체결된 조약이 무효라는 관습국제법 원칙에 대한 언급에 머물지 않고, 그러한 무효인 조약의 사례로서 1905년「한국보호조약(?)」을 포함한 4개의 사례가 제시되어 있었기 때문이었다. 이것은 (일본 정부·외무성의 일부에게는 어쨌든) 일본에서는 전혀 알려져 있지 않았다. '발견'의 개략은 아래와 같다.[39]

문제의 자료는 1963년 유엔 총회에 대한 유엔 국제법위원회 보고서(UN Doc. A/5509, REPORT OF THE COMMISSION TO THE GENERAL ASSMBLY, Report of the International Law Commission covering the work of its fifteenth session, 6 May - 12 July 1963, Draft articles on the law of treaties, Para. 17. Article 35)이다. 이 자료는 유엔이 출판한 국제법위원회의 1963년 정기보고서 제2권(UN Doc. YEAR BOOK OF THE INTERNATIONAL LAW COMMION 1963 Vol. II Documents of the fifteenth session including the report of the Commission to the General Assembly, p. 197)에 실려 있다.

그 회의는 위에서 서술한 것처럼 유엔 총회가 선출한 세계적으로 유명한 국제법 학자인 위원(당시 25명)으로 구성되는 전문가 회의이다. 일본 출신으로는 요코타 키사부로오(横田喜三郎) 전 최고재판소 장관(위원 재임 기간은 1957-1960), 쯔루오카 센진(鶴岡千仞) 전 유엔 대사(위원 재임 기간은 1961-1981) 등이 선출되었다. 문제의 기재사항에 관한 토의가 이루어진 국제법위원회 제15회기(1963.5.6.-7.12.)에는 쯔루오카 센진 씨가 일본인 전문가 위원으로 출석했다. 일본 정부도 업저버로서 참가했을 터이다. 일본의 미디어도 일반 시민도 전혀 알지 못했지만, 일본 정부는 위의 자료를 당시부터 가지고 있었고 모든 것을 알고 있었을 터이다.

39 　戸塚悦朗, 위의 글.

그러나 대한민국과 조선민주주의인민공화국의 사람들은 그 정보를 입수할 수 없었을 것이다. 냉전이 종결된 후인 1991년이 되어서 비로소 유엔 동시 가입이 허락될 때까지 양국은 유엔의 멤버가 아니었기 때문이다.

ILC의 조약법조약 초안 기초 과정의 거의 최종단계의 토의자료[40]를 게재한 그 보고서에는 1963년 ILC에 의해 채택된 초안으로 아래와 같은 특별보고자(영국 출신 전문가 위원, 험프리 월독 경, 1961-1972)[41]에 의해 정리된 커멘터리가 실려 있었다.

"조약의 서명, 비준, 수락 또는 승인을 받기 위해 개인의 신체 또는 개인적인 능력에 대해 강제 또는 강박을 가하는 행위가 국가가 조약의 무효성을 주장하는 것을 필연적으로 정당화한다는 점은 일반적으로 합의된 것이라고 생각된다. 역사는 교섭자뿐만 아니라 입법부의 구성원에 대해서도 서명 또는 비준을 얻기 위해 강제를 가했다고 비난받는 많은 실례를 제공하고 있다. 그 중에서도 하버드 연구초안은 아래의 실례를 들고 있다. … 보호조약의 수락을 받기 위해 한국 황제와 그 각료들에게 가해진 강제 …"라고 서술하고 있다.

그 자료가 들고 있는 다른 세 가지 사례는, ① 1773년에 그 의원들로 하여금 분할조약을 받아들이도록 강제하기 위해 이루어진 폴란드 의회에 대한 포위, ② 1915년에 그 의원들로 하여금 협약을 비준하도록 강제하기 위해 이루어진 미국군의 하이티 국회에 대한 포위, ③ 1939년에 보헤미아와 모라비아를 독일의 보호 아래에 두는 조약에 체코슬로바키아의 대통령과 외무대신으로 하여금 서명하게 하기 위해 사용된 고문이다.

1992년 가을 당시에는 UN 기탁도서관, 대학도서관 등에서 열람하는 이외에는 그것을 입수하는 것은 곤란했을 것이다. 지금은 UN 홍보 서비스의 혁명적인 전환에 따라 컴퓨터에 접근하기만 하면 전 세계 어디에서나 누구라도 인터넷으로 간단히 대부분의 정보를 입수할 수 있다.[42]

---

40 ILC가 조약법 조약의 최종 초안을 작성한 것은 1966년이었는데, 이때에는 나치스 독일 이외의 3개의 사례(하버드 초안에 게재되어 있었던 것)는 커멘터리로부터 빠져 있었다.
41 Sir Humphrey Waldock, United Kingdom of Great Britain and Northern Ireland, 1961-1972.
42 http://legal.un.org/ilc/guide/1_1.shtml 2015.10.13. 열람.

(1962년까지의 ILC의 심의 경과)

위의 ILC 보고서는 어떤 경과를 거쳐 나오게 된 것일까? 그와 관련해서도 UN의 웹사이트에서 상당히 충실한 정보를 입수할 수 있게 되었기[43] 때문에, 그것을 활용해서 개요를 정리해보기로 한다.

ILC가 조약법(Law of treaties)의 법전화를 위한 조사를 시작한 것은 1950년 제2회 회기 때이므로 거의 처음부터 수행한 중요한 연구였다고 할 수 있다. 그 후 1955년 제7회 회기, 1959년 제11회 회기, 1963년 제15회 회기에 UN 사무국의 연구와 사무총장의 보고서가 ILC에 제출되었다.

ILC의 조약법에 관한 연구의 기간은 극히 장기간이었다. ILC는 그 연구책임자로 4명의 특별보고자를 임명했다.

초대 특별보고자 제임스 L. 브라이얼리(영국 출신 위원)[44]는 1950년 제2회 회기, 1951년 제3회 회기, 1952년 제4회 회기에 각각 보고서를 제출했다.

제2대 특별보고자 허쉬 라우터파흐트 경(영국 출신 위원)[45]는 1953년 제5회 회기, 1954년 제6회 회기에 각각 보고서를 제출했다.

제3대 특별보고자 제럴드 피쯔모리스 경(영국 출신 위원)[46]은 1956년 제8회 회기, 1957년 제9회 회기, 1958년 제10회 회기, 1959년 제11회 회기, 1960년 제12회 회기에 각각 보고서를 제출했다.

위에서 서술한 험프리 월독 경은 제4대이자 마지막 특별보고자였다. 월독 경의 제1회 보고서는 1962년 ILC 제14회 회기에 제출되었다. 그것은 결론, 효력 발생, 조약의 등록을 다룬 것이었다. 월독 경은 파트 I로서 당초 제1조부터 제26조까지의 초안을 제출했다.[47]

---

43   Analytical Guide to the Work of the International Law Commission, Law of treaties. http://legal.un.org/ilc/guide/1_1.shtml 2015.10.13. 열람.
44   James L. Brierly.
45   Sir Hersch Lauterpacht.
46   Sir Gerald Fitzmaurice.

그해(1962년)의 ILC는 그것을 심의한 다음 월독 경의 조언에 기초하여 제1조부터 제29조까지의 ILC 1962년 초안을 채택했다라고 1962년 유엔 총회 제출 ILC 보고서는 보고하고 있다.[48] 1962년 ILC가 채택한 초안은 당초 월독 경이 1962년 ILC를 위해 제출한 초안보다도 조문수가 세 개 늘었다. 본론에서 다소 벗어나지만 흥미 깊은 발견이 있다. 그해에 ILC에 의해 채택된 1962년의 ILC초안에는 명확하게 조약의 '비준필요설'을 채택하는 조문 초안이 포함되어 있었다는 점에 주목해야 한다. 1962년 초안 제12조 "비준"(Ratification)의 제1항은 "조약은 제2항에서 정하는 예외에 포함되는 경우가 아니면 원칙적으로 비준을 필요로 한다"라고 되어 있었다. 적어도 그해의 ILC는 조약의 성립에는 비준이 필요하다는 원칙이 관습국제법의 룰이라고 인식하고 있었던 것이 분명하다.[49] 그 점에 대해서는 나중에 더 연구를 심화시키고자 한다.

(1963년 ILC의 심의)

월독 경의 제2회 보고서는 1963년 ILC 제15회 회기에 제출되었다. 그것은 기본적 타당성, 기간, 조약의 종료를 다룬 것이었다. 월독 경은 파트 II로서 제1조부터 제28조까지의 1963년 초안을 제출했다.[50] 저자가 발견한 것은 위에서 서술한 것처럼 1963년 ILC 총회 제

---

47 1962년 월독 경의 제1회 보고서. Document : A/CN.4/144 and Add.1, First Report on the Law of Treaties by Sir Humphrey Waldock, Special Rapporteur, Topic : Law of Treaties, Extract from the Yearbook of the International Law Commission : 1962, vol. II, Downloaded from the web site of the International Law Commission (http://www.un.org/law/ilc/index.htm).

48 1962년 총회 제출 ILC 보고서. Document : A/CN.4/148, Report of the International Law Commission covering the work of its Fourteenth Session, 24 April-29 June 1962, Official Records of the General Assembly, Seventeenth Session, Supplement No. 9 (A/5209), Topic: ⟨multiple topics⟩ Extract from the Yearbook of the International Law Commission : 1962, vol. II, Downloaded from the web site of the International Law Commission (http://www.un.org/law/ilc/index.htm).

49 그 후 일본 정부는 1962년 ILC 초안 제12조의 규정에 대해 강하게 반대했다. 결국 최종적으로 채택된 조약법 조약의 표현이 옅어지게 되었는데, 이에 관해서는 앞으로의 연구과제로 삼고자 한다.

50 1963년 월독 경 제2회 보고서. Document : A/CN.4/156 and Add.1-3, Second report on the law of treaties, by Sir Humphrey Waldock, Special Rapporteur, Topic : Law of Treaties, Extract from the Yearbook of the International Law Commission : 1963 , vol. II, Downloaded from the web site of the International Law

출 보고서에 게재된 1963년 ILC 초안 제35조(국가의 대표자에 대한 강제)의 커멘터리 기재였는데, 원래의 1963년 월독 경 제2회 보고서에서는 당해 조문은 제11조였다. 여기에서도 이미 한국 황제 및 각료 개인에 대한 일본에 의한 강제에 의해 1905년 보호조약의 수락이 이루어졌다는 사례는 다른 세 가지 사례와 함께 커멘터리에 기재되어 있었다. 이 1963년 월독 초안 제11조가 ILC에 배포되어 심의된 것이다.

    그해(1963년)의 ILC는 그것을 심의한 다음 월독 경의 조언에 기초하여 제30조부터 제54조까지(조문의 번호는 1962년 ILC 초안 제29조에 이어지는 형태로 수정되어 있다)의 1963년 ILC 초안을 채택했다라고 1963년 총회 제출 ILC 보고서는 보고하고 있다.[51] 1962년 ILC가 이미 제1조부터 제29조까지 채택을 완료했기 때문에, 그에 이어지는 초안을 심의·채택한 것이다. 1963년 ILC 초안(커멘터리를 포함한다)은 ILC가 채택한 것이기 때문에 월독 경의 제안에 기초하고 있다고는 해도 개인적인 학설은 아니다. 위에서 서술한 것처럼 그해의 ILC의 심의를 거친 다음에 ILC에 의해 채택된 1963년 ILC 초안 제35조의 커멘터리 기재(국가의 대표자 개인에 대한 강제 때문에 조약이 절대적으로 무효인 사례에 관한 것)는 1963년 월독 경 제2회 보고서의 초안 제11조와 같았다.[52]

    Commission (http://www.un.org/law/ilc/index.htm).

51 1963년 총회 제출 ILC 보고서. Document : A/CN.4/163, Report of the International Law Commission on the work of its Fifteenth Session, 6 July 1063, Official Records of the General Assembly, Eighteenth Session, Supplement (A/5509), Topic : 〈multiple topics〉 Extract from the Yearbook of the International Law Commission : 1963, vol. II, Downloaded from the web site of the International Law Commission (http://www.un.org/law/ilc/index.htm).

52 한국의 사례에 관한 영문은 아래와 같다. "Amongst those instances the Harvard Research Draft lists: …; the coercion of the Emperor of Korea and his ministers in 1905 to obtain their acceptance of a treaty of protection; …"

18. 1963년 유엔 총회 결의

그러면 1963년 유엔 총회에 제출된 1963년 ILC 보고서(위의 초안 제35조를 포함하는 것)는 총회에서 어떻게 취급된 것일까?

유엔 총회 아래에는 그 보조기관으로 6개의 대위원회가 설치되어 있고, 그 중 제6위원회가 법률문제를 취급한다.[53] 1963년 ILC 보고서는 총회 제6위원회에 제출되어, 의제 69 「ILC 제15회 회기 보고서(A/5509)」로 심의되었다. 호세 마리아 루다(Jose Maria RUDA, 아르헨티나) 의장의 주재 아래 제6위원회는 1963년 9월 26일(제779회의)부터 10월 15일(제793회의)까지 심의를 계속했다. 심의 중 많은 시간은 조약법조약에 관한 1963년 ILC 초안에 사용되었다. 여기에서는 그 상세한 내용은 생략한다.

심의 마지막 날인 10월 15일에 의장이 그 심의에 관한 제6위원회의 결의안(A/C.6/L. 529 and Corr. 1)을 투표에 부쳤고, 그 결의안은 이의 없이 만장일치로 채택되었다.[54] 제6위원회는 이 결의를 포함하는 보고서(A/5601)를 총회 전체회에 제출했다.

1963년 11월 18일 유엔 총회 전체회는 제6위원회의 보고서(A/5601 and Corr. 2, para. 38)가 제안한 결의안을 단시간에 심의했고, 의장이 만장일치로 채택해도 좋은지를 물었다. 그 결과 결의안은 이의 없이 만장일치로 채택되었다.[55] 그것이 ILC 보고서에 관한 1963년 총회 결의 1902(XVIII)[56]이 되었다.

---

53 藤田久一, 『国連法』, 東京大学出版会, 1998, 99면.
54 1963년 총회 제6 위원회의 회의록은 아직 유엔 웹사이트에는 게재되어 있지 않기 때문에, 토오쿄오의 코쿠렌(国連)대학 도서관에서 총회의 기록을 찾았다. 위 대학 도서관의 협력에 대해 감사드린다. UN Doc. A/C6/SR. 778-836, Official Records of the General Assembly Eighteenth Session, Sixth Committee, Legal Questions, Summary Records of Meetings, 17 September-12 December 1963, pp.3-65.
55 토오쿄오의 코쿠렌대학 도서관에서 총회의 심의기록을 찾았고, 그 과정에서 아래의 축어(逐語) 기록을 발견했다. 위 대학 도서관의 협력에 대해 감사드린다. UN Doc. A/PV1258, Official Records of the General Assembly Eighteenth Session Plenary Meetings Verbatim Records of Meetings Volume II, 14 October-20 November 1963, p.1.
56 UN Doc. 1902(XVIII), RESOLUTIONS ADOPTED BY THE GENERAL ASSEMBLY DURING ITS EIGHTEEN

결의 1902(XVIII) 중 조약법에 관한 부분의 개요는 아래와 같다.

"총회는 제15회 회기의 ILC 보고서를 검토하여, … ① 제15회 회기의 ILC 보고서에 유의하고, ② ILC가 제15회 회기에서 성취한 활동 성과, 특히 조약법 기초에 관한 성과에 감사의 뜻을 표하고, ③ ILC가 보고서에서 제안한 1964년의 활동계획을 승인하고, ④ ILC는 아래와 같이 해야 한다고 권고한다. (a) 총회의 제18회 회기에서 표명된 견해 및 정부로부터 제출될 커멘트를 고려하면서, 조약법이 가장 광범위하고 가장 견고한 기초 위에 구축되도록, 조약법의 법전화 및 점진적 발전을 위한 활동을 계속할 것, …"

여기에서 총회 결의 1902(XVIII)이 특히 감사의 뜻을 표시한 것은 "ILC가 제15회 회기에서 성취한 활동 성과, 특히 조약법 기초에 관한 성과"이다. 이것은 위에서 서술한 1963년 ILC 초안 제35조를 포함하고 있다는 점에 주목해야 한다. 위 초안 제35조가 커멘터리에서 1905년「한국보호조약(?)」을 사례로 들어 국가의 대표자 개인에 대한 강제에 의한 조약 체결을 절대적 무효라고 설명하고 있다는 점이 극히 중요하다. 저자는 이것으로써 1963년 유엔 총회가 1905년「한국보호조약(?)」을 무효로 판단했다고까지 말할 의향은 없다. 그러나 ① 1905년「한국보호조약(?)」을 국가 대표자 개인의 강제 때문에 무효가 되는 조약의 한 사례로서 1963년 ILC 보고서가 제시했고, ② 나아가 그 1963년 ILC 보고서를 총회가 검토한 다음, ③ ILC의 1963년의 활동성과에 "감사한다"라는 형태로 1963년 결의 1902(XVIII)을 유엔 총회가 만장일치로 채택했다는 사실을 유엔 문서자료에 의해 구체적으로 확인할 수 있다는 사실의 중요성을 강조하고 싶다. 이것은 이 문제에 관한 역사인식을 크게 진척시키는 중요한 '발견'이라고 생각해도 좋은 것 아닐까?

(앞으로의 연구 과제)

이번에 저자에게 주어진 과제에 관해서는 우선 위와 같이 보고를 마치고자 한다.

SESSION, 1258th plenary meeting, 18 November 1963. http://www.worldlii.org/int/other/UNGA/1963/ 2015.10.15. 열람.

이 연구는 이것으로 완결되는 것은 아니다. 저자의 연구과제와 관련해서는 특히 1963년 ILC 보고서와 '위안부' 문제에 관한 IFOR의 서면을 제출받은 '1993년 유엔 인권위원회 심의와 그 영향'에 관해 더욱 고찰을 심화시킬 필요가 있다.

그러나 준비시간이 부족했던 데다 지면 사정도 있기 때문에 그것은 다음 기회로 미루고자 한다. 남겨진 구체적인 논점으로는, ① 유엔 인권위원회에 대한 IFOR 문서 제출, ② 그에 관한 보도와 국회 심의, ③ 일본 사회 및 학회에 대한 영향, ④ 침묵은 깨어졌는가 등을 논할 필요가 있다고 생각하고 있다.

일본 정부가 지금까지도 일본군'위안부'에 대한 휴먼 라이쯔 침해 문제에 관한 유엔 권고를 받아들이지 않을 뿐만 아니라, 1905년 「한국보호조약(?)」, 1910년 「한국병합조약」 등 한일 구 조약의 불법성을 승인하지 않고 있다는 것은 주지의 사실이다. 이 두 가지 문제는 F.D.R. 사망 후 70년(전후 70년이기도 하다)인 오늘날에 이르러서도 F.D.R.의 꿈이 실현되지 않았다는 사실을 상징하는 중요한 상황을 드러내고 있다.

한일 간, 북일 간의 화해를 진척시키기 위해 정부뿐만 아니라 연구자, 미디어, 시민이 이들 문제에 대한 연구와 논의에 진지하게 대처할 필요가 있다. 자칫하면 일본 사회는 '침묵'상태에 빠질 우려가 있다. 그러나 만일 그 연구와 논의를 활발하게 해내는 데 성공하면, 화해로 나아가는 길이 열릴 것임은 의심의 여지가 없다고 저자는 확신하고 있다.

역사인식과 한일 '화해'의 길 (6)

'위안부' 문제에 관한 한일 외교장관 합의로부터 판문점 남북 정상회담까지

역사인식과 한일 '화해'의 길(1)
- 안중근 동양평화론 연구는 일본을 고립으로부터 구해낼 것인가? -
머리말
1. '침묵'을 깬 '100년 네트워크'의 공헌
2. 2010년까지의 주된 연구 성과
3. 최근 5년간 연구의 동향
4. 안중근 재판에 관한 법적 연구의 경위와 배경
5. 일본 정부는 안중근을 '테러리스트'라고 비난
6. 일본 정부의 식민지지배에 관한 역사인식과 사죄의 현상(現狀)
7. 맺음말

역사인식과 한일 '화해'의 길(2)
- 식민지지배 책임과 1905년「한국보호조약(?)」-
8. 일본의 식민지지배 책임이란?
9. 1905년「한국보호조약(?)」은 원초적으로 무효
10. 1905년「한국보호조약(?)」에는 황제의 서명이 필요했는가?

역사인식과 한일 '화해'의 길(3)
- 문헌 연구를 통해 1905년「한국보호조약(?)」의 무효성을 묻는다 -
11. 1905년 당시 국제법 해석학의 문헌 연구
12. 요약 및 고찰

역사인식과 한일 '화해'의 길(4)
-「국제법잡지」는 1905년「한국보호조약(?)」에 대해 어떻게 준비했는가 -
13. 2015년 아베 수상 담화
14.「국제법잡지」는 1905년「한국보호조약(?)」을 어떻게 준비했는가?
15. 일본 외교의 실패

역사인식과 한일 '화해'의 길(5)
- 1905년「한국보호조약(?)」의 효력 문제와 1963년 유엔 총회 결의에 관해 -
16. 유엔 창설과 제국주의시대의 세계사적 전환
17. 1963년 ILC 보고서와 1905년「한국보호조약(?)」
18. 1963년 유엔 총회 결의

역사인식과 한일 '화해'의 길(6)
- '위안부' 문제에 관한 한일 외교장관 합의로부터 판문점 남북 정상회담까지 -
19. '위안부' 문제에 관한 한일 외교장관 합의의 실패로부터 무엇을 배워야 하는가?
20. 판문점 남북 정상회담이 새로운 시대를 열 것인가?

역사인식과 한일 '화해'의 길(7)
- 미로에서 벗어나기 위한 열쇠 -
머리말
21. '동양평화': 대립하는 두 개의 비전
22. ILC 보고서(1963년)과 유엔 인권위원회(1993년)
23. 어디에서 미로를 헤맨 것일까?
24. 한일 화해의 길은 찾게 될까?

머리말

2019년(헤이세이[平成] 31년)으로 헤이세이 시대가 끝난다. 이 시대가 어떤 것이었는지는 그 이전인 쇼오와(昭和) 시대와 비교해보면 알기 쉽다.

쇼오와 시대의 전반은 전쟁의 시대였다. 전쟁의 시대의 구분에 관해서는 쇼오와 6년(1931년)부터 시작된 만주사변을 15년 전쟁의 기점으로 보는 사람도 있다. 쇼오와 16년(1941년)부터의 아시아태평양 전쟁을 중시하는 사람도 있다. 어쨌든 쇼오와 20년(1945년) 9월 2일의 항복문서 조인에 의해 전쟁의 시대가 끝났다는 점에는 이론이 없을 것이다.

그로부터 이틀 후인 1945년 9월 4일자 쇼오와 천황의 칙어[1](자료 1)는, 메이지 헌법 아래에서 발하여진 것이지만, 패전 후의 기본정책의 핵심을 제기했다. 칙어가 명한 것처럼, 일본은 '평화국가'[2]를 향한 길을 걸었다. 쇼오와 후반의 신헌법은 전쟁도 군비도 포기했다. 그 칙어는 전후의 주요한 내정상의 기본정책으로서 "안으로는 여러 방면의 건설에 힘을 기울이고 온 나라가 한마음이 되어 스스로 나서서 국본(國本)을 배양하지 않으면 안 된다"라고 하는 등 전후 보상의 방침도 명확하게 제시했다. 특별히 언급한 "군인 유족의 부조, 상병자의 보호 및 새로 군적을 떠난 자의 후생" 뿐만 아니라, "전쟁 재해를 당한 자의 구제에는 말할 것도 없이 만전을 기해야 한다"라고도 명했다는 점에 주목해야 할 것이다. 구 군인뿐만 아니라 공습 등에 의한 민간인 전쟁 재해 피해자에 대한 보상에 "만전을 기"하라고 쇼오와 천황의 칙어가 명했다는 것은 명확하다. 그럼에도 불구하고 후자에 대해서는 전혀 배려가 없는 채로 쇼오와 64년(1989년)에 쇼오와 시대는 끝났다.[3] 쇼오와 천황이 칙어에서 명한 전후보상은 그 후에도 민간인은 대상으로 하지 않고 일본 국적을 가진 구 군인

---

1 「第八十八臨時議会開院式ノ勅語(昭和20年9月4日)」, 『中野文庫』 (http://www.geocities.jp/nakanolib/choku/cs20.htm#), 2018.5.13. 열람.
2 和田春樹, 『「平和国家」の誕生 - 戦後日本の原点と変容』, 岩波書店, 2015 참조.
3 점령군에 의해 전후보상이 금지되었으나 독립 후에 개시되었다. 다만 독립 후의 전후보상에서는 구 군인에 대한 보상만을 실시했다.

등에 대한 은급 등에만 집중되어 장기간에 걸쳐 풍족하게 지급되어 왔다.[4]

칙어는 전쟁에 의한 외국인 피해자의 보상에 대해서는 언급하지 않았다. 그것은 종전에 즈음하여 여러 외국과의 사이에 교환되는 조약 등의 약정에 맡겨지게 되어 있었던 것이다. 하지만 칙어는 "짐은 … 전 세계에 신의를 떨치고 … 밖으로는 맹약을 지키고 화친을 돈독하게 하고"[5]라고 하여 국제법의 준수를 명하고 있다는 점에 주목해야 한다.

헤이세이 시대는 헤이세이 원년(1989년)부터 시작되었다. 이 해는 베를린 장벽의 붕괴(11월 10일)에 의해 상징되듯이, 냉전 종결의 막이 열린 때에 해당한다. 동서 냉전체제에 의해 억눌려있던 군인 이외의 일본 민간인과 외국인 전쟁 피해자들은 전쟁 피해의 진상규명과 전후보상을 요구하며 목소리를 높이기 시작했다. 안팎으로 전쟁 피해자들의 목소리가 높아졌고 그 실현을 위한 운동이 끊임없이 이어졌다는 것은 헤이세이 시대를 상징하는 중요한 사회현상이라고 할 수 있는 것 아닐까?[6]

일본에서의 이 운동은 얼마나 진전된 것일까? 저자가 관여한 일본군'위안부' 문제[7]의 최근 상황에 초점을 맞추어 그 도달점을 살펴보기로 한다.

4　田中宏, 「日本の戦後補償における内側と外側」, 『桃山学院人権年報』 26, 2000, 28-33면. 아직 민간인 공습피해자가 제기한 소송이 계속되고 있다는 점에 유의해야 한다.
5　주 1)에서 든 칙어는 대외적 기본정책으로서 "짐은 종전에 따른 수많은 고난을 극복하고 국체의 정화를 발양하여 전 세계에 신의를 떨치고 평화국가를 확립하여 인류의 문화에 기여할 것을 희망하여 낮이나 밤이나 걱정을 멈추지 못한다. 이 대업을 성취하고자 하면 냉정하고 침착하게 은인자중하며 밖으로는 맹약을 지키고 화친을 돈독하게 하고"라고 명하고 있다.
6　日本弁護士連合会編, 『日本の戦後補償』, 明石書店, 1994.
7　戸塚悦朗, 『普及版 日本が知らない戦争責任 - 日本軍「慰安婦」問題の真の解決へ向けて』, 現代人文社, 2008.

19. '위안부' 문제에 관한 한일 외교장관 합의의 실패로부터 무엇을 배워야 하는가?

(2015년 '위안부' 문제에 관한 한일 외교장관 합의)

2015년 12월 28일에 서울에서 이루어진 한일 외교장관 합의는 문서에 의한 합의가 아니다. 그 내용은 일본 외무성의 발표[8]에 따를 수밖에 없다.

그 보도는 대단했다(12월 29일 각 신문). "위안부 해결에 한일 합의", "일본 정부는 책임 통감", "10억 엔을 한국 재단에 거출", "수상 '사죄와 반성' 한국에 배려"(같은 날 『토오쿄오신문』 조간)라는 제목을 보면 골자는 추측할 수 있다. 하지만 합의는 피해자를 배제한 채 이루어졌기 때문에 피해자 측은 전체적으로는 받아들이지 않았고, 그래서 암초에 부딪혔다.

그 이전의 일이었는데, 저자는 서울에서 개최된 국제회의(2015년 11월 17일 동북아역사재단 주최)의 기조강연에서 "한일 화해를 위해서는 결과도 중요하지만 피해자 측이 받아들일 수 있는 성실한 프로세스에 의해 해결을 구하도록 노력하는 것이 기본이다"라고 강조했다. 그런데 이번 합의에는 "성실한 프로세스"가 빠져있었던 것이다. 2016년 1월 1일에는 한국의 여론조사 결과가 보도되었는데(『토오쿄오신문』 조간), 한일 외교장관 합의는 "실패였다"라는 의견이 51%에 달했고 긍정적인 평가는 43%에 지나지 않았다고 한다.

한국 여성단체의 호소에 응해 1991년 8월에 스스로 이름을 밝히고 나선 최초의 전 한국인 '위안부' 할머니는 고 김학순 씨였다. 그 용기에 힘을 얻어 더 많은 피해자가 운동에 참여해 일본 정부에 대해 사죄를 요구했다. 그 피해자에 대한 성실한 사죄를 어떻게 실현할 것인가? 그것이 최대의 문제였을 터이다.

하지만 아베(安倍) 수상도 키시다(岸田) 외상도 피해자를 직접 만나 사죄하지 않았다. 게다가 일본의 아베 정권과 한국의 박근혜 정권 모두 피해자 측과 사전에 솔직하게 협의하

---

[8] www.mofa.go.jp/mofaj/a_o/na/kr/page4_001667.html 2018.4.20. 열람. 2015년 12월 28일 오후 2시부터 3시 20분 무렵까지 키시다 후미오 외무대신은 윤병세 외교부장관과 한일 외교장관 회담을 하고, 그 직후의 공동 기자 발표에서 위안부 문제에 대해 아래의 (자료 2)와 같이 발표했다.

는 수고를 생략했다. 따라서 합의가 피해자 전체에 의해 받아들여질지 여부는 그 누구도 알지 못했다. 그런데도 왜 이 단계에서 공표해버린 것일까? 교훈으로부터 배울 필요가 있다. 민간기금 설치에 의한 해결 방식에 대해 피해자 측이 강하게 반대하던 당시의 일인데, 저자는 모토오카 쇼오지(本岡昭次) 전 참의원 의원(참의원 부의장으로 퇴직)과 협력하여 의원 입법에 의한 해결의 길을 열고자 노력했고, 피해자 측과 수년간 수면 아래에서 교섭했다. 마침내 피해자 측으로부터 환영한다는 보증을 얻을 수 있었기 때문에, 법안(전시 성적 강제 피해자 문제 해결 촉진 법안)은 2000년 이래로 당시의 야당 공동으로 국회에 여덟 번 상정되었다(보수파의 찬성을 얻지 못해 법 제정은 실현되지 않았다). 이번에도 피해자 측으로부터 환영의 뜻을 얻을 때까지 피해자 측과 수면 아래의 교섭을 계속하는 성실함이 요구되었다.

합의의 내용과 관련해서는 "도의적 책임"이라는 한정을 두지 않고 "일본 정부의 책임"을 인정한다는 것이므로 조금 진전된 것이기는 하다. 그렇다면 피해자들이 허용하기 어려운 것은 왜일까? '조건부'라고 오해될지도 모르는 '평화비' 철거 문제를 위해 노력한다는 합의가 포함되어 있었던 것이 최대의 문제일 것이다. 한국 정부가 노력해도 이렇게까지 상황을 악화시켜 놓고서야 피해자 측이 철거에 응하리라고는 생각할 수 없다. '평화비'는 피해자 측 운동의 역사를 상징하는 것이다. 할머니들은 자신의 존재를 이 비에 투사하여 온 것 아닐까? 일본 정부에 의한 '강제철거다'라고 느끼게 되면, 트라우마로 괴로워하는 피해자에게는 또 다른 인권침해라는 피해의식이 솟아날 가능성도 있다.

아베 수상은 비의 철거 요구를 단념하고 피해자에게 직접 사과하면 어떨까? 성의가 통하면 피해자가 자연스럽게 일본을 용서하는 마음을 가져주지 않을까? 저자는 외교장관 합의 성립 직후 이렇게 썼다.[9] 그러나 저자의 제안은 실현되지 않았다.

아베 정권은 피해자에 대한 수상의 사죄를 거부하고 '평화비'의 철거 요구를 강화시키

---

9   戸塚悦朗, 「(2)「慰安婦」問題の日韓外相合意の失敗から何を学ぶべきか?」, 『「慰安婦」問題の立法解決を求める会News』 57, 2016.1.10. (같은 해 1월 28일의 『日刊ベリタ』에 전재)
    http://www.nikkanberita.com/read.cgi?id=201601280039464 2018.5.21. 열람.

면서 10억 엔의 거출을 서둘렀다. 2016년 5월 31일의 단계에서 "위안부' 문제의 입법 해결을 요구하는 모임'(공동대표 아라이 신이찌[荒井信一]·모토오카 쇼오지)은 한일 외교장관 합의를 일시 정지하고 피해자와 진지한 대화를 하도록 일본 정부(아베 수상)와 한국 정부(박 대통령)에게 제안했다.[10] 그러나 두 정부 모두 그 제안에 반응하지 않았다.

한편 2015년 한일 외교장관 합의 당시에 그것을 주도했던 박근혜 대통령은, 한국의 피해자 지원단체(정대협)와 유엔 인권조약기관 등으로부터 '피해자 무시'라는 강한 비판을 받았음에도 불구하고, 일본의 거출금을 받아들이기 위한 재단을 설립했고 궤도수정을 하지 않았다. 그런 이유도 있어서 한국의 여론으로부터 강한 비판을 받았다. 그 사이에 박근혜 대통령에 대한 거액의 오직·직권남용·강요 등의 의혹('최순실 게이트')이 발단이 되어 폭넓은 민중으로부터의 정권 비판은 폭발적으로 고조되었다. 그 결과 '촛불혁명'이라고 일컬어지는 민중의 힘은 박근혜 대통령에 대한 국회의 탄핵 결의를 실현시켰고, 결국 박근혜 대통령은 2017년 3월 10일에 헌법재판소에 의해 파면되었다.

(문재인 대통령의 입장)

그 결과 실시된 2017년 5월 9일의 대통령 선거에서 한일 합의의 재검토를 공약으로 내걸고 당선된 문재인 대통령은, 선거 공약을 실행하기 위해 한일 외교장관 합의의 과정에 대한 검증을 외교통상부에 지시했다. 한국 외교통상부는 '한일 일본군위안부 피해자 문제 합의 검토 테스크포스'를 설치하여 한일 외교장관 합의의 성립경위 등에 관해 상세한 조사를 실시했다. 테스크포스는 2017년 12월 27일에 「한일 일본군위안부 피해자 문제 합의 (2015.12.28.) 검토 결과 보고서」[11]를 공표했다.

---

10 「12/28「慰安婦」日韓合意の一時停止と被害者との真摯な対話を提言・要望します」, 『「慰安婦」問題の立法解決を求める会News』 58, 2016.10.15, 12면.

11 『한일 일본군위안부 피해자 문제 합의(2015.12.28.) 검토 결과보고서』는 아래의 사이트에서 볼 수 있다. https://ja.wikisource.org/wiki/日韓日本軍慰安婦被害者問題合意(2015.12.28.)検討結果報告書#IV 2018.5.21. 열람.

그에 대해 문 대통령은 한일 외교장관 합의 2주년인 2017년 12월 28일에 맞추어 "역사에서 가장 중요한 것은 진실"이라며 청와대 박수현 보도관을 통해 성명을 발표했다. 그리고 그 합의가 "절차적으로나 내용적으로나 중대한 흠결이 있었음이 확인되었습니다. … 역사문제 해결에 있어 확립된 국제사회의 보편적 원칙에 위배될 뿐 아니라, 무엇보다 피해 당사자와 국민이 배제된 정치적 합의였다 … 현실로 확인된 비공개 합의의 존재는 국민들에게 큰 실망을 주었습니다"라고 지적하고, "(2015년의 합의가) 정부 간의 공식적 약속이라는 부담에도 불구하고, 저는 대통령으로서 국민과 함께 이 합의로 위안부 문제가 해결될 수 없다는 점을 다시금 분명히 밝힙니다"라고 했다.[12]

"피해 당사자와 국민이 배제된 정치적 합의였다"는 점은 저자도 지적해온 것이지만, 그것을 다시금 확인한 것이 검증의 결과이다. 검증결과를 기초로 문 대통령은 "현실로 확인된 비공개 합의의 존재"가 명확하게 된 것은 "(한국) 국민들에게 큰 실망을 주었"다고 밝혔다. 실망한 것은 한국 국민만이 아니다. 우리들 일본의 시민도 밀약을 모르고 있었던 만큼 많은 이가 정부의 자세에 불신감을 품었을 것이다. 더구나 일본 정부가 10억 엔의 지불과 맞바꾸어 '성노예'라는 단어를 사용하지 않겠다고 한국 정부에게 비밀리에 약속하게 했다고도 한다.[13]

---

12 2017년 12월 29일의 코리아넷 DB는 아래와 같이 전했다. "문재인 대통령은 28일 구 일본군의 위안부 문제를 둘러싼 2015년 12월 28일의 한일합의에 관해 '절차적으로나 내용적으로나 중대한 흠결이 있었음이 확인되었'다고 하며, 일본 정부에 대해 역사의 진실을 직시할 것을 당부했다. 문 대통령은 '(한일합의는) 역사문제 해결에 있어 확립된 국제사회의 보편적 원칙에 위배될 뿐 아니라, 무엇보다 피해 당사자와 국민이 배제된 정치적 합의였다'라고 하고, '현실로 확인된 비공개 합의의 존재는 국민들에게 큰 실망을 주었'다고 지적했다. 청와대의 박수현 보도관이 문 대통령의 입장 표명을 기자회견에서 전했다. 이어서, '(2015년의 합의가) 정부 간의 공식적 약속이라는 부담에도 불구하고, 저는 대통령으로서 국민과 함께 이 합의로 위안부 문제가 해결될 수 없다는 점을 다시금 분명히 밝'힌다고 하고, '역사에서 가장 중요한 것은 진실'이라고 강조했다. 한일관계에 관해 '불행한 과거야말로 직시하지 않으면 안 된다'라고 하고, '한일 양국이 불행했던 과거의 역사를 접고, 진정한 이웃이 될 것을 기원'한다고 말했다. 또 '역사문제의 해결과는 별도로 한일 간의 미래지향적인 협력을 향해 정상적인 외교관계를 회복해가겠다'라고 말했다."
http://japanese.korea.net/NewsFocus/Policies/view?articleId=152542&pageIndex=2 2018.5.21. 열람.
13 위의 『한일 일본군위안부 피해자 문제 합의(2015.12.28.) 검토 결과보고서』의 "1. 합의내용 (2) 비공개 부분"을 참조. 보고서는 "비공개 언급 내용은 한국정신대문제대책협의회(이하 '정대협') 등 피해자 관련 단체 설득, 주한

노예의 금지는 만인에 대한(erga omnes)[14] 의무이다.[15] 바로 그 때문에 20세기 이전부터 관습국제법에 의해 금지되어 온 것이다. 그것을 당사자 사이(inter partes)의 합의로 없었던 일로 만드는 것은 허용되지 않는다. 유엔 기관이 인류사회의 입장을 대표하여 '성노예'라고 평가했기 때문에 피해자는 성노예 피해자라는 법적인 지위를 국제적으로 인정받았다고 생각된다. 그런데도 그 비밀합의(가령 그것이 합법적이고 유효한 한일 간의 국제합의라고 인정된다면)는 '성노예'라는 피해자의 지위에 관해 침묵할 의무를 한국 정부에게 지운 것이 된다. 피해자의 승낙도 없이 유엔 기관(예를 들면 국제사법재판소 등)의 판단도 기다리지 않고 비밀합의는 그 법적 지위(노예의 피해를 당한 자라는 지위)로부터 모국의 공인을 박탈했다. 이것은 실질적으로는 그 법적 지위를 피해자로부터 박탈하는 결과로 연결된다. 당사자(2국) 사이의 합의만으로 비밀리에(게다가 금전과 맞바꾸는 거래를 해서) 국제의무를 없는 것으로 만든 것이 된다. 이것은 노예 금지 원칙 위반에 관해 뒤틀린 역사인식을 낳는 원인이 될 것이다.

일본대사관 앞 소녀상, 제3국 기림비, '성노예' 용어 등 국내적으로 민감한 사항들이다. 비공개 언급 내용은 일본 쪽이 먼저 발언을 하고, 한국 쪽이 이에 대해 대응하는 형식으로 구성되어 있다"라고 한다. 나아가 보고서는 "우선 일본 쪽은 … (3) '한국 정부는 앞으로 「성노예」라는 단어를 사용하지 않기를 희망함'이라고 언급하였다. 이어서 한국 쪽은 … (3) '한국 정부는 이 문제에 관한 공식 명칭은 「일본군위안부 피해자 문제」뿐임을 재차 확인함'이라고 대응하였다"라고 하고 있다. 이것은 일본 측의 요구로 비공개 처리되었다.

14   erga omnes : 모든 사람에 대해. 효과가 당사자 사이에 한정되지 않고 대세적 효력을 가지는 경우에 사용된다. 반대말은 "inter partes"(당사자 사이에서).
「ラテン語法学・政治学用語集」(http://lingua-latina.info/respublica/2018.5.14. 열람).

15   유엔 특별보고자 테오 반 보벤 교수는 "다국간 인권조약 아래의 국가의 책임이 국가집단 또는 국제사회 전체와의 사이에서의 책임을 낳으며, 체약국이 이들 조약에 정해진 권리들을 존중하고 확보할 의무가 있다고 하는 중요한 원칙은, 이들 의무가 인권에 대한 관습국제법으로부터 발생하는 것인 경우에도 적용된다. 이것은 국제사법재판소의 바르셀로나 트랙션(Barcelona Traction) 사건 판결의 표현에 부합하는 것으로서, 위 재판소는 모든 국가는 만인에 대한(erga omnes) 의무를 가진다고 선언했다"라고 하고, 국제사법재판소 판결이 "이러한 의무는, 예를 들면 현대의 국제법에서는, 침략행위와 집단살해의 위법화로부터, 나아가 노예제도와 인종차별로부터의 보호를 포함한 인간의 기본적 인권에 관한 원칙과 룰로부터 발생한다. 그것들의 보호와 관련된 권리 중 몇몇은 일반적인 국제법의 주요 부분이 되어 있다"라고 판시했다는 점을 지적하고 있다. 판・보벤, 『ファン・ボーベン国連最終報告書』(일본의 전쟁책임 자료 센터[日本の戦争責任資料センター]의 일본어 완역 [영문 첨부]; 아라이 신이찌[荒井信一] 해설), 日本の戦争責任資料センター, 1994, 18면.

모든 국가의 정부, 즉 일본 정부는 물론이고 한국 정부도 노예 피해자의 권리를 "존중하고 확보할 의무"를 지고 있다. 그 한국 정부까지 노예를 비난하고 그것을 국제사회로부터 절멸할 의무를 포함하는 노예 금지 원칙을 포기하는 것과 마찬가지의 의무를 지우는 2국간 합의를 하는 것은 만인에 대한 의무에 위반되는 것 아닌가? 노예를 비난하고 절멸해야 할 의무를 내팽개치고 침묵해버릴 의무를 당사국 사이에서만 비밀합의로(한국 정부에게) 의무지우는 것은 노예의 금지라는 유스 코겐스(국제법상의 강행법규) 위반을 구성한다고 할 수 있다고 생각한다. 따라서 저자는 적어도 한국 정부에게 성노예라는 단어를 금지하는 위의 비밀합의 부분은 위법·무효라고 생각한다. 만일 그 비밀합의 부분이 한일 외교장관 합의의 핵심이 되는 중요 부분이라고 평가할 수 있다면 합의 전체의 유효성에 영향을 미치는 중대사태라고도 생각할 수 있다.

　그러한 비밀합의 사항이 존재했다는 것은 한국 정부의 검증으로 밝혀졌다. 이에 대해서는 일본의 시민도 무관심할 수 없다. 일본 정부의 검증에 의해서도 밝혀지지 않으면 안 된다.

　2018년의 상황(1월 10일 『아사히신문』)으로, 한국의 강경화 외교장관은 1월 9일에 일본 정부가 합의에 기초하여 전 위안부 지원재단에 거출한 10억 엔에 대해서는 한국 정부가 같은 액수를 지출하고, 일본의 거출금을 사용하지 않는 대응을 한다고 하면서도, "합의가 양국 간에 공식 합의였다는 사실은 부인할 수 없"다고 하여 합의에 대해 재교섭은 요구하지 않는다고 밝혔다. 한편 최종적·불가역적인 해결을 주장한 합의에 대해 "피해 당사자인 할머니들의 의사를 제대로 반영하지 않은 2015년 합의는 일본군 위안부 피해자 문제의 진정한 문제 해결이 될 수 없"다는 입장을 표명했다. 그리고 일본 측에 대해 "피해자들의 명예·존엄 회복과 마음의 상처 치유를 위한 노력을 계속해 줄 것을 기대"한다고 했다.

　문재인 대통령은 1월 10일에 자신이 대통령 선거에서 재교섭을 공약한 한일합의에 대해 "양국이 공식적으로 합의했다는 사실은 부인할 수 없다"라며 공약을 철회했지만, 다른 한편으로 "완전한 문제의 해결"을 위해 "일본이 진실을 인정하고 피해자에게 마음을 다해 사죄하고 그것을 교훈 삼아 재발 방지를 위해 국제사회와 함께 노력"하는 것이 필요하다는 인식을 밝혔다.(1월 11일 『아사히신문』)

〈"피해자에게 마음을 다해 사죄"하는 데 실패한 일본〉

주의하지 않으면 오해할 가능성이 있기 때문에 덧붙여 둘 것이 있다. 문재인 대통령이 일본 측에 제안한 것은 합의의 재교섭은 아니고, 합의 당시에 결여되어 있었던 아베 수상의 진심을 담은 피해자에 대한 인간적인 직접 대응이라고 이해할 수 있다. 그렇게 하면 피해자의 용서를 얻을 수 있을 터이기 때문이다. 1994년 6월에 비공식적으로 직접 면회하여 피해자를 격려한 하타 쯔토무(羽田孜) 수상의 인간미 넘치는 대응이 피해자의 마음을 강하게 흔들었다고 하는 선례[16]를 마음에 새기면 그 제안을 잘 이해할 수 있을 것이다.

하지만 유감스럽게도 아베 수상, 코오노(河野) 외상, 스가(菅) 관방장관은 문 대통령의 제안을 숙고하지 않고 즉석에서 거절해버렸다(위의 보도). 그 결과 피해자 측을 대변해 온 정대협은 일본 정부에 대해 "한국 정부가 반환하는 10억 엔을 수령하고 법적 책임을 이행하라!"라는 강경한 성명(1월 12일자)을 발표했다. 결국 일본 정부는 한 걸음만 더 나아갔으면 실현시켰을 한일 화해의 귀중한 기회를 놓쳐버린 것이다.

한일관계는 아베 정권이 의도한 침묵의 방향으로는 나아가지 않았다. 상세한 내용은 생략하지만, 매년 8월 14일을 '일본군위안부 피해자 기림의 날'로 기념하는 법 개정이 한국 국회 본회의(2017년 11월 24일)에서 가결 성립되었다(『니혼 케이자이[日本経済] 신문』, 11월 24일)[17] 1991년 8월 14일에 고 김학순 씨가 '위안부'에 대한 군의 관여를 부정하고 있던 일본

---

[16] 山下英愛, 「金学順 - 半世紀の沈黙を破る」, 『ひとびとの精神史〈第8巻〉バブル崩壊 - 1990年代』, 2016, 岩波書店, 198면.

[17] 「韓国が「慰安婦の日」制定 関連法成立」, 『日本経済新聞』 2017.11.24. 18:00은 아래와 같이 보도하고 있다. "【서울＝峯岸博】한국에서 매년 8월 14일을 구 일본군의 종군위안부를 기리는 기념일로 제정하는 내용의「일제하 일본군위안부 피해자에 대한 보호·지원 및 기념사업 등에 관한 법률」개정안이 24일의 국회 본회의에서 가결·성립되었다. 국경일은 아니지만, 위의 법률은 8월 14일에 국가나 지방자치단체가 기념일의 취지에 따른 행사와 홍보를 실시할 노력의무를 명기하고 있어서 일본 국내의 대한(對韓)감정을 한층 악화시킬 우려가 있다." https://www.nikkei.com/article/DGXMZO23868530U7A121C1EA3000/ 2018.5.21. 열람.

정부를 비판하여 실명으로 미디어 앞에 나섰다는 것은 주지의 사실이다. 그 용기를 칭송하는 한국 여론이 국회에 의해 공식적으로 인지된 것이다.

이에 대해 위의 신문은 "일본 국내의 대한(對韓) 감정을 한층 악화시킬 우려가 있다"라며 네거티브한 태도를 보이고 있다. 그러나 역발상을 활용하여 역사를 보는 시각을 능동적으로 전환시킬 수는 없을까? 한일 외교장관 합의에서는 아베 수상이 '위안부' 문제에 대해 "책임을 통감하고 … 마음으로부터 사죄와 반성의 뜻을 표명한다"라고 인정했다. 따라서 일본 정부로서도 용기를 가지고 그러한 문제를 제기해 준 고 김학순 씨에게 경의를 표한다는 취지로 평가하는 것도 가능하지 않을까? 일본 정부가 그 기념일에 동포의 정신[18]을 가지고 한국의 사람들과 함께 역사를 상기하고 인류사적인 입장[19]에서 전시의 여성에 대한 폭력의 재발을 방지하기 위한 결의의 날로 삼는다면, 포지티브한 역사 발전의 계기로 삼을 수 있다. 아베 수상의 담화(2015년 8월 14일)[20]가, "… 그렇더라도 여전히 우리 일본인은 세대를 넘어 과거의 역사를 정면으로 대면하지 않으면 안 됩니다. 겸허한 마음으로 과거를 이어받아 미래에 넘겨줄 책임이 있습니다"라고 하고 있는 것도 긍정적으로 상기할 수 있다.

그렇다고 해도 어째서 이러한 불충분한 형태의 '해결' 밖에 할 수 없었던 것일까? 그 원인에 관해서는 일본 측이 심각하게 반성할 필요가 있다. 입법 해결의 거부에 의해 상징되

18 「세계인권선언」 제1조 참조.
19 「일본국헌법」 전문(前文) 참조. 「일본국헌법」 전문은, "일본 국민은 … 인간상호의 관계를 지배하는 숭고한 이상을 깊이 자각하며, 평화를 사랑하는 제국민의 공정과 신의를 신뢰하여, 우리들의 안전과 생존을 보유할 것을 결의했다. … 우리들은, 어떤 국가도, 자국의 일에만 전념하여 타국을 무시해서는 안 되며, 정치도덕의 법칙은, 보편적인 것이며, 이 법칙에 따르는 것이 자국의 주권을 유지하고, 타국과 대등관계에 서고자 하는 각국의 책무라고 믿는다"라고 하고 있다. 이것은 위의 조칙에서 밝힌, "짐은 … 전 세계에 신의를 떨치고 … 밖으로는 맹약을 지키고 화친을 돈독하게" 한다는 정신을 이어받고 있다고 평가할 수 있다.
20 2015년 8월 14일자 「내각총리대신 담화」(각의결정)는, "일본에서는 전후에 태어난 세대가 이제 인구의 80%를 넘어섰습니다. 저 전쟁에는 전혀 관련이 없는 우리의 자녀와 손자녀, 그리고 그다음 세대의 아이들에게 사죄(謝罪)를 계속하는 숙명을 지워서는 안 됩니다. 그러나 그렇더라도 여전히 우리 일본인은 세대를 넘어 과거의 역사를 정면으로 대면하지 않으면 안 됩니다. 겸허한 마음으로 과거를 이어받아 미래에 넘겨줄 책임이 있습니다"라고 하고 있다.

는 것처럼 일본의 보수층에게는 솔직히 피해자에게 '사죄'하는 데 대한 강한 저항이 있었다. 그럼에도 불구하고 피해자의 호소에 응답하여 피해자와의 화해를 실현시키려 한 다수의 일본인들의 계속적인 노력이 있었다. 그것은 무엇이었을까? 왜 한 걸음 더 나아가 진정한 화해를 실현시키는 것이 불가능했던 것일까? 다시금 되돌아보고 깊이 연구하여 다음 세대에게 전할 필요가 있다.

첫째 일본이 남성 중심 사회여서 일본 여성은 물론이고 식민지·점령지 여성의 존엄에 대한 침해의 가혹함을 반성하는 태도가 약해서 적절하고도 충분한 대응이 불가능했다. 일본은 젠더에 관한 문제에 정면으로 대응하는 힘이 극히 약하다. 여성의 지위가 낮고,[21] 여성 임금 차별도 심각하다.[22] 여성 국회의원의 수 하나만 보아도 현저한 후진국(세계 163위)임은 역연하다.[23] 성노예 문제와 잇닿아 있는 성희롱에 대한 대응에서도 공통점이 발견된다. 최근 문제가 되고 있는 정부 고관에 의한 성희롱에 대해서도, 아베 정권의 일본 정부가 '성희롱은 죄가 아니다'라는 따위의 이유로 책임을 회피하며 정면으로 비판·반성하지 않고 있는 것도 상징적인 사례이다. 「후보자 남녀균등법」이 2018년 5월 16일에 성립되었다.[24] 한 걸음 전진한 것이지만 정당의 노력에 맡겨져 있기 때문에 즉효성은 약하다. 남녀 동수의 국회의원이 실현되는 것은 언제일까?

둘째 보다 근원적인 문제가 있다. 일본은 식민지지배에 대한 반성의 불충분함을 극복하지 못하고 있다. 역사인식의 면에서 커다란 문제를 계속 안고 있는 것이다. 이 약점이 '위안부' 문제의 대응에도 영향을 미치고 있다. 여기에서는 앞으로의 연구과제로서 이들 두 가지 중요한 포인트를 들어두기로 한다.

---

21 예를 들면, 2017년의 통계이지만, 일본의 여성각료의 비율은 15.8%에 지나지 않고, 전 세계 랭킹으로는 106위였다. 列国議会同盟(IPU)의 웹사이트. http://archive.ipu.org/pdf/publications/wmnmap17-en.pdf 2018.5.16. 열람.
22 戸塚悦朗, 『ILOとジェンダー - 性差別のない社会へ』, 日本評論社, 2006.
23 위의 IPU 2017년 통계에 따르면 일본 중의원에서의 여성의원의 비율은 전 세계 랭킹 163위이다.
24 「各党, 数値目標に差 候補者男女均等法 対応遅れる自民」, 『朝日新聞デジタル』 2018.5.17. https://digital.asahi.com/articles/ASL5J66DKL5JUTFK018.html?rm=464 2018.5.17. 열람.

(의원입법 시민운동의 지도자 상실)

2017년에는 '위안부' 문제의 입법 해결을 위한 운동에 공헌한 지도자를 연달아 떠나보내는 낙담할만한 일이 발생했다. 오카자키 토미코(岡崎トミ子) 전 참의원 의원(전 국가공안위원장과 소비자·소자화[少子化] 담당대신), 모토오카 쇼오지 전 참의원 부의장, 나카오오지 타메히로(中大路爲弘) 전 모토오카 의원 정책비서, 아라이 신이찌 이바라키(茨城)대학 명예교수가 잇달아 서거했다. 이분들 모두 저자가 1992년 유엔 인권위원회 이후 줄곧 다루어 온 일본군'위안부' 문제의 입법 해결 운동의 지도자로서 활약하셨던 분들이다.

모토오카 참의원 의원(당시 사회당)이 1990년 이래 국회에서 열심히 씨름한 일본군'위안부' 문제는 나카오오지 씨(당시 사회당 서기)가 음지에서 지원하여 커다란 국제적 정치문제가 되는 계기를 만들었다. 저자는 피해자의 호소에 직면하여 유엔·ILO 등과 연계하면서 NGO 대표로서 안팎에서 활동했다. 일본이 자주적으로 해결하려면 어떻게 해야 하는지, 매우 고민스러운 문제였다.

그 문제를 "입법에 의해 해결해야 한다"라는 제안은 일본변호사연합회(당시의 회장은 고 쯔찌야 코오켄[土屋公獻] 변호사)의 제언(1995년 1월)[25]에까지 거슬러 올라간다. 참의원에서는 1999년 모토오카 쇼오지 참의원 의원이 입안한 「전시 성적 강제 피해자 문제 해결 촉진 법안」(이른바 모토오카 법안)[26]이 2000년 이후 몇 차례나 국회에 상정되었다. 그 법안은 모든 피해국의 피해자·지원자로부터 환영받았기 때문에, 야당이 공동으로 제안한 그 의원입법이 성립되면 일본과 피해자 사이의 화해가 실현될 것임은 확실했다. 모토오카 의원이 참의원 부의장에 취임한 뒤에는 오카자키 참의원 의원(당시 민주당)이 대표가 되어 야당의 여성의원을 중심으로 하는 입법 해결 운동을 추진했다.

쯔찌야 코오켄 변호사는 1996년 12월 이래 오랜 기간 동안 "위안부' 문제의 입법 해결

---

25 日本弁護士連合会,「「従軍慰安婦問題」に関する提言」, 日本弁護士連合会編,『問われる女性の人権』, こうち書房, 1996, 97-134면.
26 国際人権法政策研究所編,『国際人権法政策研究(特集「慰安婦」問題立法解決のために)』3·4 合併号(通号 4), 2008에 법안 및 관련 논문이 게재되어 있다.

을 요구하는 모임'[27]의 회장으로서 국회의원과 협력하여 입법운동을 전개했는데, 안타깝게도 2009년에 서거했다. 그 후 그 입법 해결 운동은 모토오카 전 참의원 부의장과 아라이 신이찌 명예교수가 공동대표가 되어 이끌었다. 하지만 지금에 이르러서도 완고하게 성실한 사죄를 거부하는 보수파의 저항에 부딪혀 입법은 실현되지 못하고 있다.

그러한 지도자들을 잇달아 잃어버린 것은 한 시대의 종언을 상징하는 일인 듯하다. "위안부' 문제의 입법 해결을 요구하는 모임'의 운동의 종식이라는 사실은 받아들이지 않으면 안 된다. 그러나 일본의 많은 사람들이 이 문제의 해결을 위해 남다른 노력을 거듭해 왔다는 사실, 특히 일본의 시민과 의원이 협력하여 입법에 의해 '위안부' 문제를 해결하고자 입법 해결 운동을 추진해 왔다는 역사적 사실은 기억될 가치가 있다고 생각한다. 여기에서는 그 공동대표를 지낸 모토오카 쇼오지 전 참의원 부의장과 아라이 신이찌 명예교수에 초점을 맞추어 그 공헌의 개략을 소개해보기로 한다.

(모토오카 쇼오지 전 참의원 부의장의 공헌)

저자가 오랫동안 인권옹호 활동의 지도자로 존경하며 의지한 모토오카 쇼오지 전 참의원 부의장이 2017년 4월 10일에 급서하셨다. 그 조금 전인 3월말에는 전화로 이야기를 할 수 있었기 때문에 예상하지 못했던 일이다. 전화 통화에서 "지쳐서 기력이 없다. 전부 맡깁니다"라고는 하셨다. 그때는 가까운 시일 안에 자택을 방문할 수 있기를 기대하며 전화를 끊었다.

메우기 어려운 상실감을 표현할 방법도 없었다. 모토오카 의원의 국제인권법 정책 활동은 저자의 국제인권법 실천 활동과 대부분 겹쳐 있었다. '위안부' 문제 이전부터 시작된

---

27 "위안부' 문제의 입법 해결을 요구하는 모임(「慰安婦」問題の立法解決を求める会)'(쯔찌야 코오겐 회장)은, 수시로 『'위안부' 문제의 입법 해결을 요구하는 모임 뉴스(「慰安婦」問題の立法解決を求める会News)』를 발행하여 모든 국회의원들에게 배포하는 운동을 계속했다. 그 사무국장은 타카기 타카(高城たか) 씨와 아리미쯔 켄(有光健) 씨가 맡았다. 마루야마 테루히사(丸山輝久) 변호사는 관련단체인 '전후 처리의 입법을 요구하는 법률가·유식자 모임'(쯔찌야 코오겐 회장)의 사무국장을 맡고 있었지만, "위안부' 문제의 입법 해결을 요구하는 모임'에도 협력했다.

협력관계는 40년 가까이 계속되어 왔다.

돌이켜 생각해보면, 1980년대 초 무렵 저자는 제2 토오쿄오변호사회의 인권옹호위원회 위원(부위원장)으로서 정신의료에 의한 인권침해의 실태를 조사하는 데 전념하고 있었다. 그 당시의 일이다. 저자는 정신위생법 제도의 결함 때문에 발생한 중대 인권침해는 국제인권(자유권)규약 위반이라는 연구성과를 발표하고 법 개정을 제안했었다.[28] 하지만 변호사회만으로는 정치를 움직일 수 없었다.[29]

야당 제1당이었던 사회당(사로부회[社勞部會])의 모토오카 쇼오지 의원 외 수명의 참의원 의원은 피해자의 목소리를 듣고, 우리들 실무법률가 및 정신의료 종사자와 협력하여 호오토쿠카이(報徳会) 우쯔노미야(宇都宮) 병원의 인권침해 사건(학대사, 위법구금 등)의 조사에 임하여, 1984년 3월 14일에 참의원 예산위원회에서 문제를 제기했다. 그 결과『아사히신문』등 주요 미디어에 크게 보도되어[30] 정신의료에 의한 인권침해가 사회문제로 부상했다.[31] 그것을 계기로 그때까지 거의 주목되지 않았던 그 문제가 내외의 주목을 받게 되었다.

그 문제는 1984년 8월에 유엔의 NGO인 국제인권연맹(ILHR)의 지원을 얻는 행운에 힘입어 유엔 인권회의(차별방지 소수자보호 소위원회 = 인권 소위원회)에서도 논의되었다. 국제법률가위원회(ICJ) 등 3개의 유엔 NGO에 의한 인권실정조사단의 일본파견이 실현되었고, 일본 정부에 대한 조사단 권고가 나왔다.[32] 이러한 내외의 운동의 흐름은 일본 정부를 움직여 1987년 9월에「정신위생법」을「정신보건법」으로 개정하는 성과로 이어졌다.[33]

28 ① 戸塚悦朗・広田伊蘇夫編,『精神医療と人権(1)「収容所列島日本」』, 亜紀書房, 1984. ② 戸塚悦朗・広田伊蘇夫編,『精神医療と人権(2)「人権後進国日本」』, 亜紀書房, 1985. ③ 戸塚悦朗・広田伊蘇夫編,『精神医療と人権(3)「人間性回復への道」』, 亜紀書房, 1985.
29 戸塚悦朗,「国際社会における人権活動」, 宮崎繁樹編,『現代国際人権の課題』, 三省堂, 1988, 112–158면.
30 1984년 3월 24일자『朝日新聞』조간 등 각 신문의 보도 다수.
31 ① 戸塚悦朗・広田伊蘇夫編, 위의 책, 1984. ②『精神医療』51(宇都宮病院問題緊急特集号), 1984.
32 国際法律家委員会編 / 広田伊蘇夫・永野貫太郎監訳,『精神障害患者の人権 国際法律家委員会レポート』, 明石書店, 1996.
33 ① 広田伊蘇夫,『立法百年史 - 精神保健・医療・福祉関連法規の立法史』, 批評社, 2004. ② 戸塚悦朗,「精神衛生法改正の評価と問題点」,『ジュリスト』883, 1987. ③ 戸塚悦朗,「精神衛生法改正の経緯と問題点」,『法

그것을 계기로 모토오카 의원 등 사회당 의원단도 유엔 유럽본부를 방문하여 인권 소위원회에 참가하는 등 국제인권법 정책의 조사·연구를 시작했다. 그것은 초당파의 유엔 인권활동 협력 의련(議連)(초대 회장 하타 쯔토무 중의원 의원, 나중에 수상)의 창설 등 국회의원이 유엔 인권활동 지원을 위한 리더십을 발휘하는 데까지 발전했다.[34]

그 후 모토오카 의원은 저자 등의 요청에 응해 국제인권법을 일본에 실효적으로 도입하기 위해 인권조약, 특히 개인통보권조약 비준 운동을 정력적으로 이어갔다. 그러한 모토오카 의원의 국회활동과 우리들 법률가의 유엔 인권활동이라는 내외의 국제 인권활동이 일본군'위안부' 문제에 대한 대처로 발전한 것이다.[35]

1990년 6월 6일의 참의원 예산위원회에서 모토오카 의원은 사회당을 대표해서 질문하면서, 조선인 강제연행 문제에 대해 상세하게 묻는 가운데 "강제연행 중에 종군위안부라는 형태로 연행되었다는 사실도 있습니다만 그렇습니까"라고 질문했다.[36] 그런데 시미즈(清水) 노동성 직업안전국장은 "종군위안부라는 것에 관해서는 옛 사람의 이야기 등도 종합해서 들으면 역시 민간의 업자가 그런 분들을 군과 함께 데리고 다녔다든가 그런 상황인 듯하며, 그 실태에 관해 조사하여 결과를 내는 것은 솔직히 말해 가능하지 않다고 생각하고 있다"라고 답변했다. 즉 민간의 업자의 문제이며 국가는 관여하지 않았기 때문에 조사는 불가능하다고 잘라 말한 것이었다. 모토오카 의원은 그런 사태를 확실하게 하지 않고서 일본과 한국의 신뢰관계를 구축할 수 있는가라고 카이후 토시키(海部俊樹) 총리를 엄

律時報』59-6, 1987.

34 本岡昭次·中大路為弘編著, 『世界がみつめる日本の人權: これからは人權の時代です』, 新泉社, 1991, 240-250면. 위 책의 머리말(모토오카 집필)과 맺음말(나카오오지 집필)을 통해 모토오카 쇼오지 참의원 의원의 인권활동은 나카오오지 타메히로 씨(사회당 서기·정책심의회 사회보장 담당자)와 함께 한 2인 3각의 운동이었다는 사실을 알 수 있을 것이다.

35 모토오카 쇼오지 참의원 의원의 '위안부' 문제에 관한 국회질문 등 인권문제에 관한 정치활동에 관해서는 아래의 문헌을 참조해주기 바란다. ① 本岡昭次, 『孫悟空議員奮戦記 參議院議員本岡昭次の17年』, ひょうご芸術文化センター, 1997. ② 本岡昭次, 『「慰安婦」問題と私の國会審議』, 本岡昭次東京事務所, 2002. ③ 本岡昭次, 『政界再編の戦国時代を生きる 社会党から民主党へ』, ひょうご芸術文化センター, 2004.

36 이 질문을 포함한, '위안부' 문제에 관한 국회질문의 상세한 내용은 本岡昭次, 위의 책, 2002 참조.

하게 몰아세웠다. 그래서 결국 "정부에서 시급히 보고하겠다"라는 카이후 총리의 답변을 얻어냈고 조사결과를 기다리게 되었다.

그때의 국회에서의 질의를 알게 된 한국 여성단체는 "일본 정부는 거짓말을 하고 있다. 군대의 관여 아래 이루어진 것이다"라고 격한 항의의 목소리를 냈다. '위안부'가 되었던 김학순 씨는 이대로는 죽어도 죽을 수 없다며 1991년 8월에 공개적으로 나서게 되었고, 명예회복과 일본 정부의 보상을 요구하며 재판소에 제소했다. 그러한 흐름 속에서 1992년 1월에는 미야자와 키이찌(宮沢喜一) 수상이 한국 국회에서 '위안부' 문제에 관해 군의 관여를 인정하고 사죄했다. 모토오카 의원의 엄한 추궁을 받은 정부의 내각외정심의실(內閣外政審議室)은 1993년 8월 4일에 「이른바 종군위안부 문제에 관해」라는 제목으로 조사결과를 발표했고, 그 조사결과를 토대로 코오노 요오헤이(河野洋平) 내각관방장관의 담화가 발표되었다.[37] 코오노 관방장관은 위안소의 설치에 일본군이 직접·간접적으로 관여했다는 사실, 위안부의 모집에 관해서는 군의 요청을 받은 업자가 주로 담당했지만 그 경우에도 감언, 강압에 의하는 등 본인들의 의사에 반하여 모집된 사례가 많이 있고, 나아가 관헌 등이 직접 그에 가담한 적도 있었다는 사실, 위안소의 생활은 강제적인 상황 아래에서의 고통스러운 것이었다는 사실 등을 인정하고 피해자에게 사죄했다. 문제 해결을 위한 중요한 일보 전진이었다.

하지만, 일본 정부는 국가의 법적 책임을 회피하기 위해 재단법인 '여성을 위한 아시아 평화 국민기금'을 설립하고 국민의 모금에 의한 위로금(償い金)을 국가를 대신하여 피해자에게 지급하게 하는 사업을 하는 민간기금정책을 추진했다. 모토오카 의원은, 그것을 진정한 사죄라고는 인정할 수 없다는 피해자의 목소리를 지지했고, 그것을 기본적인 잘못이라고 판단했다. 마침내 일본 정부가 '위안부' 문제 해결의 방침을 변경하지 않는 한 해결을 위해 한 걸음도 전진할 수 없는 상황이 되었다. 피해자가 성의있는 사죄라고 인정하여 받

---

[37] 「慰安婦関係調査結果発表に関する河野内閣官房長官談話」, 1993.8.4.
http://www.mofa.go.jp/mofaj/area/taisen/kono.html 2018.5.17. 열람.

아들이는 '위안부' 문제의 해결을 촉진할 새로운 법률안을 국회에서 심의하여 성립시키는 것 이외에는 방도가 없는 상황이 되었다.

　모토오카 의원은 의원입법안으로「전시 성적 강제 피해자 문제 해결의 촉진에 관한 법률안」을 입안하고, 한국을 포함한 각국의 피해자 측으로부터 입법이 실현되면 사죄로서 환영할 의향이 있는지를 사전에 확인하는 성실한 절차를 밟았다.[38] 그다음에 민주당(하토야마 유키오[鳩山由紀夫] 대표)의 그림자 내각을 설득하여, 야당 공동법안으로서 계속 제출하는 상황을 만들어냈다. 그 법안이 성립되면 '위안부' 문제의 해결이 촉진될 것임에 틀림이 없었다.「모토오카 법안」이라고 불린 그 법안이 야당 공동으로 8회에 걸쳐 국회에 상정된 것은 일본의 다수의 국회의원이 사죄를 위해 성실한 활동을 했다는 중요한 사실을 역사에 남긴 일이었다. 그러나 그 법안은 미디어의 주목을 받지 못했고, 자민당과 공명당의 반대를 돌파하지 못하여 결국 법률로 성립되지 못한 것은 유감스러운 일이었다.

　모토오카 의원은 김학순 씨로부터 직접 "모토오카 씨 당신은 국회의원이지요. 일본의 국회의원이 문제를 해결해주지 못해서 우리가 결의해서 소송을 제기한 겁니다"라는 눈물의 호소를 들었다. 2004년에 정계에서 은퇴한 후에도 국제인권법 정책연구소를 창설하여 그 법안의 추진 등을 위한 노력을 계속했고, 마지막까지 국가가 책임지는 '위안부' 문제의 법적인 해결을 위해 집념을 쏟아 투쟁한 모토오카 의원의 원점은 바로 그 김학순 씨의 호소였던 것이다.

(아라이 신이찌 명예교수의 공헌)

　아라이 신이찌 명예교수(스루가다이[駿河台]대학, 이바라키대학)는 2017년 10월 11일에 서거하셨다.[39] 역사학자로서 일본의 전쟁책임과 전후 화해 문제의 해결을 위해 진력했고,

---

38　『国際人権法政策研究』3・4, 2008에 게재된 논문, 특히 本岡昭次,「「慰安婦」問題と私の国会追及13年」및 戸塚悦朗,「市民が決める「慰安婦」問題の立法解決－戦時性的強制被害者問題解決促進法案の実現を求めて」를 참조.
39　부고는 다소 늦었지만 2017년 11월 5일『朝日新聞』에 의해서도 보도되었다.

'일본의 전쟁책임 자료 센터' 공동대표와 '전쟁과 공습 문제 연구회', '한국·조선 문화재 반환 문제 연락회의' 등의 대표를 지냈다.

저자 등이 관여해 온 일본군'위안부' 문제의 입법에 의한 해결 운동에도 오랫동안 공헌했다. 그 제안은, 위에서 서술한 것처럼, 1995년 일변련(당시의 회장은 쯔찌야 코오켄 변호사)의 제언[40]에까지 거슬러 올라간다. 쯔찌야 회장(당시)을 단장으로 하는 일변련 대표단은 같은 해 9월의 유엔 베이징 세계여성대회에 참가하여 그 제언의 영역본을 유엔에 제출했다. 쯔찌야 코오켄 전 일변련회장은 1996년 12월 이래 12년이나 되는 오랜 기간 동안 "위안부" 문제의 입법 해결을 요구하는 모임'의 회장으로서 국회의원과 협력하여 입법운동을 지속적으로 전개했는데, 유감스럽게도 2009년에 서거하셨다. 그 때문에 아라이 신이찌 명예교수가 그 뒤를 이어 모토오카 쇼오지 전 참의원 부의장과 함께 "위안부" 문제의 입법 해결을 요구하는 모임'의 공동대표에 취임하여 그 운동을 계승해왔다.

아라이 명예교수는 걸출한 세계사 학자로서 안팎으로 명성이 높았다. 하지만 저자는 연구자도 아니었고 역사학을 공부하지도 않았다. 그런 이유도 있어서 1992년까지는 아라이 명예교수와의 접점이 없었다. 하지만 다소 복잡한 사정이 있어서 나중에 만나게 되었다. 지금도 '불가사의한 인연이다'라며 자주 떠올린다. 1992년의 일인데, 저자는 제네바의 유엔 인권위원회에서 '위안부'는 성노예라는 점 등에 관해 NGO 대표로서 발언한 적이 있다. 그런데 코오베(神戸)시에서 모토오카 의원과의 공개대담을 통해 그때의 일을 보고해 달라는 요청을 받았다. 그래서 당시 살고 있던 런던에서 일본으로 일시 귀국하여 코오베로 가는 도중의 일이었다. 오오사카(大阪)에서 개최된 국제세미나에서 코오베에 가서 '위안부' 문제에 관한 유엔 발언 등에 대해 보고할 예정이라고 한마디 했다. 그런데 그 자리에 참가하고 있던 고 마쯔이 야요리(松井やより, 전 아사히신문 기자)에게 호되게 꾸중을 들었다.

---

http://digital.asahi.com/articles/DA3S13214146.html?_requesturl=articles%2FDA3S13214146.html&rm=150 2017.11.12. 열람.

40　日本弁護士連合会, 위의 「「従軍慰安婦問題」に関する提言」.

"그렇게 중요한 문제에 대해 전문가와 제대로 상의도 하지 않고 멋대로 활동하고 있다"라는 엄한 비판을 받은 것이다. 몹시 난감했던 저자는 마쯔이 씨에게 공부 부족을 사죄할 수밖에 없었다. "어떻게 하면 좋겠습니까"라고 가르침을 구했더니 마쯔이 씨는 당시 전후보상 문제에 관한 시민운동을 하고 있던 우에스기 사토시(上杉聰) 씨(오오사카시 거주)를 만나 보라고 제안했다. 그래서 그날 밤 안으로 우에스기 씨를 방문했다. 우에스기 씨는 부락문제를 전문분야로 하는 역사가로 아라이 명예교수를 잘 알고 있었다.

그것이 계기가 되어 아라이 명예교수를 중심으로 하는 많은 역사학 연구자와 우리들 법률가가 협력해서 '위안부' 문제에 대처할 수 있게 되었다. 아라이 명예교수를 중심으로 하는 실행위원회가 결성되어 1992년 12월에 아시아의 '위안부' 피해자를 초대하여 토오쿄오에서 국제공청회를 개최하게 되었다. 그 기획에는 저자가 소속되어 있던 일변련도 공동주최 단체가 되었다. 유엔 인권소위원회의 특별보고자로서 중대 인권침해 피해자의 보상 등에 대한 권리를 연구하고 있던 테오 반 보벤(Theo van Boben) 교수(네덜란드 마스트리히트[Maastricht]대학 교수)를 중심으로 하는 전문가 패널 앞에서 다수의 국가로부터 참가한 피해자들이 증언했다. 패널로는 박원순 변호사(전 서울 시장)도 참가하여 중요한 발표를 했던 것을 기억하는 사람도 있을 것이다. 일본뿐만 아니라 전 세계에 커다란 충격을 준 이 국제공청회가 성공한 배경에는, 국제공청회 실행위원회에 참가한 다수의 역사학자, 변호사, 여성운동가 기타 많은 시민을 모아낸 아라이 명예교수의 공적이 있었다. 토오호오(東方)출판에 의해 그 국제공청회의 기록집이 출판되어 있다.[41] '위안부' 문제는 그 후 일본 국내에서는 물론이고 아시아로부터, 나아가서는 전 세계로부터 한층 주목을 끌게 되었다.

아라이 명예교수가 그것을 단발성 이벤트로 끝내지 않았다는 사실에 주목해야 할 것이다. 위의 국제공청회 실행위원회를 맡은 아라이 명예교수를 중심으로 하는 역사연구자뿐만 아니라 법률가 등도 참가하여 1993년 4월에 '일본의 전쟁책임 자료 센터'가 창설되었

---

41 国際公聴会実行委員会編, 『世界に問われる日本の戦後処理① 「従軍慰安婦」等国際公聴会の記録』, 東方出版, 1993.

다. 이 획기적인 센터가 '위안부' 문제 등 일본에 의한 전쟁과 관련된 중대 인권침해의 진상 규명과 전쟁책임의 해명을 위한 연구의 비약적 발전에 공헌했다. 아라이 명예교수는 그 연구성과를 공표하기 위해『계간 전쟁책임연구』[42]의 발행인에 취임했고, 위의 잡지가 지금까지 일본의 전쟁책임 해명의 중심이 되어왔다. 그러한 민간의 전쟁책임 진상규명 노력은 정부에 의한 조사연구도 상당 정도 촉진하여 1993년 8월의 코오노 관방장관 담화를 만들어내는 밑바탕이 되었다고 생각되기도 한다. 또 그러한 연구활동의 진전은 한국 등 피해국의 피해자 증언 청취 연구와 맞물려 전 세계의 연구자에게 참조가 되었고, 유엔에 의한 일본군'위안부' 문제의 심의에도 공헌했다.

아라이 명예교수의 학문적 연구성과는 방대하기 때문에 그것을 소개하는 것은 저자의 능력을 넘어선다. 여기에서는 아라이 명예교수와 공동연구를 하면서 경험한 것을 토대로 말할 수 있는 것에만 초점을 맞추어 소개해두기로 한다. 아라이 명예교수는, 세계사를 연구했기 때문이기도 하다고 생각되지만, 일찍부터 유엔에 대한 연구에 강한 관심을 보였다. 저자가 일본의 관계자에게 소개한『반 보벤 유엔 최종보고서』(1993년 7월 2일)[43]는 일찍감치 번역되어 해설이 붙은 소책자[44]로 일본의 전쟁책임 자료 센터에 의해 1994년 1월 20일에 출판되었다.『R. 쿠마라스와미(Radhika Coomaraswamy) 유엔 보고서』[45](1996년 1월 4일)는 마찬가지로 1996년 3월 10일 출판되었다. 후자의 경우 저자도 공역자로 참가했다.『R. 쿠마라스와미 유엔 보고서』는 '위안부' 피해자를 일본군의 '성노예'로 인정했고, 일본 정부에 대해 엄한 권고를 했다. 그러나 보수파와 일본 정부는 그 보고서가 요시다 세이지(吉田清治) 씨의 저서를 인용하고 있다는 이유로 지금도 수정 요구를 반복하고 있다.

---

42 일본의 전쟁책임 자료 센터의 웹사이트에『季刊戦争責任研究』의 총목차가 있다. http://space.geocities.jp/japanwarres/ 2018.5.18. 열람.

43 ① 戸塚悦朗,「国際人権レポート136回＝従軍慰安婦・強制連行問題 － ファンボーベン教授の研究 国家責任論で解明」,『週刊法律新聞』1091, 1993.3.5. ② 戸塚悦朗,「日本が知らない戦争責任2「不処罰」を原因とする賠償・補償義務 ファン・ボーベン最終報告書」,『法学セミナー』470, 1994.

44 ファン・ボーベン, 위의『ファン・ボーベン国連最終報告書』.

45 戸塚悦朗・荒井信一訳,『R・クマラスワミ国連報告書』, 日本の戦争責任資料センター, 1996.

그와 관련하여 아라이 명예교수가 학문적으로 극히 양심적이고 객관적인 자세를 취하셨다는 사실을 드러내는 에피소드가 있다. 아라이 명예교수는 쿠마라스와미 보고서가 (그 "역사적 배경"에서) 요시다 세이지 씨의 저서를 인용하고 있는 점 등 때문에 생긴 '사실오인'을 지적하고, 그 번역서의 해설과 역주에서 (요시미 요시아키[吉見義明] 교수의 비판을 인용하면서) 보고서의 수정이 이루어지기를 기대한다는 취지를 적고 있다.[46] 보수파 사람들과 일본 정부가 쿠마라스와미 보고서에 대한 비판을 강화하기 이전의 일이었다는 점에 주목해야 할 것이다.

또한 그 문제에 대해서는 저자의 견해를 최근에 『전쟁책임연구』(2015년 하계호[夏季號])에 공표했으니 참고해주기 바란다.[47] 요컨대 보수파와 정부가 문제삼고 있는 부분은 법률판단에 필요한 사실인정 부분이 아니라 '위안부' 문제의 역사에 관한 부분이었던 것이다. 주의 깊게 읽으면 알 수 있지만, 법률판단은 일본 정부가 인정한 사실의 범위 내에서 이루어져 있다는 점에 다시 한 번 주의할 필요가 있다.

입법 해결의 제안은 피해자 측의 환영을 받아 다수의 야당의원에 의해 추진되었고 몇 차례나 국회에 상정되었다. 그럼에도 불구하고 입법이 이루어지지 못하고 문제 해결이 지체된 데는 이유가 있다. 문제의 근원은 일본의 탈식민지화 프로세스의 지체에 있는 것 아닐까? 아라이 명예교수는 그러한 구조적 문제의 근원에 주목하여 피해국과의 역사 화해를 진척시키기 위해서는 새로운 증거를 발굴하고,[48] "우선 일본 측이 과거의 식민지지배의 불법성·부당성을 솔직하게 인정하는 태도가 필요"하다고 역설해왔다.[49] 문화재 반환 문제에 관한 연구[50]에도 진력했고, 만년에 이르기까지 연구의욕이 전혀 시들지 않았다.

국제학회에도 참가하여 발언을 계속해온 아라이 명예교수는 안팎의 연구자에게 의지

---

46 위의 보고서, III면, 41면.
47 戸塚悦朗, 「軍事的性奴隷制と国連人権委員会」, 『季刊戦争責任研究』 84, 2015.
48 荒井信一, 『歴史和解は可能か - 東アジアでの対話を求めて』, 岩波書店, 2006.
49 荒井信一, 「歴史における合法論, 不法論を考える」, 『世界』 2000년 11월호.
50 荒井信一, 『コロニアリズムと文化財』, 岩波書店, 2012.

가 되었다. 그러한 '일본의 양심'을 잃어버린 것은 커다란 손실이다. 그러나 그 업적은 앞으로 100년이 지나도 양식 있는 사람들의 연구와 운동에서 항상 참조가 되고, 보다 나은 일본과 국제사회를 구축해가기 위한 지침·기반이 될 것이다.

(실의와 긴장 격화의 2017년)

이렇게 '위안부' 문제의 해결에 의해 한일 화해를 추진하려고 하는 저자의 운동에서 2017년은 실의의 해였다.

그 뿐만이 아니다. 그해에 동북아시아를 둘러싼 정세에서는 군사적 긴장이 계속 높아졌다. 조선민주주의인민공화국의 김정은 노동당 위원장은 핵무기 개발을 위한 실험뿐만 아니라 대륙간 탄도미사일의 시험 발사를 반복했다. 정치교섭을 통한 해결을 주장한 중국 정부와 러시아 정부의 조언도 무시하고 핵실험과 미사일 시험 발사를 계속한 북한에 대해서는 국제여론도 매우 엄혹해져 유엔 안전보장이사회 결의에 의한 제재가 차례차례 강화되었다. 도널드 트럼프(Donald Trump) 미국 대통령과 김정은 위원장 사이의 비난 응수는 상황을 엄혹하게 만들 뿐이었다. 전쟁위기는 일촉즉발의 벼랑 끝을 떠올리게 할 정도로 고조되었다.

이렇게 헤이세이 29년(2017년)은 그 원호인 '평성(平成)'에 담긴 희망과는 동떨어진 것이 되고 있었던 것이다.

20. 판문점 남북 정상회담이 새로운 시대를 열 것인가?

(문 대통령이 올림픽외교에 성공하다)

그것을 급변시킨 것은 문재인 한국 대통령에 의한 올림픽외교의 성공이었다.

2018년 2월 9일부터 25일까지 한국의 평창에서 동계올림픽이 개최되었는데, 거기에 북한대표단이 초대되어 개막식 때의 남북 합동 입장, 남북 공동팀(아이스하키), 북한 응원단의 참가 등이 실현되었다. 그때 김정은 위원장은 문재인 대통령에게 방북을 제안하는 친서를 누이인 김여정 특사(조선노동당 중앙위원회 선전선동부 제1부부장)에게 맡겼다. 그것이 뒤에서 서술하는 획기적인 남북정상회담(2018년 4월 27일)이 실현되는 직접적인 계기가 되었다.

실은 그때까지 문재인 대통령의 중요한 포석이 있었지만 일본의 미디어는 긍정적으로 받아들이지 않았었다. 문 대통령은 대통령 취임(2017년 5월 10일) 직후인 2017년 6월의 시점에 북한 선수단을 평창으로 초대하고 그것을 세계평화의 실현으로 이어지게 한다는 올림픽 평화외교 제안을 한국 국내에서 공표했었다.[51] 그 다음 달인 7월 6일에는 북한의 평창올림픽 참가뿐만 아니라 남북정상회담 제안까지 포함하는 문 대통령의 '베를린 구상'이 발표되었다. 아사이 마레후미(浅井希文) 씨의 홈페이지[52]에는 그 구상을 소개하는 7월 26일자 『중국청년보』의 이돈구(李敦球)에 의한 번역이 게시되어 있다. 문재인 구상은 동북아시아의 미래 비전도 전망하면서 한반도의 평화를 실현하기 위한 포괄적인 제안이었다.

유감스럽게도 그때는 북한 측이 긍정적인 반응을 보이지 않았다. 하지만 2018년 1월 1일에 공표된 김정은 조선노동당 위원장의 신년사[53]에서 상황이 일변했다. 신년사는 문 대통령의 제안에 응답하는 적극적인 내용을 담고 있었던 것이다. AFPBB(2018년 1월 2일)는 "김 위원장은 매년 항례의 연설에서 미국에 대해서는 '핵 버튼'이 책상 위에 있다고 경고하는 한편, 한국에 대해서는 협의할 용의가 있다고 시사하고, 평창 동계올림픽에 대표단을

---

51   2017년 6월 24일에 문재인 대통령은 "한국 중부의 무주에서 개막된 세계 태권도 선수권대회의 개막식에서 행한 연설에서 '평창올림픽에 북한 선수단이 참가하면, 인류의 화합과 세계평화 추진이라는 올림픽의 가치 실현에 크게 기여할 것이다'라고 말하고, 남북 단일팀과 개막식 공동입장의 실현을 요청했다"라고 한다. 하지만, 그것을 보도한『産経新聞』(2017.6.26.)은, "문재인 대통령, '사다리'가 사라지다. 남북 단일팀에 대해 북한 측이 난색. 경제제재 해제가 조건"이라는 제목을 달아, 문 대통령의 제안에 대해 의문을 표시했다.
www.sankei.com/sports/news/170626/spo1706260017-n1.html 2018.5.7. 열람.
52   「文在寅大統領「ベルリン構想」(李敦球文章)」,『21世紀の日本と国際社会』(浅井希文Webページ), 2017.7.27. http://www.ne.jp/asahi/nd4m-asi/jiwen/thoughts/2017/930.html 2018.5.7. 열람.
53   「人民服ではなくスマートなスーツ…金正恩氏の服装一新に識者ら注目」,『AFP BBNews』2018.1.2. 22:01 발신지 : 서울 / 한국 www.afpbb.com/articles/-/3157247 2018.5.8. 열람.

파견할 가능성에도 언급하며 유화적인 자세를 보였다. 태도의 완화에 더하여, 익숙한 인민복과는 명백히 다른, 놀랄 정도로 멋진 서양식 양복과 그것에 맞춘 회색 넥타이 차림을 본 애널리스트들은 이 예상 밖의 스타일 변경이 시사하는 내용의 독해를 시도하고 있다"라고 보도했다.

(2018년 4월 27일 남북정상회담의 실현)

그 후의 과정에 대한 상세한 설명은 생략한다. 2018년 4월 27일에 남북정상은 판문점 한국 측 시설인 '평화의 집'에서 정상회담을 열어 역사적인 선언에 합의했다. 그날의 모습은 최대한 공개되었고, 회담장소가 된 판문점에 가까운 고양시의 프레스센터에는 3,000명에 이르는 전 세계의 저널리스트가 모였다. 당일 오전 9시 30분에 김정은 조선노동당 위원장이 판문점의 군사분계선을 도보로 넘기 전부터의 영상은 TV와 인터넷을 통해 전 세계에 실황중계되었다. 마중 나온 문재인 대통령과 웃는 얼굴로 악수한 김정은 위원장은 한국인들에게 좋은 인상을 준 듯하다.

남북정상회담의 결과에 대해서, 그날 저녁의 『연합뉴스』는 "한국의 문재인 대통령과 북한의 김정은 국방위원장은 27일 한반도 비핵화를 목표로 국제사회의 지지와 협력을 얻기 위해 적극적으로 노력해간다는 내용 등을 담은 「한반도의 평화와 번영, 통일을 위한 판문점선언」에 서명하고 그것을 발표했다"라며 「판문점선언」 전문(자료 3)[54]을 보도했다.

(일본 미디어의 긍정적 논조)

지금까지 일본의 미디어는 문재인 대통령의 대북정책에 대해 회의적이었고, 그의 올림픽 외교 노력에 대해서도 냉담한 취급 밖에 하지 않았다. 그러나 판문점 남북정상회담

---

54 「朝鮮半島の平和と繁栄, 統一に向けた板門店宣言全文」, 『聯合ニュース』 2018.4.27. 20:05. 이 선언에 대한 평가에 관해서는 『世界』 2018년 7월호를 참조해주기 바란다.
http://japanese.yonhapnews.co.kr/headline/2018/04/27/0200000000AJP20180427010600882.HTML 2018.4.28. 열람.

의 성공으로 그 논조는 크게 바뀌지 않을 수 없었다. 일본의 주요 미디어도 신중하면서도 다양한 각도에서 보도를 하게 되었다.

『니혼 케이자이 신문』(4월 28일) 조간은 "남북 '완전한 비핵화' 목표 두 정상, 판문점선언 연내에 종전 표명"이라는 긍정적인 제목으로 아래와 같이 보도했다. "한국의 문재인 대통령과 북한의 김정은 위원장은 27일 군사분계선이 있는 판문점에서 회담하고 「판문점선언」에 서명했다. 남북 공통의 목표로 한반도의 '완전한 비핵화'를 실현한다고 명기했지만 그 과정과 방법은 제시하지 않았다. 연내에 휴전상태에 있는 한반도의 종전선언을 한다고 표명."[55]

"남북 공통의 목표로 한반도의 '완전한 비핵화'를 실현한다고 명기했지만 그 과정과 방법은 제시하지 않았다"라고 한 데에 닛케이(日経)의 신중한 분석태도가 나타나 있다.

『아사히신문』(4월 28일) 조간은 장문의 사설을 게재했다. "남북정상회담 평화의 정착으로 이어지게 하고 싶다"라는 제목의 사설[56]은 신중하면서도 평화에 대한 기대를 표명하고 있다. 사실의 경과에 대한 설명과 고려해야 할 포인트를 아래와 같이 종합적으로 정리하고 있기 때문에 참고가 될 것이다. 다소 길지만 자료적인 의미도 담아 그대로 인용한다.

"그 겨우 수백 미터의 걸음에 70년 가까운 분단과 대립의 무게가 담겨 있었다. 김정은 조선노동당 위원장은 어제 북한의 최고지도자로서 처음으로 군사분계선을 넘어 한국 땅을 밟았다.

역사상 세 번째 남북정상회담이 실현되었다.

---

55 「南北「完全な非核化」目標 両首脳, 板門店宣言 年内に終戦表明」, 『日本経済新聞』 2018.4.28. 朝刊 https://www.nikkei.com/article/DGKKZO29942630X20C18A4MM8000/ 2018.4.28. 열람.
56 「(社説)南北首脳会談 平和の定着につなげたい」, 『朝日新聞』 2018.4.28. https://www.asahi.com/articles/DA3S13471671.html?ref=nmail_20180428mo 2018.4.28. 열람.

'김 위원장이 경계선을 넘는 순간, 판문점은 분단이 아니라 평화의 상징이 되었다.
회견 첫머리에 문재인 한국 대통령이 말한 것처럼, 지금도 냉전구조가 남아 있는 한반도에 새로운 페이지가 열리고 있다는 인상을 주었다.
두 정상은 회담 후 비핵화와 항구평화의 정착 문제를 담은「판문점선언」에 서명했다.
문 씨가 이번 가을에 평양을 방문한다고 명기되었다. 남북 정상 사이에 의사소통을 심화시키는 것은 바람직스럽고 우발적인 사고를 미연에 방지하는 결과로도 이어질 것이다.
한편 선언의 다른 내용의 경우 지난 2007년의「남북공동선언」에서 큰 진전은 없었다. 비핵화와 평화구축의 문제도 남북만으로는 해결할 수 없다는 한계도 부각되었다.
대립으로부터 화해로. 이 흐름을 발전시키기 위해서는 남북 당사자와 국제사회의 협력이 불가결하다.

■ 전쟁을 끝낸다.

올해는 한국전쟁의 휴전협정이 체결된 지 65년. 협정 체결 반년 전에 태어난 문 씨의 행보는 정전의 긴장과 함께 한 것이었다.
올해야말로 공식적으로 전쟁을 종결시키고 평화협정을 지향한다. 이번 판문점선언이 내건 목표이다.
과거 휴전협정에 서명한 것은 유엔군과 북한군, 중국군 3자였지만, 남북의 당사자가 주체적으로 평화를 구축한다는 결의를 담은 것일 것이다.
선언에서는 군사면에서의 신뢰 조성이 강조된 한편, 경제에 관한 내용은 적다. 2007년의 선언에 담겨 있었던 경제협력을 다시금 추진한다고 했지만, 구체적인 사업에 대한 상세한 언급은 없었다.
거기에서 한국 측의 억제가 엿보인다. 확실히 북한의 유화노선으로의 전환은 환영할만하지만, 아직 대화는 막 시작된 데 지나지 않는다.
판문점에서의 역사적인 악수와 담소가 실현된 것만을 이유로 국제제재를 완화하는 것은 적절하지 않다. 민족의 우호와 경제지원을 냉정하게 분리한 문 씨의 판단은 현명했다.

김 씨는 핵과 미사일을 포기할 의사는 드러내지 않았고, 국제사회의 시선은 당연히 엄하다. 남북의 화해를 추진하여 평화와 안정으로 이어지게 하기 위해서는 북한의 명확한 핵 포기가 필수조건이다. 그 점을 문 씨는 거듭 주장해야 한다.

■ 비핵화는 '북미'로
가장 주목된 핵 문제에 관해, 판문점선언은 '완전한 비핵화를 통해 핵이 없는 한반도를 실현한다'라고 주창했다.
국제사회가 요구하는 '완전하고 검증가능하며 불가역적인 핵 폐기'의 일부인 '완전한 비핵화'를 언급한 것은 진전이지만 구체적인 행동에 대한 언급은 없다.
북한이 전부터 주장하는 주한미군을 포함한 한반도 전체의 비핵화도 담겨 있기 때문에 북한이 양보의 뜻을 드러냈다고 받아들일 수는 없다.
애당초 이번 회담은 6월초까지로 예정된 역사상 최초의 북미정상회담을 위한 예비협의의 성격을 가지고 있었다. 핵 문제에 대해서는 북미 간의 교섭으로 초점이 옮겨갔다고 보아야 할 것이다.
트럼프 미국 대통령은 이번 남북회담의 결과에 대해 면밀하게 분석하여, 김 씨로부터 비핵화에 대한 구체적인 행동과 약속을 얻어낼 충분한 방책을 다듬어야 한다.
단계적으로 비핵화를 지향한 과거의 합의를 살리지 못했던 실패를 반복하지 않고, 또 싹 트기 시작한 평화의 움직임을 꺾어 버리지 않는, 그런 정교한 배려와 외교전술이 요구된다. 김 씨와 장시간 무릎을 맞대었던 문 씨는 5월에 미국을 방문한다. 트럼프 씨는 겸허하게 귀를 기울여 본격적으로 한반도의 미래상을 고려한 정책을 내놓기 바란다.

■ 일본도 적극적인 관여를
북한은 이전의 당 중앙위원회 총회에서 국민의 생활향상과 함께 주변국 및 국제사회와 긴밀하게 연계하고 대화할 것을 결정했다.
진심으로 경제 재건에 나설 작정이라면 일본과의 관계 개선도 요구해올 터이다.

아베 수상에게서 요청을 받은 문 씨는 어저께 회담에서 일본인 납치문제에 언급할 것을 약속했었다. 현저한 인권침해인 납치문제의 가능한 한 빠른 해결을 요구하는 것은 당연한 일이다.

한편 비핵화와 지역의 평화구축 문제가 움직이기 시작한 때에 일본이 전혀 관여하지 않는다는 선택지는 없다.

국교정상화를 목표로 양국 간 현안의 포괄적인 해결을 지향한 2002년 북일평양선언이라는 원점으로 돌아가 생각해야 한다.

이번 남북회담에 이어 북일회담의 결과 여하에 따라서는 동북아시아의 틀과 구조가 크게 변하는 계기가 될 가능성이 있다.

북한으로 하여금 핵을 포기하게 하고 국제사회로 끌어들이는 작업에 일본도 적극적으로 참여하지 않으면 안 된다. '모기장 바깥'이 될지 여부는 일본의 외교에 달려 있다."

『마이니찌(每日)신문』(4월 28일)은 사태의 키를 쥔 미국 정부의 동향에 주목했다. "폼페이오 국무장관, 김정은 씨의 비핵화 '그는 진심이다', 1개월 전 북한에서 면담할 때의 인상에 관한 질문을 받고서"[57]라는 제목으로 아래와 같이 보도했다. 이 기사에는 "북한을 극비 방문하여 김정은 조선노동당 위원장과 악수를 나누는 폼페이오 미국 중앙정보국(CIA) 장관(당시)"(미국 화이트 하우스 제공)이라는 제목의 사진이 게재되어 있다.

"미국의 폼페이오 국무장관은 27일 방문 중인 브뤼셀에서 기자회견을 열어 약 1개월 전에 북한에서 면담한 김정은 조선노동당 위원장의 인상에 대한 질문을 받고, 비핵화 교섭에 접근하는 자세에 대해 '그는 진심이라고 느꼈다'라고 말했다. 폼페이오 씨는 트럼프 미국 대통령의 특사로 북한을 극비 방문하여 북미 정상회담의 장소와 일정을 협의했다고 하는데, 구체적인 회담 내용에 대한 언급은 피하고 …"

---

[57] 「ポンペオ国務長官, 金正恩氏の非核化「彼は本気だ」」, 『毎日新聞』 2018.4.28. 10時29分
https://mainichi.jp/articles/20180428/k00/00e/030/248000c 2018.4.28. 열람.

『산케이(産経)신문』(4월 28일)은 남북 미디어의 반응에 초점을 맞추어 "북한 미디어도 '완전한 비핵화'라는 문구를 포함하는 판문점선언 전문 게재 국내 환경 갖추어졌다고 판단한 것인가"[58]라며 북측 미디어의 긍정적인 반응을 강조하고, 동시에 "남북 정상회담을 보도하는 한국 신문"이라는 설명이 붙은 사진도 게재하여 남측 미디어의 매우 긍정적인 반응도 보도했다.

"북한의 조선중앙통신은 28일 김정은 조선노동당 위원장이 전날 한국의 문재인 대통령과 남북 군사분계선이 있는 판문점에서 회담을 하고 서명한「판문점선언」의 전문을 보도했다. 한국 정부의 발표와 마찬가지로 '완전한 비핵화'라는 문구도 명기되었다. 북한 미디어는 김 위원장이 3월에 한국과 미국에 '비핵화의 의사'를 표명한 후 남북대화와 북미대화에 대해서는 전하면서도 비핵화에는 일절 언급하지 않았다. 문 씨와의 이번 회담을 통해 국내를 상대로도 설명할 환경이 갖추어졌다고 판단한 듯하다. 같은 통신이 보도한 선언 전문에는 '남과 북은 완전한 비핵화를 통해 핵 없는 한반도를 실현한다는 공동의 목표를 확인하였다'라는 비핵화에 관한 부분이 한국 정부의 발표 그대로 기재되었다. 한반도의 비핵화를 위해 남과 북이 '책임과 역할을 다하기로' 합의했다는 내용도 담겨 있다. 27일의 정상회담을 다룬 다른 기사에서는 판문점선언에 관해 '북남관계의 획기적인 발전을 성취하는 것으로 공동번영과 자주통일의 미래를 앞당기는 데 전환적인 의미를 가지는 새로운 도표가 된다'라고 평가했다. 조선중앙통신은 27일에 '민족분단의 역사에서 처음으로' 판문점의 한국 측 시설에서 열린 정상회담에 출석하기 위해 김 위원장이 같은 날 해 뜰 무렵에 평양을 출발했다고 보도했지만, 27일 중에는 그 후의 움직임을 보도하지 않았다.

한편 28일자 한국의 신문은『동아일보』가 1면에 "'완전한 비핵화'의 문을 열다'라는 제목으로 보도하는 등 한결같이 회담의 결과를 대대적으로 보도. 좌파계 신문『한겨레』는 1면과 마지막 면에 문 씨와 김 위원장이 손을 잡고 군사분계선을 넘는 사진 한 장만을 크게

---

58 「北メディアも「完全な非核化」文言含む板門店宣言全文掲載 国内環境整ったと判断か」,『産経新聞』2018.4.28. http://www.sankei.com/world/news/180428/wor1804280035-n1.html 2018.4.28. 열람.

게재하는 이례적인 지면 배치를 했다."

『요미우리(読売)신문』(4월 28일)은 "트럼프 씨 '북한 문제 해결할 책임, 나에게 있다'"[59]라는 제목으로 북미회담 성부의 열쇠를 쥔 트럼프 미국 대통령에게 초점을 맞추어 아래와 같이 보도했다.

"트럼프 미국 대통령은 27일 한국과 북한이 '한반도의 완전한 비핵화'를 지향하는 방향으로 합의한 남북정상회담에 관해 '용기를 얻었다'라고 평가하며 김정은 조선노동당 위원장과의 회담에 대해 다시금 의욕을 드러냈다. 북한 국영 조선중앙통신은 28일 오전에 남북정상회담이 개최되었다는 사실을 처음으로 보도했다. 트럼프 씨는 방미 중인 메르켈 독일 수상과의 공동기자회견에서 '북한 문제를 해결할 책임은 미국 대통령인 나에게 있다'라고 말해, 북한의 비핵화는 미국과 북한 사이에서 교섭할 문제라는 인식을 밝혔다. 그 다음에 6월 초순 이전에 개최될 예정인 북미정상회담에 관해 '무언가 매우 극적인 일이 일어날지도 모른다. 북한은 우리를 매우 정중하게 대해 왔다'라며 자신감을 드러냈다. 한편 '과거 정권의 잘못을 반복하지 않는다. 최대한의 압력은 비핵화될 때까지 계속된다'라고 다시금 강조했다."

(열쇠를 쥔 북미정상회담)

『요미우리신문』 등이 예상하고 있는 것처럼, 조만간 개최될 북미정상회담이 앞으로의 동북아시아 평화의 방향을 크게 좌우할 것이다. 한국전쟁을 끝내는 평화조약도 한반도의 비핵화도 미국의 참가 없이는 실현될 수 없다.

북미정상회담에 관해 『아사히신문』(5월 11일)은, "트럼프 미국 대통령은 10일 오전(일본 시간 같은 날 밤) 자신의 트위터에서 북한의 김정은 조선노동당 위원장과의 정상회담을

---

59 「トランプ氏「北問題解決する責任、私にある」」, 『読売新聞』 2018.4.28.
www.yomiuri.co.jp/feature/TO000301/20180428-OYT1T50075.html?from=yartcl_popin 2018.4.28. 열람.

싱가폴에서 6월 12일에 개최한다는 사실을 밝혔다"라고 북미회담의 일정이 정해졌다는 사실을 보도했다.[60]

북한에 구속되어 있는 3명의 미국인이 2018년 5월 10일에 석방된다는 주목할 만한 보도[61]가 있었다는 것은 북미정상회담의 전망을 밝게 만들었다. 그러나 트럼프 대통령의 행동에도 김정은 위원장의 행동에도 누구도 예상하기 곤란한 점이 있어서 북미정상회담의 행방에 대해서는 예단을 할 수 없다. 마음에 걸리는 것은 최대의 과제인 '비핵화' 달성의 전망이 아직 불투명하다는 점이다.

"북한에 구속되어 있던 미국인 3명은 석방되었지만, 북미 사전교섭에서 핵 폐기를 둘러싼 쌍방의 골이 메워졌는지는 확실하지 않다. 수면 아래에서는 미국이 강한 요구를 했고 북한이 난색을 표시하고 있다는 사실이 확인되었다. 북한 관계 전문가가 밝힌 것이다. 핵 개발 데이터의 폐기와 기술자의 해외 이주가 초점이 되어 있다고 한다. 그 전문가에 따르면 미국 측은 북한이 실시한 6회에 걸친 핵실험과 영변 핵 관련 시설에 관한 데이터의 폐기를 요구하고 있다. 나아가 핵 개발에 종사한 최대 수천 명이라고도 일컬어지는 기술자를 해외로 이주시키도록 요구하고 있다고 한다. 이에 대해 북한 측은 데이터의 폐기에 대해서는 애매한 태도를 취하는 한편, 기술자의 이주에 대해서는 난색을 표시하고 있다고 한다. … 북미 사이에서는 핵 폐기를 종료하는 '시기'와 '방법'을 둘러싼 골이 메워지지 않았다. 미국은 '완전'하고 '검증 가능'하며 '불가역적'인 폐기를 수개월에서 약 2년이라는 단기간에 실행하도록 주장. 북한은 단계적으로 오랜 시간을 들여 폐기한다는 전략이다. 폐기의 대가에 관해서도 미국은 모든 조치가 완료된 후를 상정하고 있고, 북한은 단계적인 조치마다 얻기를 바라고 있다. 이번에 미국이 요구하고 있는 핵 개발의 데이터 폐기와 기술자의 해외 이주는 핵 폐기의 '방법'을 둘러싼 문제이다. 북한은 지금까지의 사전교섭에

---

60 「米朝会談6月12日 シンガポールで トランプ氏明かす」, 『朝日新聞デジタル』 2018.5.11. https://www.asahi.com/articles/DA3S13488163.html?ref=nmail_20180511mo 2018.5.11. 열람.
61 「北朝鮮、3米国人解放 訪朝の国務長官と帰途 トランプ氏、米朝会談「板門店以外」」, 『朝日新聞デジタル』 2018.5.10. https://digital.asahi.com/articles/DA3S13486544.html 2018.5.10. 열람.

서 핵병기와 대륙간 탄도미사일(ICBM)의 폐기에 응할 생각을 드러내고 있다. 미국은 핵병기와 ICBM이 없어져도 데이터와 기술자가 남으면 장래에 핵 개발을 재개할 수 있다고 우려하는 것으로 보인다. 김정은 조선노동당 위원장이 7-8월, 1개월여 만에 중국의 시진핑 국가주석과 다시 회담한 배경에도 중국과 연계하여 미국의 강경자세를 피할 의도가 있었던 것으로 보인다."[62]

(동아시아의 평화와 일본의 미래)

바야흐로 한일 화해뿐만 아니라 북일 화해에도 진지하게 대처할 때가 왔다. 격동의 동아시아 정세 속에서 일본은 지역의 평화에 어떻게 공헌할 수 있을 것인가? 납치문제만 고집하며 압력의 계속을 주장하는 것만으로는 불충분하다. 한일·북일의 화해를 위한 길을 찾음으로써 일본의 밝은 미래가 열린다는 전망이 보이게 되었다고 생각한다.

판문점 남북정상회담에 이어 2018년 5월 9일에 토오쿄오에서 개최된 한중일 정상회담에 관해, "아베 신조오 수상과 중국의 리커창 수상, 한국의 문재인 대통령이 참석한 한중일 정상회담은 9일, 한반도의 비핵화를 위해 연계할 것에 일치했다. 다만 압력을 중시하는 일본과 대화에도 무게를 두는 한중 사이에 온도차가 있어서 구체적인 방도는 제시하지 못했다"라고 보도[63]되었다. 이러한 '온도차'는 일본 아베 정권의 비전의 한계 때문 아닐까? 일본은 역사인식의 뒤틀림 때문에 한국과의 화해에 실패하여 탈식민지화의 프로세스를 신속하게 추진하지 못했다. 그것을 깊이 반성할 필요가 있다. 그것이 동아시아의 평화에 장애가 되고 있기 때문이다.

---

62 「米, 核技術者の移住要求 データ廃棄も 北朝鮮は難色か」,『朝日新聞デジタル』 2018.5.10. https://digital.asahi.com/articles/DA3S13486549.html?rm=150 2018.5.10. 열람.
63 「日中韓, 非核化手法示せず 首脳会談, 連携では一致」,『朝日新聞デジタル』 2018.5.10. https://www.asahi.com/articles/DA3S13486545.html 2018.5.10. 열람.

(지금이야말로 대북정책의 전환을)

남북 판문점 정상회담의 성과에 이어 북미정상회담이 성공적으로 끝나서 한국전쟁의 종전선언과 한반도의 비핵화가 실현되는 경우에는, 아래와 같은 객관적인 정세에 비추어 북일정상회담을 개최할 수 있는 상황이 전개될 것으로 예상할 수 있다.

『아사히신문』에 따르면, "북한의 김정은 조선노동당 위원장은 27일의 남북정상회담에서 '언제라도 일본과 대화할 용의가 있다'라고 문재인 한국 대통령에게 전했다고 청와대가 29일 오후에 발표했다. 문 씨는 같은 날 오전에 아베 신조오 수상과 전화로 약 40분간 협의하며 그러한 북일관계를 둘러싼 김 씨와의 대화를 전했다고 한다. 납치문제에 관해서도 김 씨에게 제기했다고 설명했다. 청와대의 설명에 따르면, 문 씨는 남북회담에서 김 씨에게 '아베 수상도 북한과 대화할 의사가 있고, 특히 과거의 역사를 청산하여 북일 국교정상화를 이루기를 바라고 있다'라고 전했다. 김 씨도 대화의 의사를 드러냈다고 한다. 북한 관계 전문가에 따르면, 북한 당국은 당 간부들에게 북미정상회담이 성공하는 경우 이어서 북일정상회담에 임할 방침임을 드러내고 있다. 북한은 국교정상화에 따른 일본으로부터의 경제지원을 염두에 두고 일본이 관심을 드러내는 일본인 납치문제에 대한 대응에 관해 이미 검토를 시작한 듯하다고 한다."[64]

그러면 일본 정부는 어떤 준비를 하고 있는 것일까?

위의 보도는 이어서 "이에 대해 일본 정부 고관은 29일 '(북한과) 대화를 하지 않으면 문제는 해결되지 않는다'라고 말했다. 외교 관계자에 따르면 일본은 북한과의 외교관계가 깊은 스웨덴이나 몽골 등의 중개를 통해 북한에 대해 북일정상회담을 열고 싶다는 생각을 전하고 있다고 한다. 북미정상회담에 이어 북일정상회담이 개최될 가능성도 있다. 아베 수상은 문 씨와의 전화 협의 후 한국의 서훈 국가정보원장과 수상관저에서 면담했다. 기자단에 대해 '북미정상회담의 기회를 살려 납치문제가 진전되도록 앞으로도 전력을 기울여

---

[64] 「正恩氏, 日朝対話の用意」文氏「拉致も提起」南北会談,『朝日新聞デジタル』2018.4.30. https://digital.asahi.com/articles/DA3S13474659.html

가고자 한다'라고 강조, 6월에 예정되어 있는 북미정상회담에 대한 기대감을 드러냈다. '앞으로 더욱 한일, 미일, 한미일 사이에서 연계하면서 (북한의) 핵무기를 포함한 대량파괴 무기, 모든 탄도 미사일의 폐기를 위해 노력해가고자 한다'라고도 말했다"라고 보도했다.[65]

아베 정권 하의 일본 정부는 납치문제와 압력의 유지 일변도였다. 게다가 미국 정부와 한국 정부에 전적으로 의지해도 좋은 것일까?

하스이케 토오루(蓮池透 ; '북한 납치 피해자 가족 연락회' 전 부대표) 씨는 아래와 같이 아베 수상을 엄하게 비판하고 있다.[66] "지금까지 해온 것이라고 하면 단지 북한에 대한 '압력과 제재' 뿐. 그러나 그런 것을 몇 년이나 계속해도 상대가 항복해서 자연스럽게 납치 피해자가 돌아온다. 그런 일은 아주 오래 전에 환상이라고 알고 있었을 터입니다. 그 결과가 현재의 납치문제에 아무런 진전도 없는 상태 아니겠습니까? … 실제로 아베 수상의 주변으로부터 직접 들은 이야기입니다만, 수상은 미국 정부의 고관에게 '북한의 미사일이 일본의 인구가 적은 장소에 떨어져주면 고마운 일이다'라고 발언했습니다. … 이것이 본심이며 납치문제를 이용해서 출세한 것처럼 '북한의 위협'도 자신의 권력을 유지하기 위해서는 꼭 필요하다고 생각하고 있습니다. 동생 카오루(薫)는 일전에 TV에 출연했을 때, '국민 여러분에게 부탁드립니다. 유연한 정책을 지지해 주십시오'라고 호소했습니다. … 납치 피해자에게 남은 시간은 이제 많지 않습니다. 지금이야말로 대북정책의 전환 없이는 납치문제의 해결도 없다는 것을 부디 이해해주셨으면 합니다."

저자도 일본 정부의 대북정책의 전환 없이는 납치문제의 해결은 물론 북일 화해도 실현할 수 없다고 생각한다. 아베 수상도 외무 당국도 한국·북한을 식민지 지배한 책임을 인식하지 못하는 그런 주체성이 보이지 않는 외교정책을 그만두고 정책 전환을 해야 할

---

65 위의 기사.
66 蓮池(談)聞き手・まとめ / 成澤宗男(編集部), 「拉致問題」で無能をさらした安倍首相, 『週刊金曜日』 2018.5.11, 25면.

때가 왔다. 그것을 위해 역사 인식과 한일 '화해'의 도정에서 부딪힌 곤란으로부터 진지하게 배우는 것에서 시작할 수 있을 것이다.

(자료 1)

제88회 임시의회 개회식 칙어(1945년 9월 4일)[67]

짐은 이에 제국의회 개원식을 개최하여 귀족원 및 중의원의 의원들에게 고한다.

짐은 이미 전쟁 종결의 칙명을 내렸고 나아가 사신을 파견하여 관계문서에 조인하게 했다.

짐은 종전에 따른 수많은 고난을 극복하고 국체(国体)의 정화(精華)를 발양(発揚)하여 전 세계에 신의를 떨치고 평화국가를 확립하여 인류의 문화에 기여할 것을 희망하여 낮이나 밤이나 걱정을 멈추지 못한다. 이 대업을 성취하고자 하면 냉정하고 침착하게 은인자중하며 밖으로는 맹약을 지키고 화친을 돈독하게 하고 안으로는 여러 방면의 건설에 힘을 기울이고 온 나라가 한마음이 되어 스스로 나서서 국본(国本)을 배양하지 않으면 안 된다. 군인 유족의 부조, 상병자의 보호 및 새로 군적을 떠난 자의 후생, 전쟁 재해를 당한 자의 구제에는 말할 것도 없이 만전을 기해야 한다.

짐은 국무대신에게 명하여 국가 내외의 정세와 비상조치의 경로를 설명하게 하겠다. 경들은 짐의 뜻을 잘 받들어 도의 입국의 황모(皇謨)에 따라 정부와 협력하여 짐의 사업을 장려하고 억조(億兆)의 신민이 일치하여 더욱 더 봉공의 성심을 다하도록 하라.

---

[67] 中野文庫 (http://www.geocities.jp/nakanolib/choku/cs20.htm#第八十八臨時議会開院式ノ勅語(昭和20年9月4日)). 2018.5.13. 열람.

(자료 2)

「한일 외교장관 공동 기자발표」[68]

12월 28일 오후 2시부터 3시 20분 무렵까지 키시다 후미오 외무대신은 윤병세 한국 외교부장관과 한일 외교장관 회담을 개최하고, 직후의 공동 기자발표에서 위안부 문제에 대해 아래와 같이 발표했다.

1.
(1) 키시다 외무대신

한일 간의 위안부 문제에 대해서는 지금까지 양국 국장급 협의 등을 통해 집중적으로 협의해 왔다. 그 결과에 기초하여 일본 정부로서 아래와 같이 표명한다.

① 위안부 문제는 당시 군의 관여 아래 다수의 여성의 명예와 존엄에 깊은 상처를 입힌 문제이며, 이러한 관점에서 일본 정부는 책임을 통감하고 있다.

아베 내각총리대신은, 일본국의 내각총리대신으로서 다시 한 번 위안부로서 많은 고통을 겪고 심신에 걸쳐 치유하기 어려운 상처를 입은 모든 분들에 대해 마음으로부터 사죄와 반성의 뜻을 표명한다.

② 일본 정부는 지금까지도 이 문제에 진지하게 임해 왔으며, 그러한 경험에 기초하여 이번에 일본 정부의 예산으로 모든 전 위안부 분들의 마음의 상처를 치유하는 조치를 강구한다. 구체적으로는, 한국 정부가 전 위안부 분들의 지원을 목적으로 하는 재단을 설립하고, 이에 일본 정부의 예산으로 자금을 일괄 거출하고, 한일 양국 정부가 협력하여 모든 전 위안부 분들의 명예와 존엄의 회복 및 마음의 상처 치유를 위한 사업을 하기로 한다.

---

[68] www.mofa.go.jp/mofaj/a_o/na/kr/page4_001667.html 2018.4.20. 열람.

③ 일본 정부는 위와 같이 표명하는 동시에, 위의 ②의 조치를 착실히 실시한다는 것을 전제로, 이번 발표를 통해 이 문제가 최종적 및 불가역적으로 해결될 것임을 확인한다.

또한, 일본 정부는 한국 정부와 함께 향후 유엔 등 국제사회에서 이 문제에 대해 상호 비난·비판하는 것을 자제한다.

(2) 윤 외교부장관

한일 간의 일본군위안부 피해자 문제에 대해서는 지금까지 양국 국장급 협의 등을 통해 집중적으로 협의를 해 왔다. 그 결과에 기초하여 한국 정부로서 아래와 같이 표명한다.

① 한국 정부는 일본 정부의 표명과 이번 발표에 이르기까지의 조치를 평가하고, 일본 정부가 상기 1.②에서 표명한 조치를 착실히 실시한다는 것을 전제로 이번 발표를 통해 일본 정부와 함께 이 문제가 최종적 및 불가역적으로 해결될 것임을 확인한다. 한국 정부는 일본 정부가 실시하는 조치에 협력한다.

② 한국 정부는 일본 정부가 주한 일본대사관 앞의 소녀상에 대해 공관의 안녕·위엄의 유지라는 관점에서 우려하고 있는 점을 인지하고, 한국 정부로서도 가능한 대응방향에 대해 관련단체와의 협의 등을 통해 적절히 해결되도록 노력한다.

③ 한국 정부는 이번에 일본 정부가 표명한 조치가 착실히 실시된다는 것을 전제로 일본 정부와 함께 향후 유엔 등 국제사회에서 이 문제에 대해 상호 비난·비판하는 것을 자제한다.

2. 그리고 키시다 대신이 위에서 서술한 예산조치의 규모에 대해 대략 10억 엔 정도라고 표명했다.

3. 또 쌍방은 안보협력을 비롯한 한일협력과 기타 한일 간의 현안 등에 대해서도 단시간 동안 의견교환을 했다.

(자료 3)

「한반도의 평화와 번영, 통일을 위한 판문점 선언」 전문[69]

　대한민국 문재인 대통령과 조선민주주의인민공화국 김정은 국무위원장은 평화와 번영, 통일을 염원하는 온 겨레의 한결같은 지향을 담아 한반도에서 역사적인 전환이 일어나고 있는 뜻깊은 시기에 2018년 4월 27일 판문점 평화의 집에서 남북정상회담을 진행하였다.

　양 정상은 한반도에 더 이상 전쟁은 없을 것이며 새로운 평화의 시대가 열리었음을 8천만 우리 겨레와 전 세계에 엄숙히 천명하였다.

　양 정상은 냉전의 산물인 오랜 분단과 대결을 하루 빨리 종식시키고 민족적 화해와 평화번영의 새로운 시대를 과감하게 일어나가며 남북관계를 보다 적극적으로 개선하고 발전시켜 나가야 한다는 확고한 의지를 담아 역사의 땅 판문점에서 다음과 같이 선언하였다.

1. 남과 북은 남북 관계의 전면적이며 획기적인 개선과 발전을 이룩함으로써 끊어진 민족의 혈맥을 잇고 공동번영과 자주통일의 미래를 앞당겨 나갈 것이다.

　남북관계를 개선하고 발전시키는 것은 온 겨레의 한결같은 소망이며 더 이상 미룰 수 없는 시대의 절박한 요구이다.

　① 남과 북은 우리 민족의 운명은 우리 스스로 결정한다는 민족 자주의 원칙을 확인하였으며 이미 채택된 남북 선언들과 모든 합의들을 철저히 이행함으로써 관계 개선과 발전의 전환적 국면을 열어나가기로 하였다.

　② 남과 북은 고위급 회담을 비롯한 각 분야의 대화와 협상을 빠른 시일 안에 개최하여

---

[69] https://terms.naver.com/entry.naver?docId=5568696&cid=42107&categoryId=42107

정상회담에서 합의된 문제들을 실천하기 위한 적극적인 대책을 세워나가기로 하였다.

③ 남과 북은 당국 간 협의를 긴밀히 하고 민간교류와 협력을 원만히 보장하기 위하여 쌍방 당국자가 상주하는 남북공동연락사무소를 개성지역에 설치하기로 하였다.

④ 남과 북은 민족적 화해와 단합의 분위기를 고조시켜 나가기 위하여 각계각층의 다방면적인 협력과 교류 왕래와 접촉을 활성화하기로 하였다.

안으로는 6.15를 비롯하여 남과 북에 다 같이 의의가 있는 날들을 계기로 당국과 국회, 정당, 지방자치단체, 민간단체 등 각계각층이 참가하는 민족공동행사를 적극 추진하여 화해와 협력의 분위기를 고조시키며, 밖으로는 2018년 아시아경기대회를 비롯한 국제경기들에 공동으로 진출하여 민족의 슬기와 재능, 단합된 모습을 전 세계에 과시하기로 하였다.

⑤ 남과 북은 민족 분단으로 발생된 인도적 문제를 시급히 해결하기 위하여 노력하며, 남북 적십자회담을 개최하여 이산가족·친척상봉을 비롯한 제반 문제들을 협의 해결해 나가기로 하였다.

당면하여 오는 8.15를 계기로 이산가족·친척 상봉을 진행하기로 하였다.

⑥ 남과 북은 민족경제의 균형적 발전과 공동번영을 이룩하기 위하여 10.4선언에서 합의된 사업들을 적극 추진해 나가며 1차적으로 동해선 및 경의선 철도와 도로들을 연결하고 현대화하여 활용하기 위한 실천적 대책들을 취해나가기로 하였다.

2. 남과 북은 한반도에서 첨예한 군사적 긴장상태를 완화하고 전쟁 위험을 실질적으로 해소하기 위하여 공동으로 노력해 나갈 것이다.

① 남과 북은 지상과 해상, 공중을 비롯한 모든 공간에서 군사적 긴장과 충돌의 근원으로 되는 상대방에 대한 일체의 적대행위를 전면 중지하기로 하였다.

당면하여 5월 1일부터 군사분계선 일대에서 확성기 방송과 전단살포를 비롯한 모든 적대 행위들을 중지하고 그 수단을 철폐하며 앞으로 비무장지대를 실질적인 평화지대로 만들어 나가기로 하였다.

② 남과 북은 서해 북방한계선 일대를 평화수역으로 만들어 우발적인 군사적 충돌을 방지하고 안전한 어로 활동을 보장하기 위한 실제적인 대책을 세워나가기로 하였다.

③ 남과 북은 상호협력과 교류, 왕래와 접촉이 활성화 되는 데 따른 여러 가지 군사적 보장대책을 취하기로 하였다.

남과 북은 쌍방 사이에 제기되는 군사적 문제를 지체 없이 협의 해결하기 위하여 국방부장관회담을 비롯한 군사당국자회담을 자주개최하며 5월 중에 먼저 장성급 군사회담을 열기로 하였다.

3. 남과 북은 한반도의 항구적이며 공고한 평화체제 구축을 위하여 적극 협력해 나갈 것이다.

한반도에서 비정상적인 현재의 정전상태를 종식시키고 확고한 평화체제를 수립하는 것은 더 이상 미룰 수 없는 역사적 과제이다.

① 남과 북은 그 어떤 형태의 무력도 서로 사용하지 않을 때 대한 불가침 합의를 재확인하고 엄격히 준수해 나가기로 하였다.

② 남과 북은 군사적 긴장이 해소되고 서로의 군사적 신뢰가 실질적으로 구축되는 데 따라 단계적으로 군축을 실현해 나가기로 하였다.

③ 남과 북은 정전협정체결 65년이 되는 올해에 종전을 선언하고 정전협정을 평화협정으로 전환하며 항구적이고 공고한 평화체제 구축을 위한 남·북·미 3자 또는 남·북·미·중 4자회담 개최를 적극 추진해 나가기로 하였다.

④ 남과 북은 완전한 비핵화를 통해 핵 없는 한반도를 실현한다는 공동의 목표를 확인하였다.

남과 북은 북측이 취하고 있는 주동적인 조치들이 한반도 비핵화를 위해 대단히 의의 있고 중대한 조치라는데 인식을 같이 하고 앞으로 각기 자기의 책임과 역할을 다하기로 하였다.

남과 북은 한반도 비핵화를 위한 국제사회의 지지와 협력을 위해 적극 노력하기로 하였다.

    양 정상은 정기적인 회담과 직통전화를 통하여 민족의 중대사를 수시로 진지하게 논의하고 신뢰를 굳건히 하며, 남북관계의 지속적인 발전과 한반도의 평화와 번영, 통일을 향한 좋은 흐름을 더욱 확대해 나가기 위하여 함께 노력하기로 하였다.

    당면하여 문재인 대통령은 올해 가을 평양을 방문하기로 하였다.

2018년 4월 27일

판 문 점

대한민국 대통령 문재인

조선민주주의인민공화국 국무위원회 위원장 김정은

역사인식과 한일 '화해'의 길 (7)
미로에서 벗어나기 위한 열쇠

역사인식과 한일 '화해'의 길(1)
- 안중근 동양평화론 연구는 일본을 고립으로부터 구해낼 것인가? -
머리말
1. '침묵'을 깬 '100년 네트워크'의 공헌
2. 2010년까지의 주된 연구 성과
3. 최근 5년간 연구의 동향
4. 안중근 재판에 관한 법적 연구의 경위와 배경
5. 일본 정부는 안중근을 '테러리스트'라고 비난
6. 일본 정부의 식민지지배에 관한 역사인식과 사죄의 현상(現狀)
7. 맺음말

역사인식과 한일 '화해'의 길(2)
- 식민지지배 책임과 1905년「한국보호조약(?)」-
8. 일본의 식민지지배 책임이란?
9. 1905년「한국보호조약(?)」은 원초적으로 무효
10. 1905년「한국보호조약(?)」에는 황제의 서명이 필요했는가?

역사인식과 한일 '화해'의 길(3)
- 문헌 연구를 통해 1905년「한국보호조약(?)」의 무효성을 묻는다 -
11. 1905년 당시 국제법 해석학의 문헌 연구
12. 요약 및 고찰

역사인식과 한일 '화해'의 길(4)
-「국제법잡지」는 1905년「한국보호조약(?)」에 대해 어떻게 준비했는가 -
13. 2015년 아베 수상 담화
14.「국제법잡지」는 1905년「한국보호조약(?)」을 어떻게 준비했는가?
15. 일본 외교의 실패

역사인식과 한일 '화해'의 길(5)
- 1905년「한국보호조약(?)」의 효력 문제와 1963년 유엔 총회 결의에 관해 -
16. 유엔 창설과 제국주의시대의 세계사적 전환
17. 1963년 ILC 보고서와 1905년「한국보호조약(?)」
18. 1963년 유엔 총회 결의

역사인식과 한일 '화해'의 길(6)
- '위안부' 문제에 관한 한일 외교장관 합의로부터 판문점 남북 정상회담까지 -
19. '위안부' 문제에 관한 한일 외교장관 합의의 실패로부터 무엇을 배워야 하는가?
20. 판문점 남북 정상회담이 새로운 시대를 열 것인가?

역사인식과 한일 '화해'의 길(7)
- 미로에서 벗어나기 위한 열쇠 -
머리말
21. '동양평화' : 대립하는 두 개의 비전
22. ILC 보고서(1963년)과 유엔 인권위원회(1993년)
23. 어디에서 미로를 헤맨 것일까?
24. 한일 화해의 길은 찾게 될까?

머리말

대한제국 말기인 1909년 10월 26일의 일이었다. 대한제국을 일본의 침략으로부터 지키려고 의병활동을 전개하고 있던 안중근 의군 참모중장은 일본에 의한 폭력적인 대한 식민지지배 정책의 수괴로 간주하고 있던 이토오 히로부미(伊藤博文, 전 한국통감)을 하얼빈역에서 사살했다. 이 사건이 가지고 있는 문제성은 그 100년 후에 '왜 안중근은 이토오 히로부미를 쏘았는가?'라는 물음에서 부각되었다.[1]

21. '동양평화' : 대립하는 두 개의 비전

(이토오 히로부미의 동아시아정책)

이토오 히로부미도 안중근도 모두 '동양평화'를 비전으로 내걸었다. 그러나 그 내용은 물과 기름만큼 극단적으로 달랐다. 요시다 쇼오인(吉田松陰)의 정한론(征韓論)을 축으로 하는 이토오 히로부미의 비전은 일본이 동아시아에 대해 제국주의적 군사지배를 하는 구상이었다.[2] 그것은 우선은 조선에 대한 군사침략이라는 모습으로 드러나고 있었지만, 뒤이어 중국 침략과 15년 전쟁으로 이어지며 대동아공영권의 창설이라는 구체적인 형태를 취하게 되었다.

---

1 「韓国併合」100年市民ネットワーク編, 『今, 「韓国併合」を問う - 強制と暴力・植民地支配の原点』, アジェンダプロジェクト, 2010.
2 ① 이태진 서울대학교 명예교수의 강연(「日本帝国の文化財略奪と「東洋史」」, 「荒井信一先生追悼シンポジウム : いま『コロニアリズムと文化財』を考える - 文化財をめぐる日韓・日朝の葛藤の歴史, 現状と今後を語る」, 大阪経済法科大学・東京麻布台セミナーハウス 2F 大会議室, 2018.6.3.)에 따르면, 이토오의 구상은 그의 스승이었던 요시다 쇼오인의 '정한론'의 연장선상에 있었다. ② 李泰鎮 / 辺英浩・小宮秀陵訳, 「吉田松陰と德富蘇峰 - 近代日本による韓国侵略の思想的基底」, 『都留文科大學研究紀要』80, 2014. ③ 吉野誠, 『明治維新と征韓論 - 吉田松陰から西郷隆盛へ』, 明石書店, 2002, 54-78면.

(안중근의 동양평화론)

그에 대해 안중근은 뤼순 감옥에서 집필 중이던 미완의 『동양평화론』에서 독립한 한중일이 협력하여 지역평화를 지향한다는, 오늘날의 EU를 방불하게 하는 선진적인 비전을 제시하려고 하고 있었다. 그 모습은 최근의 연구의 진전[3]으로 조금씩 밝혀지려 하고 있다.

(예언이 없으면 민중은 몰락한다)

그 사건을 둘러싼 두 개의 대립하는 비전을 돌이켜볼 때 상기하게 되는 것은 "예언이 없으면 민중은 몰락한다"라는 성서의 말씀이다. '예언'이라고 번역되어 있지만, 영어 성서에 따라 비전이라고 그대로 영어로 말하는 편이 알기 쉬울지도 모른다. 비전이야말로 근원적이고 민족(인류라고 바꾸어 말할 수도 있을 것이다)의 존폐를 좌우할 정도로 결정적으로 중요한 것이다. 저자가 이 말씀을 알게 된 것은 국제기독교대학(ICU) 초대학장을 지낸 유아사 하찌로오(湯浅八郎) 교수의 『젊은이에게 예언을』[4]이라는 책을 읽고서이다. 유아사 교수가 인용한 것은 성서의 말씀이지만, 그것은 크리스트교를 뛰어넘는 보편적인 사상이라고 통감했다. 그 이후 이 말씀은 세계평화의 기초가 되는 가르침으로서 잊을 수 없는 것이 되었다.

100년 전의 동양평화를 둘러싼 서로 다른 비전을 대비시키기 위해, 우선 이토오의 연설에 주목하고자 한다. 이토오 히로부미는 1908년(메이지 41년) 6월 19일에 관저(통감부)에

---

[3] ① 李泰鎭・安重根ハルビン学会編著 / 勝村誠・安重根東洋平和論研究会監訳,『安重根と東洋平和論』, 日本評論社, 2016. ② 李洙任・重本直利共編,『共同研究 安重根と東洋平和 - 東アジアの歴史をめぐる越境的対話』, 明石書店, 2017.

[4] 현재의 ICU 학장인 히비야 쥰코(日比谷潤子) 교수는, "우리 대학의 초대 학장인 유아사 하찌로오(湯浅八郎, 1890-1981)는,『欽定 英訳聖書』(King James Version)의 '예언이 없으면 민중은 몰락한다(Where there is no vision, the people perish.)'(『잠언』29-18)라는 말씀을 '인간으로서 사는 보람, 단체로서의 이상 실현을 생각하는 경우에 매우 중요한 표어'라고 생각하고, '우리는 한 사람 한 사람 모두 한 번 있을 뿐 두 번은 없는 인생을 보내고 있는 것이지만, 어떤 예언을 가지고 살고 있는지, 우리의 삶의 보람은 어디에 있는지, 이것이 가장 중요한 삶의 과제가 아니겠습니까'라고 물었습니다"(『若者に幻を』, 国際基督教大学同窓会, 1981, 34-35면)라고 말하고 있다. https://www.icu.ac.jp/about/president/ 2018.6.27. 열람.

서 "… 그 폭도와 같은 그들의 진의·심정은 원래 내가 크게 동정을 표하는 바이지만, 그들은 단지 국가의 멸망을 분개하는 데 그치고 아직 한국을 구할 길을 알지 못한다 … 실제로 나의 정책에 대해 지금 이것저것 비난하는 자가 있지만, 훗날 어쩌면 갑자기 그 잘못을 깨달을 때가 있을 것이다"라고 연설했다.[5] 여기에서 "훗날 …"이란 언제를 말하는가? 이토오는 100년 후를 상정한 것일까?

이토오의 비전이 지역의 평화를 가져오지 못했다는 사실은 역사가 증명했다. 정반대로, 안중근이 예상한 것처럼, 전란의 연쇄를 아시아 전역 나아가 태평양으로 확대시켰다. 그리고 그 비전이야말로 연설을 한 때로부터 겨우 37년 뒤에 마침내 대일본제국과 그 '신민'을 몰락시키기에 이른 것이다. 어떤 것이라고 하더라도 단지 미래에 대한 구상이 있기만 하면 민족이 번영하는 것은 아니다. 그 내용이 결정적으로 중요하다는 것은 말할 것도 없을 것이다. 안중근의 100주기를 맞은 2009년 3월 26일에는 이토오의 이 연설과 안중근의 미완의 『동양평화론』 중 어느 쪽의 비전이 보다 설득력을 가지고 있었을까?

일본의 식민지지배에 저항하여 대한제국의 독립을 회복하려고 자위전쟁을 한 안중근 등 의군은 이토오의 눈에는 '폭도'일 뿐이었다. "단지 국가의 멸망을 분개하는 데 그치고 아직 한국을 구할 길을 알지 못한다"라고 규정한 이토오의 사상·정책과 안중근의 비전이었던 『동양평화론』을 대비시켜, 대립하는 역사관을 쉽게 이해할 수 있도록 명확하게 하기 위해 어떻게 하면 좋을까? 저자는 우선 체포된 안중근이 검찰관의 질문에 대답한 문장을 참조하는 것으로부터 시작하고자 한다.

(안중근의 '이토오 히로부미 죄악 15개조')

1909년 10월 26일 이토오 히로부미를 사살한 직후에 체포된 안중근은 일본인인 미조부찌(溝渕) 검찰관으로부터 왜 이토오 히로부미를 쏘았는가라고 심문을 받았다. 그때 대

---

[5] 『安重根事件公判速記録』, 満州日日新聞社(大連市), 1910.3.28, 111면.

답으로 안중근이 적은 한문이 '이토오 히로부미 죄악 15개조'[6]였다. 1909년 11월 뤼순감옥에서 대한제국인 안중근 의군 참모중장이 집필한 것이다. 거기에는 일본에 의한 한국 식민지화의 폭력적 과정을 상징하는 중요 사건이 단적으로 기술되어 있다. 그것을 종합적으로 보면, 이토오의 동양평화 사상은 항상적이고 조직적인 폭력을 근간으로 하고 있었다는 사실을 확실하게 알 수 있다.

저자는 그 중 두 번째로 들고 있는 이유에 주목하고자 한다. 한국의 식민지화 과정에서 자행된 일본의 항상적이고 조직적인 폭력을 상징하는 사건이기 때문이다. 안중근은 "2. 1905년 병력을 동원하여 제국의 황궁에 돌입하고 황제 폐하를 위협하여 5조약을 강제로 체결한 것"이라고 적고 있다. 한국사를 조금이라도 배운 연구자는 바로 알 수 있는 것이지만, 이것은 이른바 1905년 「한국보호조약」이 강제·날조되었다는 사실을 고발하고 있는 것이다. "以兵力突入于帝國皇宮威脅皇帝陛下勒定五條約事"라는 한문을 보면 알 수 있을 것이다. 이 조약의 강제 체결은 이토오가 일본군을 이끌고 실행한 것인데, 그 사실에 대해서는 큰 다툼이 없다.

주목할 만한 것은 안중근이 그 열네 번째 이유로 이토오 히로부미가 그러한 죄를 범했음에도 천황을 속여 왔다고 주장하며 천황에게 진상을 전해달라고 검찰관에게 요청했다는 사실이다. 이토오는 진상을 알고 있었음에도 그것을 천황에게 보고하지 않았으니 당연한 요청이었지만, 안중근의 (충신으로서의) 그 요청도 천황에게 전해지지 않았을 것이다.

---

6   '이토오 히로부미 죄악 15개조'는, 2012년 3월 25일에 류우코쿠대학 사회과학연구소 안중근 동양평화연구센터가 주최한 심포지엄에서, 저자가 촬영한 한국 서울 소재 안중근 의사 기념관 앞에 전시되어 있는 석비의 사진(위의 심포지엄 강연록에 실린 저자의 강연에 【写真3】으로 게재되어 있다)을 통해 소개했다. 저자의 질문에 응답한, 안중근 의사 기념관 사무국장 이혜균 씨의 메일(2018.9.17.)에 적힌 정보(위 기념관 학예사의 의견) 따르면, 안중근 의사는 체포 후 적어도 네 차례에 걸쳐서 이토오 히로부미의 15개의 죄악에 대해 공술했다. 최초의 공술은 1909년 10월 30일 미조부찌 검사의 첫 번째 심문 때이고, 두 번째는 1909년 11월 6일 미조부찌 검사에게 서면으로 제출(「안응칠의 소회」와 함께 제출, 외무성 소장, 기념관 뜰의 석비에 새겨져 있다)한 것이고, 세 번째는 1910년 2월 9일 제3회 공판 때 마나베 쥬우조오(真鍋十蔵) 판사에게 공술한 것(「공판속기록」에 게재)이다. 네 번째는 내용이 다소 다른데, 그것은 안중근 의사가 그 내용을 말할 때 순서를 기억하여 말한 것이 아니라 그때의 감정에 따라 말한 때문에 순서가 다소 달라져 있는 것이라고 생각된다.

저자는 이 사례를 둘러싼 진상을 규명하는 것이 이토오가 "나의 정책"이라고 한 대한 정책의 근본적인 문제를 부각시키는 데 결정적으로 중요하다고 생각한다. 1905년 11월 17일의 「한국보호조약(?)」 날조사건이야말로 한국 식민지화의 입구였기 때문이다. 뿐만 아니라 그것은 두 개의 서로 다른 비전의 차이를 해명하는 데 가장 알기 쉬운 연구의 단서가 되기 때문이다.

"2. 1905년 병력을 동원하여 제국의 황궁에 돌입하고 황제 폐하를 위협하여 5조약을 강제로 체결한 것"에서 안중근이 말하려 한 것은 어떤 것이었을까? 1905년 11월 17일에 구체적으로는 무슨 일이 일어난 것일까? 그에 대한 저자의 인식[7]은 아래와 같다.

(1905년 11월 17일의 「보호조약」 강제 체결)

어떤 역사적 경과로 「보호조약」[8]이 체결되었다고(적어도 일본에서는) 일컬어지게 된 것일까? 그 조약에는 (일본 측에서는) 문서상으로는 1905년 11월 17일자로 대한제국 외부대신 박제순과 대일본제국 특명전권공사 하야시 콘스케(林權助)가 각각 서명했다고 되어 있다.

그런데 구체적인 서명에 이른 과정이 어떠했는지에 대해 역사서를 검토해보고서 놀랐다. 1905년 「보호조약」은 위에서 서술한 것처럼 군인들을 동반한 대일본제국 정부 대표들이 대한제국 측의 황제는 물론이고 참정대신(수상), 외부대신 등 내각을 구성하는 대신들, 국가를 대표하는 사람들 개개인을 직접 '강제'함으로써 서명하게 한 것이었다고 일컬어지

---

7   저자의 인식은 런던대학에서 객원연구원으로 연구할 당시(1992년 가을)의 연구 성과이며, 몇 차례의 기회에 밝혔지만 학술논문으로 발표한 것은 아래의 2006년 논문이다. 戶塚悦朗,「統監府設置100年と乙巳保護条約の不法性 - 1963年国連国際法委員会報告書をめぐって」,『龍谷法学』39-1, 2006. 2018년에 이 논문을 집필할 당시에도 그 기본인식을 변경할 필요성을 느낄말한 새로운 사정은 알지 못했다. 그래서 당시의 연구 성과를 그대로 원용한다.
8   1905년 11월 17일의 「보호조약」이라는 일반적으로 보급되어 있는 명칭의 조약 원본은 일본에도 한국에도 존재하지 않는다. 그 뿐만 아니라, 1905년 11월 17일의 「일한조약」이라는 명칭의 조약이 존재했다고 기술된 일본 외무성의 조약집도 있고 학술서도 있지만, 그 조약의 원본도 어디에도 존재하지 않는다는 사실이 최근 밝혀졌다. 설령 그 조약이 존재한다고 하더라도, 1993년 유엔 ILC 보고서는 일본군이 한국의 고종 황제와 그 각료 개인을 협박하여 서명을 강제했기 때문에 절대적 무효였다고 하고 있다. 또 한국의 백충현 교수와 국회는 고종 황제의 비준이 없기 때문에 효력이 발생하지 않았다고 하며 일본 측의 합법·유효설을 비판하고 있다.

고 있다. 이것은 거의 한결같이 어떤 역사서에나 적혀 있었던 것이다. 말하자면 '주지의 사실'이었는데 저자는 그러한 중대한 사실을 전혀 알지 못했다. 인권옹호를 사명으로 하는 일본의 법률가로서 극히 부끄러운 일이었다고 무지를 거듭 반성한다.

대표적인 기재 사례를 들어보자. 하버드대학 한국연구소를 위해 일조각에서 1990년에 출판한 C. J. 에커트 등이 저술한 영어 역사책이 있다(Eckert, C. J. ; Lee, K. ; Lew, Y. I. ; Robinson, M. ; Wagner, E. W., *KOREA OLD AND NEW A HISTORY*, published for the Korean Institute, Harvard University; by Ilchokak Publishers ; distributed by Harvard University Press, 1990, p. 239). 문제의 부분만 번역해보자.

"보호조약 체결을 위해 일본은 정계의 원로인 이토오 히로부미를 보냈다. 이토오는 일본군을 대동하고 궁중에 들어가 고종(황제)과 그 대신을 강제하여 일본 측의 조약안을 승인하도록 몰아세웠다. 그러나 한국 측이 거절하자 가장 강하게 반대한 수상(참정대신) 한규설은 일본 헌병이 회의장에서 끌어냈다. 그 후 일본군은 외부에 가서 공인(公印)을 가지고 왔고, 1905년 11월 17일 일본인의 손에 의해 조약문에 날인이 이루어졌다"라고 위의 책은 기술하고 있다.

이기백 저, 『한국사신론』(宮原兎一・中川清訳, 清水弘文堂書房, 1971, 382면)에도 같은 기재가 있다. 이 책 원서의 기재가 하버드대학 한국연구소의 위의 책에도 채용되었을 것이다. 이것은 이들 연구서의 독자적인 견해가 아니다. 그 외에도 같은 기술을 하고 있는 책이 많다. 조선총독부가 출판한 것(市川正明編, 『日韓外交史料 (8) 保護及併合』, 原書房, 1980, 36-39면[9])을 제외하면 대부분이 같은 기술을 하고 있는 것 아닐까? 저자가 입수한 것을 들어보자.

HISTORY OF THE KOREAN PEOPLE KOREA TRADITION & TRANSFORMATION (Nahm, A. C., Fourth printing, 1991, Hollym, pp. 209-210)은 김포공항에서도 판매되고 있었다. 『日本帝国主義の朝鮮支配 上』(朴慶植著, 青木書店, 1973, 20-21면), 『朝鮮民族解放闘争史』

---

9   그리고 이 사료는 조선총독부의 극비자료로서 전후에 인쇄・공표된 것이다. 일본 측의 눈으로 본 상세한 간접 사실을 알기에 좋은 사료이지만, 물론 적나라한 강제행위에 대해서는 언급하지 않고 있다.

(李羅英著・朝鮮問題研究所訳, 新日本出版社, 1960, 199면), 『韓国通史』(韓㳌欣著・平木実訳, 学生社, 1976, 522면) 등이 런던대학의 도서관(SOAS, 동양 아프리카 연구학원)에서도 입수가능하다.

그 외에도 노력 여하에 따라 상당히 많은 자료를 입수할 수 있을 것이다. ① 당시의 대한제국 국내의 보도가 있다(그 일부는 위의 박경식의 책에 인용되어 있다). ② 영국인 베델 기자의 보고(市川正明編, 위의 책, 39면) 등 해외의 보도도 중요한 자료가 될 것이다. 베델 기자는 진상을 적확하게 보도한 때문인지 일본 정부의 미움을 사 박해를 받았다(市川正明編, 위의 책 참조). ③ 총독부 등 일본 정부 관계 자료가 있다. 그 대부분은 극비 취급되거나 소각되었을 것이다. 일부는 입수 가능하다(위의 사료. 위의 박경식의 책의 [주]에서 드는 '비화' 등). 또한 비밀자료의 경우 정부에 대해 전면 공개하도록 강하게 요청하고자 한다.

일본 정부가 비익하고 있을 터인 비밀문서 등을 종합적으로 연구하면 구체적이고 상세한 진상이 판명될 것이다. 따라서 일본 정부와 역사학자는 더 한층 진상규명을 할 필요가 있을 것이다. 위의 역사서가 '거짓이고 오류이다'라는 적극적인 증거가 제출되지 않는 한 그들 기재가 '주지의 사실'이며, 그에 대한 유효한 반론이 없기 때문에 그것들을 진실로 전제하고 법적 판단을 하는 이외에는 방법이 없을 것이다. 일본인인 저자로서는 자신의 치부가 드러나는 듯한 기분이 들어 내심 부끄럽고 창피하게 생각된다. 그러나 그것이 진실이라면 어쩔 수 없이 받아들일 수밖에 없다. 과거의 국제법 위반에 근거한 원상회복・배상의무 속에는 보상・사죄 등과 함께 진상 규명, 사실적・법적 책임의 승인이 포함되어 있다는 것을 잊어서는 안 된다.

22. ILC 보고서(1963년)와 유엔 인권위원회(1993년)

(ICL보고서[1963년] 발견의 경위)

유엔 국제법위원회(ILC) 보고서(1963년. 자료 1)가, 안중근이 "1905년 병력을 동원하여 제국의 황궁에 돌입하고 황제 폐하를 위협하여 5조약을 강제로 체결한 것"이라고 서술한

「보호조약」 강제 사건을 다루었다는 사실은 위에서 기술했다.[10] 1963년 ILC 보고서는 하버드 연구초안이 "…, 보호조약의 수락을 얻기 위해 한국 황제 및 그 각료에게 가해진 강제, …"라고 서술하여 사례의 하나로 들고 있다는 사실을 지적한 다음, "조약의 서명 … 을 받기 위해 개인의 신체 또는 개인적인 능력에 대해 강제 또는 강박을 가하는 행위는 국가가 조약의 무효성을 주장하는 것을 필연적으로 정당화한다는 점은 일반적으로 합의된 것이라고 생각된다"라고 보고했다.

저자가 이 보고서를 알게 된 때는 런던대학 유학시절인 1992년 가을이었다.[11] 저자는 일본군'위안부'를 한국으로부터 동원한 법적 근거를 연구하고 있었다. 일본의 국내법에서는 아무런 법적 근거도 발견되지 않았기 때문에, 당시의 식민지 법제의 기본법이었던 1905년 「보호조약」에까지 거슬러 올라가 생각하는 수밖에 없었다. 국제법 위반이야말로 문제의 핵심이며, 그 부분이 일본 정부 측의 논리(종군위안부 문제 등의 중대 인권침해에 대해 '아무런 법적 책임도 없다'라고 하는)의 최대의 약점이라고 생각하게 되었다. 런던대학 도서관에서 연구하고 있을 때 ILC 보고서(1963년)에서 위와 같은 기재를 발견했다.[12] 행운이라고 할 수밖에 없었다.

실은 저자가 그 발견을 토대로 연구성과를 담은 논문을 집필하고 있을 무렵에는 아직 북일교섭이 계속되고 있었다. 1990년 9월의 3당 공동선언에 기초하여 시작된 북일 국교정상화 교섭은 그해(1992년) 11월 5일에 6개월 만에 베이징에서 개최되었다. 하지만 제8회 회담 첫날인 15일 오전에 본회담이 개최되고서 결렬되어 교섭은 중단되어 버렸다. 그날은 무슨 협의가 이루어진 것일까?

나중에 입수한 것이지만 『제8회 북일 정부 간 회담에 관한 자료』[13]에 따르면 북한 측 이

---

10 戶塚悅朗,「歷史認識と日韓の「和解」への道(その5) - 1905年「韓国保護条約(?)」の効力問題と1963年国連総会の決議をめぐって」,『龍谷法学』49-3, 2017, 105-129면.
11 이 시리즈의 첫회에 그 경위에 대해 보고했다. 戶塚悅朗,「歷史認識と日韓の「和解」への道(その1) - 安重根東洋平和論研究は、日本を孤立から救うか?」,『龍谷法学』48-1, 2016, 1-26면.
12 戶塚悅朗, 위의 글, 2017.

삼로 단장은 그 모두발언에서 본의제(제1의제)의 토의에 있어서 "가장 본질적 문제, 기본문제"에 대한 견해로서 역사인식 문제를 들었다. 특히 1905년 11월 「을사 5조약」의 문제를 집중적으로 논했다. 상세한 내용은 생략하지만, 저자는 "최근 역사학자들에 의해 일본의 무력에 의한 협박과 강압의 방법으로 '체결'되었다고 일컬어졌던 구 조약이 사실상 체결되지 않았고 날조되었다는 사실이 폭로되어 세상 사람들을 경악하게 하고 있는 오늘날, …"이라는 이 단장의 발언(자료 2)에 주목했다. 이것은 한국의 역사학자에 의한 최신 연구에 대해 말한 것 아닐까? 하지만 이 단장은 위의 ILC 보고서에 대해서는 언급하지 않았다. 대한민국도 조선민주주의인민공화국도 유엔에 가맹한 지 얼마 되지 않았던 사정도 있어서 그 정보가 알려져 있지 않았던 것은 당연한 일일 것이다. 일본에서는 외무성 안의 일부 인사는 어쨌든 일반인에게는 전혀 알려져 있지 않았다.

그때 중단된 북일교섭에서는 구 조약 특히 1905년 「보호조약」의 효력 문제는 "가장 본질적 문제, 기본적 문제"로 되어 있었다는 사실에 유의해야 한다.

(1993년 유엔 인권위원회와 IFOR문서 제출)

저자는 ILC 보고서(1963년)를 발견한 후 얼마 되지 않은 1992년 가을에는 논문(일본어) 원안을 작성했다. 그러나 그 발견을 어떻게 발표할 것인지는 고민스러운 문제였다.

연구자로서는 곧바로 학술지에 공표해야 하는 것이었는지도 모른다. 저자가 공부한 런던대학 대학원(LSE)에서는 연구에 대해 '오리지널리티'를 요구했다. 그 기준으로는 예를 들면 박사논문은 선행연구가 없는 중요한 발견을 제시하거나, 일반적으로 인정되고 있는 정설을 설득력 있게 뒤집는 것이 필요하다고 되어 있었다. 저자의 발견은 연구 진행 방식 여하에 따라서는 그러한 기준을 충족시키는 연구의 단서가 될 가능성을 품고 있었다. 따라서 작성한 논문은 연구자의 관점에서는 공표할 가치가 있는 중요한 것이 될 가능성이

13　在日本朝鮮人総連合会, 『第8回朝・日政府間会談に関する資料』, 1992, 9-16면.

있었다.

하지만 일본의 상황을 고려하면 곧바로 공표하는 것은 주저되었다. 일본에서는 지금까지 일반적으로는 알려져 있지 않았던 충격적인 정보였기 때문에 정치적으로도 사회적으로도, 특히 보수층으로부터의 강한 반발을 부를 가능성이 있었다. 그래서 이전부터 교류가 있었던 모토오카 쇼오지 참의원 의원(당시)의 사무소[14]에 논문 원고를 보내 조언을 구했다. "실명으로 공표하면 테러리스트의 표적이 된다. 공표하지 않는 편이 현명하다"라는 회신이 돌아왔다. '살해당할지도 모른다'라는 강한 경고를 받고 나니 곤혹스러웠다. 그렇다면 일본에는 학문의 자유가 없는 것이 된다. 혹시 몰라 정년퇴직한 저널리스트 출신 지인에게도 물어보았지만 같은 의견이었다.

오랫동안 영국에서 연구생활을 하고 있었기 때문에 일본 사회의 상황에 어두워져 있었을지도 모른다. 식민지지배의 정당성에 대한 의문을 제기하는 연구가 커다란 터부를 건드린다는 것을 깨닫지 못했다. 1905년 조약이 무효라면 그것을 전제로 체결된 1910년의 「한국병합조약」은 사상누각이라고 평가하지 않을 수 없게 된다. 그렇게 되면 '한국병합'이 '불법이었다'라는 결론을 이끌어내지 않을 수 없게 된다. 그것이야말로 일본에 의한 식민지지배를 정당화하려고 생각하는 사람들에게는 어떻게든 봉인해 두고 싶은 법률문제였던 것이다.

매우 중요한 발견이었기 때문에 공익적인 관점에서는 공표하지 않는다는 선택지는 없었다. 그래서 공표의 방법을 궁리할 필요가 있었다. 결국 저자가 선택한 것은 국제인권위원회에 NGO 문서를 제출하는 방식이었다. 그때까지의 유엔 활동에서는 구두발언을 활용했지만, 복잡한 문제에 관해서는 서면 제출 쪽이 낫다고 지인인 미국인 교수가 조언을 해주었다. 그렇게 한다면 영어로 제출하는 것이 되기 때문에 전 세계를 향한 발신이 된다. 일본어

---

14 2004년 7월에 정계를 은퇴한 모토오카 쇼오지 전 참의원 부의장은 2017년 4월 17일에 갑자기 서거하셨다. 그 공적에 관해서는, 戸塚悦朗,「歴史認識と日韓の「和解」への道(その6) -「慰安婦」問題に関する日韓外相合意から板門店南北首脳宣言まで」,『龍谷法学』51-1, 2018, 353-396면.

와 달리 일본 사회에 대한 영향은 간접적일 것이다. 심의 장소도 유엔의 회의이기 때문에 일본 사회와는 거리도 있다. NGO의 이름은 제시하지 않으면 안 되지만 집필자의 실명은 서면에 명기하지 않아도 된다. 제출자로서 겉에 나서는 것은 NGO의 제네바 수석대표이다. 다행히 국제우화회(IFOR)의 제네바 수석대표(당시)였던 르네 워들로우(Rene Wadlow) 씨와는 친한 사이였다. 그에게 요청하여 1993년 유엔 인권위원회에 제출할 수 있었다.

이 IFOR 문서(1993년)[15]의 내용은 저자의 일본어 논문[16]을 영문으로 요약한 것이다. 그것은 국제사회를 향한 최초의 발신으로서 중요하다. 그 요지는 아래와 같다. 유엔 국제법 위원회(ILC) 1963년 총회 제출 보고서는, 1905년 「한국보호조약」이 설령 형식적으로는 체결된 듯이 보여도, 일본군과 이토오 히로부미가 대한제국의 정부 대표자 개인(외부대신, 황제를 포함한다)을 협박하여 체결의 형식을 만들어낸 것이어서, 추완(무효인 것이라도 나중에 유효한 것으로 인정하는 행위)도 허용되지 않는 절대적 무효(무효성이 있는 것 중에서도 무효성이 강하다)인 조약으로서 당초부터 효력을 발생하지 않았다고 한다. 1910년 「한국병합조약」은 그때까지 일본이 대한제국 정부 대표자에게 서명을 강제한 조약들, 특히 1905년 「한국보호조약」에 기초하고 있기 때문에 한국병합도 불법·무효라고 하지 않을 수 없게 된다. 따라서 한국으로부터의 '위안부' 동원의 법적 근거는 불법적인 것이며, 피해자는 강한 노예적 구속을 당한 것이 된다.

한국 정부도 공화국 정부도 모두 이때는 유엔에 가맹한 상태였기 때문에, ILC 보고서(1963년)의 1905년 「한국보호조약」의 절대적 무효성에 관한 기술은 유엔 인권위원회를 거쳐 양국을 포함한 유엔 가맹국뿐만 아니라 유엔 NGO에도 알려지게 되었다. IFOR 문서 제

15　UN. Doc. E/CN.4/1993/NGO/36, Written statement submitted by the International Fellowship of Reconciliation, a non-governmental organization in consultative status (category II). 이 문서는 저자가 집필을 담당하고 국제우화회(IFOR) 제네바 수석대표(당시) 르네 워들로우 씨에 의해 유엔 인권위원회에 제출되었다.

16　戸塚悦朗, 위의 글, 2006. 또한 졸고를 게재한 팸플릿(国際人権研究会編, 『1905年「韓国保護条約」は成立していたのか』, 1993) 참조. 그 외에 민간단체가 주최한 몇몇 심포지엄에서 같은 취지의 내용을 담은 강연을 한 것이 있고 그 요지를 발표한 잡지논문도 있지만 열거는 생략한다.

출에 관한 뉴스는 『마이니찌 신문』과 『저팬 타임즈』에 보도되어,[17] 일본 사회에도 일본어와 영어로 알려지게 되었다.

〈ILC 보고서[1963년]와 국회 심의〉

그 보도는 일본의 정계에 강한 충격을 주었다. 특필할만한 것은 모토오카 쇼오지 참의원 의원(당시)이 국회(참의원 예산위원회)에서 질문을 해서 ILC 보고서(1963년)가 국회에서 심의되고 정치문제화된 일이다.[18]

모토오카 의원으로부터 질문 통고를 받고서, 탄바 미노루(丹波實) 외무성 조약국장(당시)은 모토오카 사무소에서 연좌농성을 했다. "이 질문을 하게 되면 일본이 어디까지 추락할지 모른다. 그만두겠다고 약속할 때까지 외무성으로 돌아가지 않겠다"라며 질문을 단념할 것을 요청했다고 한다. 모토오카 의원은 내셔널리스트는 아니었지만 애국자였다. 행정부로부터 이례적이라고 할 강한 저항을 받은 모토오카 의원은 "바닥 없는 늪이라면 곤란하다"라며 저자에게 문의를 해왔다. "바닥 없는 늪일 리는 없을 터입니다. '위안부' 문제와 강제노동 문제는 국제법에 대한 중대한 위반인 인권침해이기 때문에 적절한 해결을 하지 않으면 안 되지요. 그러나 구 조약의 무효라는 문제에 대해서는 사실을 인정하고 사죄하면 화해할 수 있지요"라고 회답했다. 이 말을 듣고서 안심한 모토오카 의원은 질문 통고를 철회하지 않았다.

일본 정부·외무성(탄바 조약국장)은 1966년 ILC 보고서에는 1905년 「한국보호조약」의 효력 문제에 관한 기재가 없다는 것을 이유로 들면서 1963년 ILC 보고서 기재의 영향을 약화시키려고 하는 취지의 답변을 했다. 그러나 일본 정부는 1963년 ILC 보고서가 유엔 총회

---

17 ① 伊藤芳明, 「慰安婦問題 「日韓保護条約は無効」スイスの人権組織、63年、国連委が報告書」, 『毎日新聞』 1993.2.13. ② "Treaties 'were forced on Korea' U.N. intervention urged over 'comfort women'", *The Japan Times*, February 16, 1993.

18 모토오카 쇼오지 참의원 의원(당시)의 참의원 예산위원회(1993.3.23.)에서의 질문 참조. 『平成5年3月23日参議院予算委員会会議録第7号』, 8-13면.

에서 채택되었다[19]는 사실에 대해서는 언급하지 않는다. 또 일본 정부가 1905년 「한국보호조약」의 비준이 없었다는 사실을 그 답변 속에서 인정했다는 점에 유의해야 한다. 모토오카 의원은 한국을 방문하여 조사하는 등 사전에 증거조사를 하고서 질문에 임했는데, 그 조사 결과를 국제인권연구회(모토오카 회장)에서 책자[20]로 출판했다.

〈일본 사회와 학계에 대한 영향〉

보도와 국회 질문의 영향은 커서 그 문제를 둘러싸고 국제회의,[21] 강연회[22] 등이 개최되었다. 그 중에서도 주목할 만한 것은 한일 연구자 사이에 『세카이(世界)』 지상논쟁이 펼쳐진 것이었다. 터부가 깨어지게 된 커다란 성과라고 할 수 있을 것이다. 한국 측에서 이태진 교수(서울대학교·한국사)의 역사연구가 그 잡지에 발표되었고,[23] 일본 측에서 운노 후쿠쥬(海野福寿, 한국병합 연구자) 교수,[24] 사카모토 시게키(坂元茂樹, 국제법) 교수[25] 등의 연구자가 반론하는 형태로 지상논쟁이 계속되었다. 이 『세카이』를 통한 한일 대화에 참가한 일본

19 1963년 11월 18일에 유엔 총회는 결의 1902(XVIII)을 채택하여, 이 1963년 국제법위원회 보고서를 검토했고 그것에 유의한다고 밝히고, 특히 위원회의 조약법 기초에 관한 작업에 대해 감사의 뜻을 표했다. UN Doc. 1902(XVIII), RESOLUTIONS ADOPTED BY THE GENERAL ASSEMBLY DURING ITS EIGHTEEN SESSION, 1258th plenary meeting, 18 November 1963.
20 国際人権研究会編, 『1905年「韓国保護条約」は成立していたか』, 1993. 저자가 모토오카 의원에게 한 일본어 보고도 이 책자에 포함되어 있다.
21 「国際シンポジウム」「韓国併合」はいかにしてなされたか? - 今考える強制「従軍慰安婦」強制連行問題」, 1993.7.31, 中央大学駿河台記念館, 主催·「国際シンポジウム」実行委員会. 제1부는 안중근에 관한 저서도 낸 적이 있는 작가 사키 류우조오(佐木隆三) 씨의 강연, 제2부는 심포지엄으로 구성되었으며, 이태진 서울대학교 교수가 초대되었고, 저자도 패널 디스커션에 참가했다.
22 저자는 몇몇 강연에 초대되었지만, 상세한 내용은 생략한다.
23 ① 李泰鎮, 「韓国併合は成立していない(上) 日本の大韓帝国国権侵奪と条約強制」, 『世界』 1998년 7월호. ② 李泰鎮, 「対話韓国併合は成立していない(下) 日本の大韓帝国国権侵奪を条約強制」, 『世界』 1998년 8월호. ③ 李泰鎮, 「韓国侵略に関連する諸条約だけが破格であった - 坂元茂樹教授(98년 9월호)に答える」, 『世界』 1999년 3월호. ④ 李泰鎮, 「略式条約で国権を委譲できるのか(上) 海野教授の批判に答える」, 『世界』 2000년 5월호. ⑤ 李泰鎮, 「略式条約で国権を委譲できるのか(下) 海野教授の批判に答える」, 『世界』 2000년 6월호.
24 海野福寿, 「李教授「韓国併合不成立論」を再検討する」, 『世界』 1999년 10월호.
25 坂元茂樹, 「日韓は旧条約問題の落とし穴に陥ってはならない 本誌·李泰鎮論文への一つの回答」, 『世界』 1998년 9월호.

측 연구자 중에도 이태진 교수의 주장에 이해를 표시한 사사가와 노리카쯔(笹川紀勝, 헌법학) 교수,[26] 아라이 신이찌(荒井信一, 국제정치학) 명예교수[27] 등의 학자도 있었다는 사실에 주목할 필요가 있다.

한일 구 조약의 효력을 둘러싸고 공개논의의 장이 만들어진 것은 일보 전진이었다. 그러나 유감스럽게도 그 지상논쟁에서는 양자의 주장이 제시되었을 뿐, 대립되는 주장을 토대로 공통의 이해에 도달하는 발전적인 논의를 이끌어내는 데까지는 이르지 못했다. 그 결과 일본 측의 연구자에 의한 구 조약 효력연구는 어중간한 상태로 멈추고 말았다.

일본 측 연구자가 연구를 보다 심화시켜 한일 간 대립을 극복할 필요가 있을 것이다.

(일본 측 연구자의 좌절)

『세카이』 지상대화(1998년-2000년)에 참가한 일본 측 연구자 중 한국 측 연구자 이태진

---

26 笹川紀勝, 「日韓における法的な「対話」をめざして」, 『世界』 1999년 7월호. 사사가와 교수는, 사카모토 교수가 국가대표자에 대한 강제와 국가에 대한 강제를 구별하는 판단기준의 제시를 이 교수에게 요구한 것을 시제법의 관점에서 상세하게 비판하고 있다. 그리고 "제2차 일한협약의 유효성 주장에는 몇 가지 난점이 있다. 그것은 결코 해결이 종료된 것이 아니다. '대화'를 위해서는 한일 법학자의 공동연구는 더욱 가치를 가지게 될 것이다. 그리고 그러한 '대화'로 나아가기 위해서는 배상금 획득 혹은 거부를 목적으로 하는 것이 아니라, 이 교수가 말하는 것처럼 '명예와 양심을 걸고' 과거의 역사문제를 검토하는 진지한 자세가 필요할 것이다. 바꾸어 말하면 '진실을 존중하여 불법성'을 바로잡는 인간적 공감이야말로 출발점이 되는 것 아닐까?"라고 맺고 있다. 경청할만하다.

27 荒井信一, 「日韓対話の試み 歴史における合法論、不法論を考える」, 『世界』 2000년 11월호. 아라이 신이찌 명예교수는 "65년 조약이 식민지지배라는 '과거의 청산'을 애매하게 처리한 하나의 큰 이유는 일본의 보수적 정치지도자층과 엘리트 관료 사이에 널리 공유된 제국의식이었다"라고 지적하고, "전쟁법을 포함하여 국제법은 조선에서 준수되어야 했음에도 조선을 위해, 조선에 대해 준수되어야 한다고는 생각되지 않았다"라는 타나카 타다시(田中忠) 다이토오문카(大東文化)대학 교수의 학설을 인용하고 있다. 1905년 당시 일본의 국제법 학자(테라오 토오루(寺尾亨))는 보호조약은 비준이 필요한 조약이라고 했다. 아라이 신이찌 교수는, 아리가 나가오(有賀長雄)의 『保護国論』(早稲田大学出版会)은 "국제법의 입장에서 제2차 일한협약(보호조약)을 '추인하여 법적으로 정당화하는' 형태로 설명하기 위해 쓰여졌다고 해도 과언이 아니다"라고 하고, "아리가가 굳이 제2차 일한협약은 비준을 요하지 않는 약식조약의 형식으로 충분했다고 한 것은, 국가의 실행을 '추인하여 법적으로 정당화'하는 형태로 설명한 전형적인 케이스였다"라고 지적하고, 그것을 '일본형 실증주의'라고 하여 역사학적인 비판의 대상으로 삼고 있다. 그리고 두 번의 대전을 거쳐 규범주의적 측면이 발전했다는 사실을 지적한 다음, "'당시의 국제법'을 바라보는 관점도, 국가실행과 유착한 일본형 실증주의라는 퇴행적인 면이 아니라, 이 발전적인 측면에 중점을 두고 평가하는 것이 필요하지 않을까?"라고 지적하고 있다. 나아가 아라이 교수는, "우선 일본 측에서 과거의 식민지지배의 불법성을 솔직하게 인정하는 태도가 필요하고, 그 전제 아래 '과거의 청산'에 수반되는 구체적인 조치(사죄, 배상 등)을 생각하는 것이 바람직하다"라고 한다.

교수와 마지막까지 대립한 운노 교수와 사카모토 교수 두 사람을 주목해보기로 한다. 그 학설의 문제점을 검토함으로써 한일 대립을 극복하는 힌트를 얻을 수 있을 것이라고 생각하기 때문이다.

저자의 입장에서 보면 두 사람의 학설은 『세카이』 지상대화 이전인 1994년 무렵까지는 한국 측 연구자의 학설과 그다지 큰 차이가 없었던 듯하다.

예를 들면 운노 교수는 한국에서 연구하는 동안 비공식적으로 의견교환을 했을 때는, 저자가 1993년 이래 주장한 1905년 보호조약의 법적 효력에 관한 '절대무효'론(1963년 ILC 보고서를 근거로 하는 것)을 긍정했다. 구체적으로는, 운노 교수는 "「제2차 일한협약」무효론에 대해 약간 고찰했다. 첫 번째 논거인 한국 황제 및 각료에 대한 폭력적 강제조인을 논거로 하는 무효론에 대해서는 이론을 제기할 여지는 없을 것이다"라고 무효론에 찬성의 뜻을 표시한 논문(1994년)을 발표했던 것이다.[28] 하지만 일본에 귀국한 후 이와나미 신서(岩波新書)로 『한국병합』을 출판한 시점(1995년)에는, 1905년 보호조약을 기초로 하고 있는 한국 병합에 대해 '합법·부당론'을 주장하게 되었다.[29] 너무나도 큰 비약이었기 때문에 충격을 받아, '무슨 일이 일어난 것일까?'라고 의문을 가졌다. "왜 급히 입장을 바꾼 것입니까?"라고 개인적으로 질문을 하자, 운노 교수는 "일본에서는 모두 그렇게 이야기하고 있으니까"라고 할 뿐 학설 변경에 대한 합리적인 설명은 하지 않았다.[30] 연구자로서 한번 세운 학설

28　海野福寿, 「1905年「第2次日韓協約」」, 『駿台法学』 91, 1994. 이 논문에서는, "협박에 의한 협약 체결"에 관해, 1963년 ILC 보고서를 근거로 한 저자의 무효론을 주 1)(8면)로 첫머리에서 인용한 다음, 이 "무효론에 대해서는 이론을 제기할 여지는 없을 것이다"라고 찬성의 뜻을 표시했다는 사실에 주목해야 한다.

29　海野福寿, 『韓国併合』, 岩波新書, 1995, 244면에서 운노 교수는 "한국병합은 형식적 적법성을 가지고 있었다. 즉 국제법상 합법이고, 일본의 조선지배는 국제적으로 승인된 식민지이다"라고 법적으로는 '합법론'이라는 결론을 주장하게 되었다. 그러나 그다음에 "합법이라는 것은 일본의 한국병합과 식민지지배가 정당하다는 것을 조금도 의미하지 않는다"라고 부당론을 말하고 있다.

30　『韓国併合』에서의 운노 교수의 역사적 사실에 대한 인식은 그의 1994년 논문과 본질적인 차이는 없다. 그러나 1905년 보호조약의 유효성에 대한 평가에 관해서는, 운노 교수는 "따라서 한국의 대표자 개인에 대한 '강박, 협박'에 의해 강제 조인된 「제2차 일한협약」은 무효, 즉 당초부터 효력이 발생하지 않은 조약이라고 보는 견해가 많다"라고 학설의 다과의 문제로 바꾸어버렸다. 그다음 "다만 위에서 서술한 강제행위를 국가의 대표자에 대한 협박이라고 볼 것인지 국가 자체에 대한 강제라고 볼 것인지에 관해, 국제법상의 판단기준은 반드시 명확

에 충실한 것은 '인테그리티'의 문제이다. 애써 곤란한 과제를 파고들어 진상을 밝히고 있었기 때문에 도중에 좌절해 버린 데 대해서는 강한 실망감을 금할 수 없었다.

사카모토 교수가 「한일 보호조약의 효력 - 강제에 의한 조약의 관점에서」라는 제목의 논문(1995년)에서 위에서 서술한 관습국제법(국가 대표자 개인에 대한 강제에 의한 조약은 절대적 무효로 한다)이 있었다는 사실을 인정한 점은 평가할만하다. 그러나 "국제법은 분명 국가 그 자체에 대한 강제로서 국가원수나 대신이라는 직무상의 기관에게 가하는 강제의 법적 효과와 개인으로서의 그들에 대한 강제의 법적 효과를 구별하고 있었지만, 한일 보호조약과 같은 사례에 대한 구체적 적용을 생각하는 경우 충분한 구별의 기준을 제공하고 있었는지 다소 의문이 남는다"라고 했다. 최종적으로는 "문제는 국가 대표자에게 국제법이 금하는 형태로 강제가 이루어졌는가라는 점일 것이다. 역사학자가 아닌 저자에게는 그 사실인정은 능력을 뛰어넘는 것이다"라고 하여 판단을 회피해버렸다.[31]

저자는 사카모토 교수의 이 논문은 문제 해결로 이어질 가능성을 품고 있다고 긍정적으로 받아들였다. 배상 문제의 재연 등 "판도라의 상자"를 여는 데 주저하고 있는 점에서는 일정한 한계를 느끼지만, 1973년의 구 서독과 체코의 관계정상화 조약이 1938년의 뮌헨협정을 무력에 의해 강요된 조약으로서 무효라고 선언한 사례, 1990년의 바이츠제커(Richard von Weizsäcker) 전 독일 대통령의 연설 등을 든 다음, "이들 양국의 경험과 영지(英

하다고는 할 수 없는 듯하다. (坂元茂樹, 「日韓保護条約の効力 - 強制による条約の視点から」)"라고 단서를 달고 있다. (海野福寿, 위의 책, 1995, 163면) 이 점에 관해서는, 笹川紀勝, 위의 글, 1999와 같은 비판이 있지만, 그것에 응답하는 검토는 이루어지지 않았다.

31 坂元茂樹, 「日韓保護条約の効力 - 強制による条約の観点から」, 『関大法学論集』 44-4・5, 1995. 사카모토 교수는 연구의 결론을 아래와 같이 정리하고 있다. "국제법 연구자로서 지금까지의 고찰을 통해 말할 수 있는 것은 ① 국가대표자에 대한 강제에 의한 조약을 무효로 하는 법리가 일한 보호조약 체결 당시에 관습국제법의 규칙으로 성립되어 있었다고 하는 것, ② 거기에서 말하는 강제를 육체적 강제에 한정하는 논자는 적고, 강제는 육체적 강제뿐만 아니라 정신적 강제를 포함한다고 생각되고 있었다는 것, ③ 일한 보호조약을 국가대표자에 대한 강제에 의한 조약으로서 무효라고 생각하는 논자가 존재했다는 것, ④ 국제법은 분명 국가 자체에 대한 강제로서 국가원수나 대신이라는 직무상의 기관에 대해 가하는 강제의 법적 효과와 개인으로서의 그들에 대한 강제의 그것을 구별하고 있었지만, 일한 보호조약과 같은 사례에 대한 구체적인 적용의 경우에 대해 충분한 구별의 기준을 제공하고 있었는지는 다소 의문이 남는다는 것, 이 네 가지 점이다."

知)"로부터 배워야 한다고 한 점에 주목했다. "다소 의문이 남는다"라고 하고 있다는 점에서 문제도 있지만, 어디까지나 '의문'일 뿐이다. 위의 사사가와 노리카쯔 교수가 말하는 시제법의 관점에서 한 걸음 더 연구를 진척시키면 해결할 가능성도 충분했을 것이다. 법률가라도 소송실무에 종사하는 실무법률가는 항상 사실인정과 씨름하고 있다. 따라서 국제법 연구자도 역사적인 사실인정과 격투할 수 있었을 터이다.

저자의 기대에 반하여『세카이』지상대화에서는 운노 교수와 사카모토 교수의 논조는 한국 측의 주장과의 차이를 극복하는 방향으로 나아가지 못했다. 반대로 마치 디베이트라도 하고 있는 듯 대립을 보다 도드라지게 하는 방향으로 나아가 버린 듯이 보인다.

그 후에도 대립을 극복할 기회가 있었다. 무효론을 대표하는 사사가와 노리카쯔 교수와 이태진 교수가 중심이 되어 유효론을 대표하는 운노 교수와 사카모토 교수도 포함하여 국제공동연구를 시작했다. 2001년부터 2007년까지 국제회의가 이어졌고 최종적으로는『국제공동연구·한국병합과 현대 - 역사와 국제법으로부터의 재검토』[32]라는 책의 출판으로 완결되었다. 그 과정에서도 연구의 진화에 의한 대립의 극복은 실현되지 않았다. 유감스럽게도 운노 교수와 사카모토 교수는 연구논문의 게재에 동의하지 않아 출판에는 참가하지 않았다고 한다.[33]

상세한 내용은 설명하지 않지만, 그 공동연구에서는 사사가와 교수가『세카이』지상에 발표한 학설(국가 대표자 개인에 대한 강제에 의한 조약 무효의 법리에 관한 것)을 심화시키기 위한 깊은 연구「한국병합과 일본 학설의 문제 - 정당화론의 비판적 검토」를 발표하고 있는 것을 주목하고자 한다.[34] 그것은 사카모토 교수가 가진 '의문'을 해소하는 것 아닐까?

32　笹川紀勝·李泰鎭編著,『国際共同研究 韓国併合と現代 - 歴史と国際法からの再検討』, 明石書店, 2008.
33　위의 책「序文」(13-14면)에서 공편자인 사사가와 교수가 그 사실에 대해 보고하고 있다. 그 외에 하라다 타마키(原田環) 교수도 논문 게재에 동의하지 않았다고 한다.
34　笹川紀勝,「第6章 韓国併合と日本の学説の問題 - 正当化論の批判的検討(1-4)」, 笹川紀勝·李泰鎭編著, 위의 책.

23. 어디에서 미로를 헤맨 것일까?

그 골을 메우기 위해서는 일본 측의 연구자가 보다 연구를 심화시켜 한일 대립을 극복할 필요가 있을 것이다. 그러기 위해서는 그 논점(국가 대표자 개인에 대한 강제에 의한 무효론)에 대한 연구를 멈추지 않고,[35] 한국의 연구자가 제기해온 비준의 결여 문제에 관한 연구도 진행하는 것이 중요하다고 생각된다.

1905년 한국보호조약에는 비준서가 없었다는 사실에 관해서는 한일 간에 다툼이 없다. 문제는 비준이 필요했는가 여부이다.

조약, 특히 독립 주권국가의 외교권을 박탈하는, 국가의 존립에 관한 중요한 조약을 그 나라 외무대신의 서명만으로 체결할 수 있는가라는 문제가 있다. 주권국가가 외국에 외교권을 빼앗겨 독립을 상실할 정도로 중요한 조약이 황제 등 주권자의 동의(비준) 없이 유효하게 체결되는 따위의 일은 당시의 국제법상으로도 있을 수 없었다.

1905년 당시의 대한제국에서는 전권대표에 의해 서명된 조약은 일정한 절차를 거친 후 황제가 조약비준서에 서명하고 옥새를 날인하여 승인·비준하지 않으면 효력이 발생하지 않는 것으로 되어 있었다. 그런데 고종 황제는 1905년 「한국보호조약」에는 마지막까지 서명도 옥새 날인도 하지 않았다. 그 조약에 비준이 없었다는 점에 대해서는 한일 간에 다툼이 없다.

그러나 일본 정부 측은 대한제국 황제의 동의에 기초하는 비준 없이 국가가 외교권을 이양하고 독립을 상실하는 조약을 체결하는 것이 국제법상 있을 수 있다며 '비준불요설'을 주장해왔다.

---

35 저자는 1963년에 ILC 보고서를 발견했기 때문에 『龍谷法学』 39-1에 논문을 발표한 2006년 당시까지는 『世界』 지상 대화를 곁눈으로 보면서도, 그 문제에 한정하여 연구를 진행해왔다. 하지만, 이 시리즈 첫 회인 『龍谷法学』 48-1(2015) 논문에서 상세하고 보고한 것처럼, 안중근 의군 참모중장 재판의 불법성을 연구하는 과정에서, 이태진 교수 등 한국 측 연구자들로부터의 건설적인 비판에 응답하여, 1905년 보호조약과 관련한 비준의 요부 문제도 연구하게 되었다.

'비준불요설'을 대표하는 운노 교수는 일본 외무성의 실무(1936년 당시의)를 근거로 1905년 「한국보호조약」은 고종 황제의 비준이 없어도 유효하게 체결되었다며 '비준불요설'을 주장한다.[36]

이에 대해 한국의 서울대학교에서 국제법을 가르친 고 백충현 교수는 1905년 「한국보호조약」 및 1910년 「한국병합조약」을 포함하여 "일본이 … 한국의 주권을 단계적으로 강탈한 5개의 조약"에 관해, "이들 모든 조약의 내용은 국가의 주권 제한에 직접 관련된 사안이다"라고 하고, "당연히 조약 체결을 위한 전권위임장 및 비준 절차의 모든 요건을 갖추어야 한다"라고 '비준필요설'을 주장하여 일본 측과 대립했다.[37]

이태진 교수는 위의 「약식조약으로 국권을 이양할 수 있는가 (상)·(하)」(『世界』 2000년 5월·6월) 등에서 상세하게 서술하는 것처럼 '비준필요설'을 주장해왔다.

운노 교수는 이미 1994년의 단계에서 비준불요설을 주장했지만, 그 근거로 든 것은 1936년의 외무성 행정기준[38]이었다. 그것을 근거로 "한국·북한의 역사학자 등이 주장하고 있는 전권위임장, 비준서의 결여를 법적 흠결로 간주하는 무효론에 대해서는, 비준을 필요로 하지 않는 제2종 형식의 국가 간 협정도 있을 수 있기 때문에, 간단히 찬성하기는 어렵다"라고 주장한다. 1936년의 기준을 근거로 1905년에 체결된 조약의 유효성을 주장하는 것이 법적으로 타당한 논리일 수 있는지에 관해서는 뒤에서 검토한다.

36 海野福寿, 「Ⅰ 研究の現状と問題点」, 海野福寿編, 『日韓協約と韓国併合 - 朝鮮植民地支配の合法性を問う』, 明石書店, 1995, 17면 참조. 운노 교수는 "뒷사람의 연구를 기대한다"라면서도, "한국·북한의 역사학자 등이 주장하고 있는 전권위임장, 비준서의 결여를 법적 흠결로 간주하는 무효론에 대해서는 비준을 필요로 하지 않는 제2종 형식의 국가간 협정도 있을 수 있기 때문에, 간단히 찬성하기는 어렵다"라며 '비준불요설'을 주장하고 있다.
37 白忠鉉, 「日本の韓国併合に対する国際法的考察」, 笹川紀勝·李泰鎮編著, 위의 책, 389면.
38 운노 교수는 위의 『駿台法学』 게재 논문(1994)에서 이미 비준불요설을 주장하고 있었다. 그 근거로 든 것은 1936년의 문서인 外務省条約局, 『各国ニ於ケル条約及び国際約束締結ノ手続ニ関スル制度』이다. 즉, 운노 교수는 그 문서에서 "우리나라에서는 비준의 형식에 따라 체결하는 조약 외에 천황의 재가로써 체결하는 국제약속과 재가를 청하지 않고 정부 또는 관계 관청이 체결하는 국제약속"이 있고, 세 종류로 구분된다고 하면서, "… 제2종 비준을 요하지 않으며, 단지 폐하의 재가로 체결하는 국제약속. …"이라고 제시하고 있는 것을 근거로 든다.

이 비준 결여 문제에 대해 사카모토 교수가 발표한 대표적인 논문에는 「한일 보호조약의 효력 - 비준 문제를 중심으로」[39]가 있다. 사카모토 시게키 교수는 조약법을 전문분야로 하는 국제법 연구자이다. 그만큼 사카모토 교수가 이 논문에서 비준불요설을 주장한 것은 일본의 연구자뿐만 아니라 일반 사회에도 커다란 영향을 주었다고 생각된다. 이에 대해 전통적 국제법의 다수의 자료를 참조한 저자의 연구성과[40]는 고 백충현 교수(국제법학)와 이태진 교수(역사학)가 주창해온 비준필요설을 지지하는 것이었다.

그런데 사카모토 교수의 비준 문제에 관한 위의 논문도 일본과 유럽의 논문을 다수 인용하여 국제법 학자다운 논리를 전개하고 있는 듯이 보인다. 몇 번 읽어보아도 어디에서 미로에 빠져 결국 비준불요설에 도달하게 되어 버린 것인지 이해하기 어려웠다. 그러나 그 의문을 해결할 수 없으면 비준불요설(일본 측)과 비준필요설(한국 측)의 대립은 영원히 평행선을 걷게 된다. 결국 무승부로 끝나버릴 것이다. 그렇게 되면 한일 화해의 전제로서의 역사인식에 관해 상호이해가 심화되지 않을 것이다. 전차를 탈 때에도 사카모토 논문을 가방에 넣고 걸으며 계속 생각했다.

그러던 어느 날 돌연 '수수께끼가 풀렸다!'라고 직감했다. 알고 보니 간단한 것이었지만, 중요한 발견이라고 생각되었다. 우한(武漢)대학에서의 발표(2018년 10월)에 초대받았을 때였기 때문에 그 발표의 중심으로 제시해 참가자들의 의견을 물어보고자 매우 서둘러 영어 논문[41]을 작성했다. 그 발표의 핵심이 되는 부분은 아래와 같다.

('Inter-temporal Law'가 열쇠)

왜 지금까지 그 문제를 깨닫지 못했던 것일까? '컬럼버스의 계란'에 관한 일화가 있다.

39　坂元茂樹,「日韓保護条約の効力 - 批准問題を中心に」,『中央大学法学新報』104-10・11, 1998.
40　저자가 이 시리즈에서 발표한 논문 전체를 참조해주기 바란다.
41　Totsuka Etsuro, "A way towards Japan's defreezing of its decolonization process", International Conference : Beyond the San Francisco System : Exploring East Asian Peace and Cooperation system in the 21st century, October 27-28, 2018, Wuhan University China Institute of Boundary and Ocean Studies.

알고 보면 누구라도 알 수 있는 관점이다. 그럼에도 왜 누구도 그 관점에서 검토하지 않았던 것일까? 학생시절 어려운 기하학 문제를 풀 때 적확한 보조선을 긋는 데 생각이 미치면 일거에 문제가 풀렸다. 저자 이외에도 그런 경험을 한 사람은 적지 않은 것 아닐까?

그것과 마찬가지로 핵심은 지금까지와는 다른 각도, 관점으로 문제를 재검토해보는 것이다.

이 문제에서의 보조선은 'Inter-temporal Law'라는 개념이다. 이것을 기준으로 고찰하면 어려운 문제가 간단하게 풀린다는 것을 알았다. 이것이야말로 미로로부터 벗어나는 열쇠인 것이다.

오펜하임(제9판, 1996년)의 『국제법』은 일본에서도 널리 참조되고 있는데, 거기에는 "조약은 그 체결시에 실시되고 있던 국제법의 일반규칙에 비추어 해석되어야 한다 - 이른바 inter-temporal law"라고 되어 있다.[42] 이것은 일본어로는 '시제법(時際法)'으로 알려져 있는데, 후지타 히사카즈(藤田久一) 교수의 팔마스(Palmas)섬 사건 판결에 관한 해설[43]이 참고가 될 것이다. 즉 "법적 사실(행위)는 그것에 관련된 분쟁이 발생하거나 해결되는 때에 유효한 법이 아니라, 그것과 같은 시대의 법에 비추어 평가되지 않으면 안 되는" 것이다.

그런데 사카모토 교수의 위의 논문, 「한일 보호조약의 효력 - 비준 문제를 중심으로」는 1905년 11월 17일 보호조약에 관해 비준이 필요없었다고 주장하고 있다. 문제는 그 이유인데, 그 조약의 조약문에는 비준을 필요로 한다는 문구가 없다는 것을 근거로 삼고 있다.

---

42 "A treaty is to be interpreted in the light of general rules of international law in force at the time of its conclusion - the so-called inter-temporal law". Robert Jennings and Arthur Watts, (eds.), *Oppenheim's International Law*, Ninth Edition Vol. 1 Peace Parts 2 to 4, Longman, 1996, p. 1281.

43 藤田久一, 『国際法講義I国家・国際社会』, 東京大学出版会, 1992, 214면은, 1928년 4월 4일의 팔마스섬 사건 판결에 관한 (주 3)에서 "이 판결에서 후버 중재인은 행위 또는 법상태의 유효성은 그 시점에 유효한 법에 따라 판단되지 않으면 안 된다고 하는 시제법의 관련 원칙에 관해 검토했다. 법적 사실(행위)은 그것에 관련된 분쟁이 발생하거나 또는 해결되는 시점에 유효한 법이 아니라, 그것과 같은 시대의 법에 비추어 평가되지 않으면 안 된다. … 또한 이 판결에서는 특정 사건의 사실에 관해 일정한 날(시기)이 '결정적'이 된다는, 이른바 크리티컬 데이트라는 용어가 사용되었다. 이 사건에서는 … 이 조약의 일자가 '결정적 시점(critical moment)'이라고 불렸다"라고 하고 있다.

사카모토 교수는 먼저 "논의의 출발점으로서, 애당초 한일 보호조약이 비준을 필요로 하는 조약이었는지 여부라는 점이 우선 문제가 된다. 전문 5개조로 된 그 조약에는 이른바 비준조항이 존재하지 않는다. … 이런 경우에도 비준조약이라고 생각해야 하는 것일까?"라는 문제 제기로부터 논의를 시작하고 있다.[44]

그리고 최종적으로는 "그러나 위에서 서술한 것처럼, 그 조약이 비준을 필요로 하는 조약이었다는 것은 조약의 문언으로부터도 당시의 상황으로부터도 생각하기 어렵다"라는 비준불요설의 결론이 도출되어 있다.[45]

논의의 출발점부터 최종적 결론까지의 사이에는 다수의 일본과 유럽의 논문과 조약 등이 인용되어 있어서 국제법 학자다운 논의로 보인다. 부분 부분의 논리 전개는 세부적인 점을 보면 '지당하다'라고 생각되지 않는 것도 아니다. 하지만 마치 미로와 같은 논의가 이어지고 있어서 저자로서는 '이유를 알 수가 없다'라는 인상을 가졌다는 것을 고백하지 않을 수 없다.

그래서 위에서 서술한 'Inter-temporal Law'라는 보조선을 그은 다음 다시 읽어보았다.

가장 먼저 문제가 되는, 위에서 서술한 팔마스섬 사건 판결에 대한 후지타 교수의 해설에서 말하고 있는 '결정적 시점(critical moment)'를 언제라고 생각하는가라는 문제부터 풀어보기로 한다.

'결정적 시점'은 1905년 11월 17일의 한일 보호조약에 관한 분쟁을 해결하지 않으면 안 되는 현재(2019년)의 시점일까? 아니면 그 조약이 체결되었다고 일컬어지는 1905년 11월 17일일까? 일반규칙에 따라 말하면, "조약은 그 체결시에 실시되고 있던 국제법의 일반규칙 -이른바 inter-temporal law-에 비추어 해석되어야 한다"(위의 오펜하임 『국제법』 제9판)라는 공식을 적용하여 생각하지 않으면 안 된다. 그렇다면 정답은, '결정적 시점'은 그 조약이 체결되었다고 일컬어지는 1905년 11월 17일이라는 것이 된다. 따라서 그 조약의 효력의 문

---

44 坂元茂樹, 위의 글, 1998, 6면.
45 위의 글, 16면.

정부의 조약법 해석 실행이 '비준필요설'을 전제로 하고 있었다고 말한 것이다. 문제는 그때 비준제도를 소개하기 위해「조약법에 관한 비인 조약」제2조를 인용한 데 있었다.「조약법에 관한 비인 조약」은 1969년 5월 23일에 채택되었고, 일본에 대해서는 1981년 8월 1일에 효력이 발생했기 때문에, (지금 생각하면) '결정적 시점' 이후인 현재의 국제법에 속하는 것이었던 것이다.

그날의 뒤풀이 자리에서 하사바 키요시(波佐場清, 시민 네트워크 공동대표, 전 아사히신문사 편집위원)으로부터「조약법에 관한 비인 조약」제2조에 관해 "1905년 당시에도 그랬던 것입니까?"라는 질문을 받았다. 그 자리에서는 "그 조약은 관습국제법을 정리한 것일 뿐이기 때문에 당시에도 그랬을 터이라고 생각한다"라고 대답한 것을 잘 기억하고 있다.

그러나 저자의 비준 문제에 대한 연구가 부족했다는 점을 반성했다. '한국의 연구를 지지하는 것만으로는 부족하다. 1905년 이전의 국제법에 관해 비준필요설을 지지하는 보다 구체적인 증거가 필요하다'라고 통감하고, 곧바로 조사를 시작해 도서관에 가서 당시의 원서를 찾았다. 지금 돌이켜 생각하면 그 예리한 질문을 받은 것이 행운이었다. 그것이 저자의 그 후의 연구의 방향을 지시해준, 실로 결정적 순간이었던 것이다.

질문을 받고서 1주일 뒤인 2009년 10월 17일의 일이었다. 집 근처의 오오사카대학 도서관 서고에 100년 이상 이전의 귀중서가 있다는 사실을 발견할 수 있었다. 도서관은 보고이다. 놀랍게도 당시의 일본 연구자들의 연구 수준은 매우 높았다. 특히 감명을 받은 것은 『홀 씨 국제공법』(有斐閣, 1899)[49]이었다. 영문 원서[50]도 발견되었다. 복사를 하고 사진을 찍었다.

---

47 戸塚悦朗,「李泰鎮教授講演「韓国併合条約強制の実相」へのコメント」,『「韓国併合」100年市民ネットワーク第2回総会記念講演会』, 일시 ; 2009년 10월 10일(토) 13:00-20:00, 장소 ; 龍谷大学大宮学舎・西黌2階大会議室.
48 상세한 내용은, 戸塚悦朗,「「歴史認識と日韓の「和解」への道(その2) - 植民地支配責任と1905年「韓国保護条約(?)」」,『龍谷法学』48-2, 2015 참조.
49 ホール著・立作太郎訳,『ホール氏国際公法』, 東京法学院・有斐閣書房発売, 1899.
50 W.E.Hall, *A Teatise on International Law Fourth Edition*, The Clarendon Press, 1895.

'비준을 필요로 하는 조약이란 어떤 것인가'라는 질문에 직접 답하는 기재도 발견되었다. 사카모토 교수가 그의 논문에서 지적하는 것처럼 1905년 「한국보호조약」의 문면에는 비준의 필요성에 관해 명시적인 기재가 없다. 홀 씨는 그런 경우에 관해 "명시적인 비준"이 필요하다고 명기하고 있다. 즉 "전권대표에 의해 체결된 조약은 반대의 특약이 없는 경우에는 통상 명시적인 비준을 필요로 한다"[51]라고 서술하고 있다. 이것이 1905년 당시의 국제법의 통설이었던 것이다.[52] 그러면 당시의 일본의 국제법 연구자의 입장은 어떠했던 것일까?

그런 생각을 한 저자는 1905년 당시의 국제법 연구자의 저작을 망라적으로 조사해보았다. 다수의 저작이 발견되었는데 '비준필요설'은 통설을 넘어 정설(定說)이었다. '비준불요설'을 주장하는 연구서는 발견할 수 없었다.[53] 창립 직후의 『국제법잡지』의 리더들은 러시아에 대한 개전을 지지하고 대한제국의 식민지화를 장려했는데, 그들이 '비준필요설'의 입장을 취하고 있었다.[54]

이렇게 저자는 1905년 당시의 국제법의 세계에서 어떤 법칙이 실시되고 있었는지를 일관되게 연구하여 '비준필요설'에 이르렀다. 저자가 행운이었던 것은 저자의 강연에 대해 적확한 질문을 해준 청중이 있었다는 것이었다. 그것이 미로로부터의 탈출을 도와준 것이다. 당시의 저자는 'Inter-temporal Law'라는 용어를 알지 못했다. 그것을 운노 교수와 사카모토 교수를 헷갈리게 한 미로의 정체를 밝혀내려고 하는 과정에서 발견한 것이다. '그것을 발견하는 데 왜 이토록 오랜 시간이 필요했던 것일까'라는 생각에 단지 무지와 공부 부족이 부끄러울 뿐이다.[55]

51　ホール著・立作太郎訳, 위의 책, 433면.
52　戸塚悦朗, 위의 글, 2015.
53　戸塚悦朗, 「「歴史認識と日韓の「和解」への道(その3) - 文献研究から1905年「韓国保護条約(?)」の無効性を問う」, 『龍谷法学』 48-3, 2016.
54　戸塚悦朗, 「「歴史認識と日韓の「和解」への道(その4) - 『國際法雑誌』は、1905年「韓国保護条約(?)」をどのように準備したか」, 『龍谷法学』 48-4, 2016.
55　찬스는 있었을 터이다. 笹川紀勝, 위의 글, 1999에는 '시제법'이라는 단어가 있었다. 그러나 그 논문을 정독하지 않았다는 것을 지금 와서 반성하고 있다.

제는 현재(2019년)의 법이 아니라 1905년 11월 17일 당시에 실시되고 있던 국제법의 일반규칙에 비추어 해석되어야 한다는 것이 된다.

이것을 깨닫는 데 상당히 먼 길을 돌아왔다. 그 때문에 미로에 빠진 이유를 알 수 없게 되었던 것이다. 그러면 사카모토 논문이 취하고 있는 논증과정(위의 논문, 6-16면)으로 돌아가서 검토해보자.

그 조금 앞 부분(5면)에서는 「조약법에 관한 비인 조약」(1969년 채택, 1980년 발효, 1981년 일본 가입)의 비준의 정의(제2조)로부터 논의를 시작하고 있다. 이어서 「대한국국제」(1899년)에 대해 언급하고 있다. "조약은 명시적으로 규정되지 않은 경우에도 통상 비준을 필요로 한다는 것이 일반규칙이라고 주장되는 경우가 있다"라는 맥네어(McNair)의 논문(1961년)의 설명을 인용하고 있는데, 그 (주 4)에서 1935년 하버드 초안이 같은 입장이라는 점도 서술하고 있다. 그에 대해 "조약은 별단의 명시적인 규정이 없는 경우에는 비준을 요하지 않는다는 것이 일반규칙이다라고 주장하는 논자도 있다"라며, (주 5)에서 피쯔모리스(Fitzmaurice)의 논문(1934년), 싱클레어(Sinclair)의 논문(1984년)을 들고 있다.

첫 부분만이지만 사카모토 논문이 논거로 삼고 있는 자료를 검토해보았다. 이 이상 계속하면 상당히 번잡하게 되므로[46] 여기에서 멈추기로 한다. 도대체 사카모토 논문은 무엇을 논증하려고 하고 있는 것일까? 논문들이 작성된 때를 보면, 한국의 연구자가 비준필요설을 근거로 들고 있는 「대한국국제」만은 다르지만 그 외에는 모두 1905년 이후에 쓰여지거나 채택된 문서이다. 사카모토 논문은 미로에 빠져버려 결국 현재의 국제법 원칙을 논증하려고 하고 있는 듯이 보인다. 저자는 이 점을 깨닫고 '이래도 좋은 것일까'라는 의문을 품은 것이다.

위에서 검토한 것처럼, '결정적 시점'은 그 조약이 체결되었다고 일컬어지는 1905년 11

---

[46] 그 이후([주 6] 이후)의 인용문 등의 자료도 대부분이 '결정적 시점'인 1905년 11월 17일 이후의 것이다. 예외로는 中村進午, 『国際公法論』(1897) 등이 있지만, 이것들은 비준필요설을 취하고 있기 때문에 사카모토 논문의 결론인 비준불요설의 근거는 되지 못한다.

월 17일이기 때문에 그 조약의 효력의 문제는 1905년 11월 17일 당시에 실시되고 있던 국제법의 일반규칙에 비추어 해석되어야 하는 것이다. 따라서 1899년에 제정된 「대한국국제」를 제외하고 기타의 '결정적 시점'(1905년 11월 17일) 이후의 자료는 모두 부적당하기 때문에 인용을 피하지 않으면 안 되었던 것이다. 그런데 사카모토 논문이 근거한 거의 대부분의 자료는 '결정적 시점' 이후에 작성된 것이었다. 이것이야말로 사카모토 논문이 미로에 빠져 비준불요설의 입증에 실패해버린 원인이라고 생각된다.

1936년의 외무성 자료를 비준불요설의 근거로 삼고 있는 운노 논문에 대한 의문에 관해서도 같은 이야기를 할 수 있다. 그것도 '결정적 시점'인 1905년 11월 17일 이후에 해당하는 1936년의 자료를 근거로 그 이전의 국제법을 증명하려 하고 있는데, 이 또한 적당하지 않다.

그렇다면 비준불요설을 주장해온 운노 논문과 사카모토 논문은 'Inter-temporal Law'의 관점에서 볼 때 설득력이 없다고 결론 내려도 좋을 것이다.

(저자의 고백)

사카모토 교수와 운노 교수 모두 'Inter-temporal Law'의 관점을 가지지 못한 채 1905년 11월 17일 당시의 국제법이 아니라 현재의 국제법에 비추어 1905년 보호조약의 효력과 비준의 필요 여부를 연구했다는 사실을 알게 되었다. 저자에게는 그 점을 엄하게 비판할 자격이 없다. 그 점을 고백해 두지 않으면 페어하지 않다고 생각한다. 실은 저자에게도 완전히 동일한 미로를 헤맨 괴로운 경험이 있었다.

기록을 되짚어 가보면 그것은 2009년 10월 10일의 일이었다. "한국병합' 100년 시민 네트워크'는 한국에서 이태진 교수를 초대하여 제2회 총회 기념강연회를 개최했다. 그때의 일이다. 저자는 '한국병합조약 강제의 실상'이라는 제목의 이태진 교수의 강연에 대한 커멘트[47]를 하도록 의뢰받았다. 저자는 이태진 교수의 비준필요설에 부응한다고 생각되는 2009년 8월의 유럽에서의 연구성과[48]를 소개했다. 네덜란드의 공문서관에서 발견한 1907년 헤이그 밀사 사건 당시의 네덜란드 정부의 문서 원본에 기초하여 그 당시의 네덜란드

24. 한일 화해의 길은 찾게 될까?

(2018년 10월 30일 대법원 판결은 찬스)

한일관계의 위기이다.

『한겨레신문』 전자판(일본어)은 "일제 강제동원 피해자, 전범기업 신일철주금(新日鉄住金)을 상대로 강제집행에 돌입"(등록 : 2019-01-02 22:44, 修正 : 2019-01-03 08:47)이라고 보도했다.[56] "작년 10월 한국 대법원의 손해배상 판결을 일본 정부와 해당 기업이 거부한 데 따른 후속조치"로서, 피해자들이 대법원 판결로 확정된 손해배상 청구(피해자 4명에게 각각 1억 원[약 1천만 엔]씩 배상)에 관해 신일철이 한국에서 가지고 있는 주식의 압류를 신청하는 서류를 작년 2018년 12월 31일에 대구지방법원 포항지청에 제출했다고 한다.

이것은 2018년 10월 30일에 한국 대법원에 의해 신일철주금 징용공 사건 재상고심 판결(전원합의체에 의한 피고의 상고 기각)[57]이 선고되고, 원고의 손해배상 책임을 인용한 원심 법원(서울고등법원 2013년 7월 10일 선고) 판결이 확정된 것으로부터 발생한 사태이다.

"한국 전후보상재판 총람"이라는 홈페이지에 그 판결의 일본어 번역(가역[仮訳])이 게재되어 있다(위의 각주 참조). 역자(3명)[58]로 오랫동안 전후보상재판에서 활약해 온 야마모

---

[56] 「日帝強制動員被害者、戦犯企業の新日鉄住金相手に強制執行へ突入」, 『ハンキョレ』 등록 : 2019-01-02 22:44 수정 : 2019-01-03 08:47. http://japan.hani.co.kr/arti/politics/32458.html 2019.1.6. 열람. "일제 강제노동 피해자가 일본의 전범기업인 신일철주금이 가지고 있는 한국 내 자산을 압류하는 강제절차에 들어갔다. 작년 10월 한국 대법원의 손해배상 판결을 일본 정부와 해당 기업이 거부한 데 따른 후속조치이다. 실제로 압류가 이루어지는 경우 '한국 해군 레이더 조사' 논의에 더하여 일본 측의 격렬한 반발이 예상된다. 일본 정부는 그동안 '일본 국내의 한국 정부 재산의 압류'로 대항하겠다고 공언해왔다. 신일철주금 강제동원 피해자 소송 대리인단은 2일 오후 대법원 판결을 이행하지 않는 신일철주금을 상대로 하는 강제집행 절차에 들어갔다고 밝혔다. 강제동원 피해 생존자인 이춘식 씨(95) 등 2명은 2018년 마지막 날인 지난달 31일, 대법원 전원합의체 판결(피해자 4명에게 각각 1억원씩 배상)에 수반되는 손해배상액을 보전하기 위한 압류신청서를 관할법원인 대구지방법원 포항지원에 제출했다."

[57] 「新日鉄住金徴用工事件再上告審判決」(대법원 2018년 10월 30일 판결), 『韓国戦後補償裁判総覧』 http://justice.skr.jp/koreajudgements/12-5.pdf 2019년 1월 6일 열람.

[58] 위의 「新日鉄住金徴用工事件再上告審判決」의 번역문은 장계만(張界満), 이찌바 준코(市場淳子), 야마모토 세이타 3인의 속보 형태 번역에 야마모토가 번역어와 형식의 통일 등을 추가한 것이라고 되어 있다.

토 세이타(山本晴太) 변호사도 참가하고 있기에 신뢰할 수 있다. 전문을 읽어보기를 권한다. 무엇이 중요한가? 저자가 포인트라고 느낀 점 두 가지를 들어보자.

첫째로 주목해야 하는 것은 확정된 일본 판결(원고인 피해자들은 패소)을 승인하지 않는다고 한 논리이다.

대법원은 "환송 후 원심은 그 판시와 같은 이유를 들어, 망 소외인, 원고2가 이 사건 소송에 앞서 일본에서 피고를 상대로 소송을 제기하였다가 이 사건 일본 판결로 패소·확정되었다고 하더라도, 이 사건 일본 판결이 일본의 한반도와 한국인에 대한 식민지배가 합법적이라는 규범적 인식을 전제로 하여 일제의 '국가총동원법'과 '국민징용령'을 한반도와 망 소외인, 원고2에게 적용하는 것이 유효하다고 평가한 이상, 이러한 판결 이유가 담긴 이 사건 일본 판결을 그대로 승인하는 것은 대한민국의 선량한 풍속이나 그 밖의 사회질서에 위반하는 것이고, 따라서 우리나라에서 이 사건 일본 판결을 승인하여 그 효력을 인정할 수는 없다고 판단하였다. 이러한 환송 후 원심의 판단은 환송판결의 취지에 따른 것으로서, 거기에 상고이유 주장과 같이 외국판결 승인요건으로서의 공서양속 위반에 관한 법리를 오해하는 등의 위법이 없다"라고 했다.

간단히 말하면, "일본의 한반도와 한국인에 대한 식민지배가 합법적이라는 규범적 인식'"에 기초하는 일본 재판소의 판단을 승인하는 것은 "대한민국의 선량한 풍속이나 그 밖의 사회질서에 위반하는 것"이라는 논리가 근저에 있다. 바꾸어 말하면, "일본의 한반도와 한국인에 대한 식민지배가" 불법적인 강점이었다는 판단이라는 것이 된다. 이것은 1905년 「보호조약」등 구 조약의 부존재·불법·무효성을 물어온 저자의 연구성과와 합치되는 것이다. 한국 사법부의 최고위에 있는 모든 법관이 합의한 결과인 만큼 일본의 정부·국회뿐만 아니라 법률가, 미디어 기타 시민이 그것을 어떻게 받아들일지가 주목된다.

그 판단은 환송판결(대법원 2012년 5월 24일)이 채용하고 원심이 답습한 논리를 대법원 재판관 전원이 합의에 참가한 가운데 재확인한 것으로서, 판결의 가장 중요한 포인트이다. 저자는 환송판결의 시점에 그것을 어떻게 받아들여야 하는지에 관해 논했으므로 참조하기 바란다.[59]

둘째로, 일본 정부가 일관되게 고집해온 조약의 항변에 관한 판단이다. 결론부터 말하면, 대법원은 심리의 대상이 된 원고인 피해자 개인의 청구권이 1965년 한일「청구권협정」에 포함되지 않았다고 판단했다. 주목해야 하는 것은 그 논리이다.

열쇠가 되는 것은 대법원이 "우선 이 사건에서 문제 되는 원고들의 손해배상청구권은, 일본 정부의 한반도에 대한 불법적인 식민지배 및 침략전쟁의 수행과 직결된 일본 기업의 반인도적인 불법행위를 전제로 하는 강제동원 피해자의 일본 기업에 대한 위자료청구권(이하 '강제동원 위자료청구권'이라 한다)이라는 점을 분명히 해두어야 한다"라고 하고 있는 점이다.

이어서 "원고들은 피고를 상대로 미지급 임금이나 보상금을 청구하고 있는 것이 아니고, 위와 같은 위자료를 청구하고 있는 것이다"라고 인정하고 있다. 징용공에 대한 "미지급 임금이나 보상금"은「청구권협정」의 교섭단계에서 한국 정부가 제출한 8개 항목에 포함되어 있었는데, 원고가 청구한 것은 그것이 아니라 "일본 기업의 반인도적인 불법행위를 전제로 하는 강제동원 피해자의 일본 기업에 대한 위자료청구권"이라고 한다. 게다가 단순한 불법행위가 아니다. 거기에 "일본 정부의 한반도에 대한 불법적인 식민지배 및 침략전쟁의 수행과 직결된"이라는 개념이 추가되어 있다. 여기에서도 "불법적인 식민지배"가 등장하지만, 그것뿐만 아니라 "및 침략전쟁의 수행과 직결된"이라는 불법성을 가중하는 요건이 요구되고 있다. 그러한 피해에 대한 '위자료 청구'이기 때문에 '미지급 임금이나 보상금'과는 성질이 전혀 다르다.

저자는 그것과 같은 법적 견해를 포함하여 한국 헌법재판소에 의견서[60]를 제출한 적이 있기 때문에, 그것을 참조하면 이해하기 쉬울지도 모른다.

59　李洙任・重本直利共編,『共同研究 安重根と東洋平和 - 東アジアの歴史をめぐる越境的対話』, 明石書店, 2017 (戸塚悦朗의 담당 부분 :「こじれた日韓関係 和解への道を探る! - 強制連行・「慰安婦」問題についての韓国の判決を手掛かりに」, 287-313면).

60　「資料 : 元日本軍「慰安婦」被害者申立にかかる事件に関し大韓民国憲法裁判所へ提出された意見書 - いわゆる「条約の抗弁」について」,『龍谷法学』42-1, 2009, 193-222면.

아베 수상의 한국 측에 대한 비판은 계속 에스컬레이트되고 있다. 2019년 1월 7일자 『한겨레』(일본어 전자판)[61]는 아래와 같이 보도했다. "아베 수상은 6일 NHK의 '일요토론'에 출연해 '조선반도 출신 노동자(강제동원 피해자)의 변호단에 의한 압류 움직임은 매우 유감이다. (일본) 정부는 그것을 심각하게 받아들이고 있다. 그 문제는(1965년) 일한 청구권협정으로 완전히 그리고 최종적으로 해결된 문제'라고 말했다. 나아가 그는 한국 대법원이 작년 말에 신일철주금과 미쯔비시(三菱)중공업이 한국인 피해자에게 배상하지 않으면 안 된다고 판결한 것에 대해서도 '국제법에 비추어 있을 수 없는 판단이라고 생각한다. 국제법에 기초하여 의연한 행동을 취하기 위해 구체적인 조치를 취할 것을 관계 부서에 지시했다'라고 말했다."

아베 수상은 "국제법에 기초하여"라고 하지만 1965년 한일 「청구권협정」 밖에 보이지 않는 듯이 생각된다. 국제재판을 통해 해결한다는 방침에는 찬성한다고 일찍부터 주장해 왔지만, 한일 간의 보조가 맞지 않았다. 그것을 실현하기 위해서는 어떤 조건을 갖출 필요가 있을지를 검토할 필요가 있다. 그 이전에 그 문제와 국제법의 관련을 어떻게 생각하는 것이 좋을까? 대법원 판결을 정독하고 진지하게 연구하는 것이 바람직하다.

위기는 찬스이다. 이 기회를 잡아 한일 화해를 위한 길을 찾고 싶다.

(국제법의 관점은 1965년 「청구권협정」에만 한정되지 않는다)

여기에서 문제가 되는 국제법의 문제는 다양하여 단계적이고도 중층적으로 고찰할 필요가 있다. 가장 중요한 문제(이때 '위안부' 문제 관련 사항도 포함한다)로 좁혀 보자.

① 우선 문제가 되는 것이 "일본의 한반도와 한국인에 대한 식민지배가 합법적이라는 규범적 인식"이 "대한민국의 선량한 풍속이나 그 밖의 사회질서에 위반"한다는 논리이다.

② 그다음 문제는 "일본 기업의 반인도적인 불법행위를 전제로 하는 강제동원 피해자

---

61 「安倍首相、日本企業の資産差し押さえ「きわめて遺憾 … 具体的措置検討を指示」,『ハンキョレ』2019.1.7. (월) 7:55. https://headlines.yahoo.co.jp/hl?a=20190107-00032487-hankyoreh-kr 2019.1.7. 열람.

의 일본 기업에 대한 위자료청구권"이며, 게다가 단순한 불법행위가 아니다. 나아가 부가·수식하고 있는 "일본 정부의 한반도에 대한 불법적인 식민지배 및 침략전쟁의 수행과 직결된"이라는 개념이 문제가 된다.

이것들을 고찰하는 것과 관련하여 검토의 대상이 되는 사항을 시계열적으로 열거해 보자.

1. 식민지지배의 불법성에 관해

헤이그 평화회의(1899년 및 1907년)와 분쟁의 평화적 처리와 한일관계.

1905년 보호조약의 부존재, 국가 대표자 개인에 대한 강제, 비준의 필요성.

1910년 병합조약과 보호조약의 관계, 비준의 필요성.

1919년 3월 1일 한국 독립선언과 임시정부의 수립.

2. 세계기구의 창설과 국제질서, 금지·불법행위·범죄(불처벌)·유스 코겐스

1919년 다국간 국제기구인 국제연맹과 ILO의 창설

그 틀과 추업조약의 성립, 조약상의 의무, 실시의무, 불처벌 문제.

1926년 노예조약에 의한 관습국제법의 확인.

1930년 ILO조약(제29호) =「강제노동조약」의 성립, 여성의 강제노동과 산업노동의 금지.

3. 휴먼 라이쯔의 등장으로 세계는 새로운 시대에 들어서다.

1945년「유엔헌장」의 제정. 국제법이 처음으로 휴먼 라이쯔를 규정.

1948년「세계인권선언」의 채택과 개인의 존중의 구체화.

2국 간 조약 = 1965년 한일「청구권협정」으로 개인의 휴먼 라이쯔를 빼앗을 수 있는가?

1996년 유엔 인권위원회 쿠마라스와미 보고서

1998년 유엔 인권소위원회 맥두걸 보고서.

ILO 전문가 위원회 권고(1996년 이후).[62]

유엔 인권소위원회 결의(1998년)는 성노예와 같은 피해자의 권리를 조약(평화조약을 포함한다)으로 빼앗을 수 없다고 확인.

(정리)

이렇게 보면 징용공 문제, '위안부' 문제 등의 해결과 국제법의 관계는 결코 간단하지 않다는 것을 이해할 수 있을 것이다. 1965년 한일「청구권협정」의 해석만으로는 해결할 수 없다. 적어도 한국 식민지화의 원점이 된 구 조약의 효력 문제, 그리고 피해자 처우의 불법성에 관한 ILO 강제노동조약 위반[63] 등의 국제법 위반의 중대한 인권침해 문제를 검토하지 않으면 안 된다.

1993년 코오노 요오헤이 관방장관 담화와 2010년 칸 나오토 수상 담화는 한걸음 한국 쪽으로 다가선 것이었다.

이번 대법원 판결을 계기로 한일 화해의 길을 어떻게 열어젖힐 것인가에 대해 생각하는 전제로서 국제법상의 여러 문제, 특히 식민지지배의 불법성에 관한 역사인식을 심화시키기 위한 노력을 강화해야 하는 것 아닌가? 일본 측이 한국 측의 주장에 다가가는 것이 바람직스럽지만, 우선 한국 측의 주장을 이해하는 노력을 시작하는 것부터 걸음을 내디디기를 기대한다.

---

62 戸塚悦朗,『ILOとジェンダー』, 日本評論社, 2006 참조.
63 위의 책 참조.

(자료 1)

Report of the Commission to the General Assembly

(11) Paragraph 4, in order to prevent any misunderstanding, takes up a point which was the subject of articles 26 and 27, namely, errors not as to the substance of a treaty but as to the wording of its text. The present paragraph merely underlines that such an error does not affect the validity of the consent and that it falls under the provisions of articles 26 and 27 relating to the correction of errors in the texts of treaties.

Article 35. — Personal coercion of representatives of States

1. If individual representatives of a State are coerced, by acts or threats directed against them in their personal capacities, into expressing the consent of the State to be bound by a treaty, such expression of consent shall be without any legal effect.

2. Under the conditions specified in article 46, the State whose representative has been coerced may invoke the coercion as invalidating its consent only with respect to the particular clauses of the treaty to which the coercion relates.

Commentary

(1) There appears to be general agreement that acts of coercion or threats applied to individuals with respect to their own persons or in their personal capacity in order to procure the signature, ratification, acceptance or approval of a treaty will necessarily justify the State in invoking the nullity of the treaty.[31] History provides a number of instances of the alleged employment of coercion against not only negotiators but members of legislatures in order to procure the signature or ratification of a treaty. Amongst those instances the Harvard Research Draft lists:[32] the surrounding of the Diet of Poland in 1773 to coerce its members into accepting the treaty of partition; the coercion of the Emperor of Korea and his ministers in 1905 to obtain their acceptance of a treaty of protection; the surrounding of the national assembly of Haiti by United States forces in 1915 to coerce its members into ratifying a convention. It is true that in some instances it may not be possible to distinguish completely between coercion of a Head of State or Minister as a means of coercing the State itself and coercion of them in their personal capacities. For example something like third-degree methods of pressure were employed in 1939 for the purpose of extracting the signatures of President Hacha and the Foreign Minister of Czechoslovakia to a treaty creating a German protectorate over Bohemia and Moravia, as well as the gravest threats against their State. Nevertheless, the two forms of coercion, although they may sometimes be combined, are, from a legal point of view, somewhat different; the Commission has accordingly placed them in separate articles.

(2) The present article deals with the coercion of the individual representatives " in their personal capacities ". This phrase is intended to cover any form of constraint of or threat against a representative affecting him as an individual and not as an organ of his State. It would therefore include not only a threat to his person, but a threat to ruin his career by exposing a private indiscretion, as would also a threat to injure a member of the representaive's family with a view to coercing the representative.

(3) The Commission gave consideration to the question whether coercion of a representative, as distinct from coercion of the State, should render the treaty *ipso facto* void or whether it should merely entitle it to invoke the coercion of its representative as invalidating its consent to the treaty. It concluded that the use of coercion against the representative of a State for the purpose of procuring the conclusion of a treaty would be a matter of such gravity that the article should provide for the absolute nullity of a consent to a treaty so obtained.

(4) On the other hand, if the coercion has been employed against a representative for the purpose of extracting his assent to particular clauses only of a treaty and these clauses are separable from the rest of the treaty under the conditions specified in article 46, it seems logical that the injured party should have the right, if it wishes, to treat the coercion as invalidating its consent to those clauses alone. Otherwise, the injured party might be obliged to waive the coercion of its representative with respect to part of the treaty in order not to lose the benefit of the remainder of the treaty.

Article 36. — Coercion of a State by the threat or use of force

Any treaty the conclusion of which was procured by the threat or use of force in violation of the principles of the Charter of the United Nations shall be void.

Commentary

(1) The traditional doctrine prior to the Covenant of the League of Nations was that the validity of a treaty was not affected by the fact that it had been brought about by the threat or use of force. However, this doctrine was simply a reflection of the general attitude of international law during that era towards the legality of the use of force for the settlement of international disputes. With the Covenant and the Pact of Paris there began to develop a strong body of opinion which advocated that the validity of such treaties ought no longer to be recognized. The recognition of the criminality of aggressive war in the Charters of the Allied military tribunals for the trial of the Axis war criminals, the clear-cut prohibition of the threat or use of force in Article 2, paragraph 4, of the Charter of the United Nations, together with the practice of the United Nations itself, have reinforced and consolidated this opinion. The Commission considers that these developments justify the conclusion that the invalidity of a treaty procured by the illegal threat or use of force is a principle which is *lex lata* in the international law of today.

(2) Some authorities, it is true, while not disputing the moral value of the principle, have hesitated to accept it as a legal rule. The arguments are that to recognize the principle as a legal rule may open the door to the evasion of treaties by encouraging unfounded assertions of coercion and that the rule will be ineffective because the same threat or compulsion that procured the conclusion of the treaty will also procure its execution, whether the law regards it as valid or invalid. Important though it may be not to overlook the existence of these difficulties, they do not appear to the Commission to be

(자료 2)

III. 조선 측 이삼로 단장의 모두발언(요지로부터 발췌)

나는 이 의제(제1 의제)의 토의에서 긍정적인 결과를 기대하는 의미에서 이 회담에서 쌍방이 토의해야 할 가장 본질적인 문제, 기본문제에 대한 우리의 견해를 정리해서 말하고자 한다.

역사에 대한 일본 측의 잘못된 견해
첫째, 일본 측은 조·일관계의 역사에 대한 평가에 있어서 자신의 잘못된 견해와 주장을 포기해야 비로소 과거의 청산을 위한 올바른 기초 마련이 가능할 것이다.
어째서 조·일관계의 역사에 대한 올바른 평가를 이렇게까지 주장하는 것인가?
그것은 겸허하고 양심적인 자세로 역사를 되돌아보고 바람직한 교훈을 이끌어내는 것이야말로 건설적인 새로운 역사 창조의 포석이 되기 때문이다.
만일 어느 일방의 정치적 이해를 위해 역사가 왜곡되거나 역사의 진실이 은폐되면 건설적인 새로운 역사의 창조는 결코 기대할 수 없는 것이다.
최근 역사학자들에 의해 일본의 무력에 의한 협박과 강압의 방법으로 '체결'되었다고 일컬어졌던 구 조약이 사실상 체결되지 않았고 날조되었다는 사실이 폭로되어 세상 사람들을 경악하게 하고 있는 오늘날, 일본 측은 자신의 주장이 부당한 것이고 하나의 억지였다는 것을 인정해야 하며, 당연히 과거의 청산을 위한 결단을 내려야 하는 것 아닌가라고 생각한다.
우선 「한일병합조약」에 의해 조·일 양국이 하나의 나라로 병합된 듯이 지금까지 일본 측이 주장해 온 것은 극히 부당하다는 것이다.
일본은 청일전쟁을 통해 구 조선에서 청국과 러시아 두 세력을 견제하고, 1905년에는 2만의 정규병력으로 우리나라를 완전히 점령했다.
이렇게 군사적으로 구 조선을 점령한 상태에서, 일본제국주의는 1905년 11월 「을사 5

조약」을 날조하여 구 조선의 외교권을 탈취하고, 1907년에는 나아가 「정미 7조약」을 날조하여 구 조선의 치안권, 재판권, 재정권 등 모든 내정권을 탈취했다.

바꾸어 말하면, 「한일병합조약」이 체결된 1910년은 조선의 영토가 이미 일본제국주의에 의해 군사적으로 점령되었을 뿐만 아니라, 국가의 주권 즉 외교권과 내정권 모두 일본제국주의에 빼앗긴 상태였다.

그런데 일본은 도대체 누구를 상대로 그러한 '조약'을 체결할 수 있었던 것일까?

일본 측은 「한일병합조약」에 의한 양국의 '통합'론을 더 이상 주장해서는 안 된다고 생각한다.

다음으로, 일본제국주의가 조선의 외교권과 내정권을 탈취한 1905년의 「을사 5조약」과 1907년의 「정미 7조약」의 진상은, 최근 발견된 역사자료에 의해 새로이 폭로되어, 지금은 구 조약이 '합법적으로 체결되어 유효하게 실시되었다'라는 귀하의 주장의 법적 기초가 완전히 무너졌다고 하는 것이다.

당시 구 조선의 법제에 따르면, 국가의 최고통치자인 국왕의 사전 승인과 서명 그리고 어새(御璽)의 날인이 있고서 비로소 합법적인 것으로 인정되게 되어 있었다.

1899년에 제정 공포된 「대한국국제」 제9조에는 황제가 직접 "제반 조약을 체결"한다고 되어 있고, 1894년 11월 21일 칙령 제1호로 교부 시행된 「공문식(公文式)」 제18조에는 "조약비준서"는 황제가 직접 "서명한 후 어새를 날인한다"라고 규정하고 있다.

그러나 일본제국주의는 모든 강압을 위하의 수단으로 동원했음에도 「을사 5조약」과 「정미 7조약」에 당시의 조선 국왕이었던 고종으로 하여금 서명과 옥새의 날인을 하게 하지 못했다.

당시의 황제였던 고종은 일본제국주의에 의한 조약 날조행위와 조선 점령에 마지막까지 항의하여 그 불법성과 무효를 전 세계에 선포했다.

· 역자 후기 ·

I.

『한일관계 위기, 어떻게 극복할 것인가』(지식산업사, 2022)에 이어, 토쯔카 에쯔로오 변호사/교수님의 또 다른 저서의 번역본을 냅니다. 2022년의 번역서는 일본의 대중을 향해 한일관계의 위기 극복을 설파한 책인데 대해, 이번 번역서는 그것의 토대에 해당하는 보다 학문적인 내용을 담고 있는 책입니다.

II.

역자가 저자를 처음 접한 것은, 1993년 10월에 일본의 법학잡지『법학세미나法学セミナー』에 실린「1905년「한국보호조약」의 무효와 종군위안부・강제연행 문제의 행방」[1]이라는 제목의 글을 통해서였습니다. 같은 잡지에 1994년 1월부터 1999년 5월까지 64회나 이어진「일본이 알지 못하는 전쟁책임日本が知らない戦争責任」연재[2]를 매회 기다렸던 기억도 있습니다. 그 연재는 일본군'위안부' 문제를 중심으로 유엔에서 전개한 저자의 NGO활동을 전하는 형식이었는데, 그것을 읽으며 '이렇게 특별한 법률가의 활동도 가능한 것이

---

1 戸塚悦朗,「1905年「韓国保護条約」の無効と従軍慰安婦・強制連行問題のゆくえ」,『法学セミナー』466, 1993.
2 이 연재 중 41회분이 1999년에『日本が知らない戦争責任』(現代人文社)으로 출판되었다.

구나'라고 감탄했더랬습니다. 이후 여러 차례 심포지엄, 발표회, 토론회 등의 자리에서 저자를 뵐 기회를 가졌는데, 그때마다 법률가/법학자로서 변함없는 열정으로 일본의 책임을 묻는 모습은 매우 인상 깊었습니다. 그와 같은 인연이 있는 저자의 저서를 두 권이나 번역하게 된 것은 커다란 영광이 아닐 수 없습니다.

III.

이 책은 저자가 1990년대 초 이래 30년 이상 간직해온 '숙제'인 「1905년 한국보호조약(?)」의 효력에 관한 학문적 숙고의 결과물입니다. 그 결론은 '「1905년 조약」은 비준이 되지 않은 것이었고, 비준이 결여된 조약은 당시의 국제법에 따라 무효이다'라는 것입니다.

특히 제3장에 기술된 1905년 당시의 일본 국제법학자들의 저작에 대한 분석은 백미입니다. 저자는 당시의 일본 국제법학자들의 저작을 망라적으로 조사하여 "당시의 학설은 '비준필요설'에 일치하고 있었다고 보아야 한다. 그것은 통설 이상의 의미를 가지는 것이며, '비준불요설'은 존재하지 않았다"라는 사실을 밝혀내어, 「1905년 조약」이 무효라는 점에 대한 강력한 학술적 근거를 제시했습니다.

「1905년 조약」에 관해서는 종래 강박에 의해 체결된 것이어서 무효라는 논거가 확립되어 있는데, 저자의 연구에 의해 비준이 없는 것이어서 무효라는 또 하나의 강력한 논거가 추가되었다고 할 것입니다.

IV.

때마침 2025년 또 하나의 을사년을 코앞에 두고 있습니다. 일제에 의한 외교권 침탈이라는 참사가 벌어진 1905년의 을사년과 그 후 1945년까지 이어진 일제의 강점을 충분히 청산하지 못한 채 한일 국교정상화를 해버린 1965년의 을사년에 이은 세 번째 을사년입니다.

저자도 지적한 것처럼, 2018년 10월 30일의 한국 대법원 강제동원 판결은 앞선 두 번의 을사년에 확정적인 법적 의미를 부여한 획기적인 것이었습니다. 그것은 짧게 잡아도 30년 이상 일본과 한국의 법정에서 일제 강점 피해자들과 한일 시민들이 각고의 노력을 기울인 결과 얻어낸 법적 결론이었습니다.

그런데 윤석열 정부는, 대법원 판결이 국제법 위반이라는 일본 정부의 잘못된 주장에 보조를 맞추어, 이른바 '제3자 변제안'이라는 것을 밀어붙이며 대법원 판결을 지우려 하고 있습니다. 한 걸음 더 나아가 윤석열 정부는 2025년을 한일 과거청산이라는 과제를 영원히 소거하는 새로운 한일조약을 체결하는 해로 만들려고 기도하고 있습니다.

때문에 한일 과거청산과 관련한 역사인식을 그 어느 때보다 숙고해야 할 시점이며, 진정한 한일 화해를 위해 더욱 깊이 고민해야 할 때입니다. 이 책이 그러한 숙고와 고민을 하는 모든 분들께 많은 지식과 큰 영감을 드릴 수 있기를 바랍니다.

V.

2022년에 번역서를 낼 때와 마찬가지로, 이번에도 석오문화재단 부설 한국역사연구원의 이태진 원장님으로부터 커다란 격려를 받았고, 석오문화재단으로부터 지원도 받았습니다. 이 자리를 빌려 다시 한 번 감사드립니다. 특히 이태진 원장께서는 2022년 당시 역자의 갑작스런 사정 때문에 역자 후기도 작성하지 못하게 된 상황에서 손수 추천서까지 써주시는 노고를 아끼지 않으셨습니다. 거듭 감사드릴 따름입니다.

또한 이 책을 한국법사학회의 『법사학번역총서』의 한 권으로 출간하는 영예도 누리게 되었습니다. 『총서』의 한 권으로 출간할 수 있게 배려해주신 한국법사학회에 진심으로 감사드립니다.

끝으로 여러모로 어려운 상황에서도, 이 책의 출간작업을 기꺼이 맡아주신 홍종화 사장님을 비롯한 민속원 여러분의 각별한 노고에 대해서도 깊이 감사드립니다.

2024.11.11.
팔공산의 서재에서
김 창 록

지은이
토쯔카 에쯔로오戸塚悦朗

1942년 시즈오카(静岡)현 출생.

현직: 변호사(2018년 11월 재등록). 영국 왕립 정신과의학회 명예 펠로우. 중일 친선 교육 문화 비지니스 서포트 센터 고문. 류우코쿠(龍谷)대학 사회과학연구소 안중근 동양평화연구센터 객원연구원.

교육경력 등: 이학사(理学士)·법학사(릿쿄오[立教]대학). 법학석사(LSE·LLM). 박사(리쯔메이칸[立命館]대학·국제관계학)

직업경력: 1973년 4월 제2 토오쿄오 변호사회 및 일본변호사연합회 입회(2000년 3월 공무 취임을 위해 퇴회). 약해(薬害) 스몬 소송 원고대리인을 지냄. 1984년 이후 유엔 인권 NGO 대표로서 국제적 인권옹호 활동에 종사함. 유엔 등 국제적인 무대에서 정신장해자 등 피구금자의 인권문제, 일본군'위안부' 문제 등의 인권문제에 관여해옴.

2000년 3월부터 코오베(神戸)대학 대학원 국제협력연구과 조교수, 2003년 4월부터 류우코쿠대학 법학부·법과대학원 교수를 지내고 2010년에 정년퇴직. 1988년 이후 현재까지 영국, 한국, 미국, 캐나다, 핀란드의 대학에서 객원연구원·교원을 역임.

연구경력: 국제인권법 실무 전공. 최근에는 한일 구 조약의 효력 문제 및 안중근 재판의 불법성에 관한 연구를 진행하여, 일본의 탈식민지화 프로세스의 촉진을 위해 노력하고 있다. 주된 저작으로 『정신의료와 인권』 1·2·3(공편)(亜紀書房), 『일본이 모르고 있는 전쟁책임』(現代人文社), 『국제인권법 입문』(明石書店), 『ILO와 젠더』(日本評論社), 『유엔 인권이사회』(日本評論社), 『일본의 교육은 잘못되어 있다』(アジェンダ·プロジェクト), 『'징용공 문제'는 무엇인가? - 한국 대법원 판결이 묻고 있는 것』(明石書店). 기타 일본어 논문과 영어 논문 다수.

옮긴이
김창록金昌祿

1961년생.

현직: 부산대, 건국대 교수를 거쳐 현재 경북대 법학전문대학원 교수로 재직 중임.

학력: 서울대 법대에서 학사학위, 대학원 법학과에서 석사·박사학위를 취득함. 박사학위논문은 〈일본에서의 서양 헌법사상의 수용에 관한 연구 - 《대일본제국헌법》의 제정에서 《일본국헌법》의 '출현'까지〉.

경력: 1991년부터 2년 동안 도쿄(東京)대학 대학원 법학정치학연구과에서 수학함. 일제강점하강제동원피해진상규명위원회 위원, 여성가족부 일본군 위안부 피해자 생활안정지원 및 기념사업 심의위원회 위원, 법과사회이론학회 회장, 한국법사학회 회장, 일본군 '위안부'연구회 회장 등을 지냄.

주된 저작으로 『대법원 강제동원 판결: 핵심은 '불법강점'이다』(지식산업사), 『식민지조선과 법사상』(민속원), 「제령에 관한 연구」(『법사학연구』 26, 2002), 「일본에서의 대일과거청산소송」(『법사학연구』 35, 2007), 「한일 〈청구권협정〉에 의해 '해결'된 권리」(『법학논고』 49, 2015), 「법적 관점에서 본 대한민국의 정체성」(『법과 사회』 59, 2018) 등이 있음.

총서 간행의 취지

1973년 한국법사학회의 창립과 더불어 본격화된 이 땅의 법사학연구는, 이후 50년이 넘는 짧지 않은 역사 속에서 알찬 열매들을 맺어왔다. 아직 풍성한 성과를 자랑하기에는 이르지만, 한국법사는 물론이고 동양법사와 서양법사에 이르기까지 맥이 통하는 책들로 묶어낼 수 있을 만큼의 글들은 쌓였다. 또 체계적인 기획을 통해 새로운 연구를 개척해나갈 역량도 어느 정도 갖추어졌다.

이에 우리 한국법사학회는, 지금까지의 연구 성과를 체계적으로 정리하는 동시에, 앞으로 보다 활발한 연구를 추진해나가기 위해 세 가지 총서를 간행한다. '법사학연구총서', '법사학번역총서', '법사학자료총서'가 그것이다.

'법사학연구총서'는 단일한 주제에 대한 학술저서와 학회지『법사학연구』등에 발표된 논문을 시대별, 주제별로 엄선한 논문집으로 간행한다. '법사학번역총서'는 동양과 서양의 중요한 법사학 연구성과를 역주한 번역서로 간행한다. '법사학자료총서'는 한국은 물론 세계의 법사학에 관한 기본적인 사료를 체계적으로 수집, 정리한 자료집으로 간행한다.

우리 한국법사학회는 이들 총서의 체계적이고 지속적인 간행을 통해 끊임없이 스스로를 돌아보고 또 채찍질함으로써, 이 땅의 법사학 발전을 위해 최선의 노력을 기울여나갈 것이다.

한국법사학회

법 사 학
번역총서 **5**

역사인식과 한일 '화해'의 길
징용공 문제와 한국 대법원 판결을 이해하기 위해

초판1쇄 발행 2024년 12월 2일

지은이 토쯔카 에쯔로오
옮긴이 김창록
펴낸이 홍종화

주간 조승연
편집·디자인 오경희·조정화·오성현
　　　　　　　신나래·박선주·정성희
관리 박정대

발행처 민속원
창업 홍기원
출판등록 제1990-000045호
주소 서울 마포구 토정로25길 41(대흥동 337-25)
전화 02) 804-3320, 805-3320, 806-3320(代)
팩스 02) 802-3346
이메일 minsokwon@naver.com
홈페이지 www.minsokwon.com

ISBN　　978-89-285-2045-9
SET　　 978-89-285-1411-3　94360

ⓒ 김창록, 2024
ⓒ 민속원, 2024, Printed in Seoul, Korea

이 책은 저작권법에 따라 보호를 받는 저작물이므로 무단전재와 복제를 금지하며,
이 책의 전부 또는 일부를 이용하려면 반드시 저작권자와 출판사의 서면동의를 받아야 합니다.